PRINCIPLES OF MARKETING

市场营销学

卫海英　主编

SPM 南方传媒 | 广东经济出版社

·广州·

图书在版编目（CIP）数据

市场营销学 / 卫海英主编. -- 广州 : 广东经济出版社, 2025. 7. -- ISBN 978-7-5454-3104-9

Ⅰ. F713. 50

中国国家版本馆 CIP 数据核字第 202571R4X9 号

策划编辑：王成刚　徐依然
责任编辑：黄奕瑕　谢善德
责任校对：孔靖怡　马晓锐　张　婷
责任技编：陆俊帆
封面设计：林　希

市场营销学
SHICHANG YINGXIAOXUE
出 版 人：刘卫平
出版发行：广东经济出版社（广州市水荫路 11 号 11 ～ 12 楼）
印　　刷：广州市豪威彩色印务有限公司
（广州市增城区太平洋工业区五路一号）

开　　本：787 毫米 ×1092 毫米　1/16　　印　　张：20.5
版　　次：2025 年 7 月第 1 版　　印　　次：2025 年 7 月第 1 次
书　　号：ISBN 978-7-5454-3104-9　　字　　数：451 千字
定　　价：68.00 元

发行电话：（020）87393830

前　言

在新时代的浪潮中，市场营销学正面临前所未有的发展机遇与挑战。移动互联网、大数据、云计算、人工智能等新技术的迅猛发展，为市场营销带来了新的传播渠道、数据洞察工具、资源整合平台、交互方式和内容呈现形式，推动营销活动向精准化、个性化、智能化、实时化方向发展，促使企业不断优化营销策略和手段，以更好地满足消费者需求和提升市场竞争力。

在这样的时代背景下，市场营销学必须与时俱进。党的二十大报告强调，要“坚持以人民为中心的发展思想”，因此市场营销学要将满足人民日益增长的美好生活需要作为核心目标。在营销活动中，企业要关注消费者需求的多样性和个性化，努力提供优质的产品和服务，提升消费者的生活品质和幸福感。同时，市场营销学还要贯彻新发展理念，推动经济高质量发展。企业要注重创新，不断研发新产品、新服务，提高产品附加值；要协调好企业与消费者、企业与社会的关系，实现经济效益与社会效益的双赢；要倡导绿色营销，减少对环境的破坏，助力生态文明建设。

本书正是在这样的时代背景下应运而生，旨在系统梳理市场营销学的理论、概念和方法，启发学生的思维方式，并培养其开拓能力。市场营销学是一门建立在经济科学、行为科学和现代管理理论基础上的应用科学，以满足市场需求为中心，研究企业营销活动过程及其规律性，具有全程性、综合性和实践性等特点。在社会主义市场经济条件下，市场营销理论、方法和技巧被广泛应用于企业和各种非营利组织，涉及社会生活的各个方面。系统学习、掌握并运用市场营销学的概念、理论和方法，不仅有助于提升学生的营销综合应用能力，还有助于有效提高学生的整体素质。

本书是根据编者多年来的教学经验编写而成。编者在教学过程中不断总结和反思，将教学中的心得体会、案例分析、学生反馈等融入教材编写之中。同时，编者也注重将理论与实践相结合，主要以国内企业，特别是粤港澳大湾区企业为分析案例，结合营销管理的最新实践，强化了对市场营销学最新概念、理论和方法的阐述，引导学生进行深刻思考，以培养学生的实践能力和创新思维。各章的撰写者分别是：卫海英（第一章）、钟嘉琪（第二章）、骆紫薇（第三章）、王魁（第四章）、周宏（第五章）、刘红艳（第六章）、张瑾（第七章）、黄赞（第八章）、张计划（第九章）、陈海权（第十章）、杨德锋（第十一章）。全书由卫海英主编并总纂。

感谢所有参与编写、审阅本书的老师、专家和同学。在编写过程中，我们参考了国内外同行的相关著作，以及一些知名企业市场营销的实践经验，在此一并表示感谢。由于作者理论水平和业务能力有限，错漏、不妥之处在所难免，希望各位读者不吝指正。

- 目　　录 -

|第一章|

市场营销导论

在数字化浪潮和智能化技术的推动下，市场营销正经历着前所未有的变革。个性化、智能化和数字化不仅重新定义了消费者的行为和期望，也为企业提供了一系列新的工具和平台，以更灵活、更精准、更创新、更有温度的方式与顾客沟通和交易。企业要想在激烈的市场竞争中脱颖而出，不断发展壮大，就必须掌握市场营销的理念和知识。通过本章学习，应当掌握以下内容：

- 市场营销的含义与市场的分类
- 市场营销的核心概念
- 营销观念及其演变
- 当代营销的战略模式和管理过程
- 中国营销管理的变革

导入案例

2024年，比亚迪凭借卓越的市场表现和创新的全球营销策略，在国际汽车市场中脱颖而出。上半年，比亚迪新能源汽车累计销量达到160余万辆，同比增长约28.5%。这一成绩的取得不仅依赖于比亚迪的技术创新，更与比亚迪不断进步的全球化营销策略密不可分。

比亚迪在全球的扩张，展现了其对市场的精准洞察和对品牌影响力的深刻理解。通过赞助世界级体育赛事，如欧洲杯和奥运会，比亚迪在全球范围内提升了品牌知名度。作为2024年欧洲杯的官方合作伙伴，比亚迪不仅是首个登上欧洲杯赛场的中国汽车品牌，也是首个与该赛事合作的新能源汽车品牌。通过这些营销活动，比亚迪不仅加速了品牌的国际化进程，也大大提升了在国际市场上的品牌影响力。

与此同时，比亚迪的市场策略体现了因地制宜的特点。在一些新兴市场，比亚迪通过对新能源全产业链的布局及打造包括光伏发电、大型公共汽车和轨道交通等在内的业务板块的解决方案，强化了“绿色科技”品牌形象。在欧洲，比亚迪则针对当地豪华车市场推出高端纯电动车型如汉EV和唐EV，进一步巩固了其高端品牌定位。这种灵活的营销策略，结合强大的产品技术，确保了比亚迪在全球多个市场的成功。

比亚迪还通过优化供应链和提高生产效率，快速响应全球市场需求。例如，比亚迪汽车工业园（深汕）项目已经实现了每日750辆新能源汽车的生产，并通过自有的滚装运输船直接出口至欧洲、南美和中东等地。这不仅缩短了供应链时间，还增强了比亚迪在全球市场中的物流优势。

比亚迪的成功不仅体现在其产品销量的增长上，还通过持续的营销创新和全球品牌建设，向世界展示了一个立足中国、志在全球的绿色科技品牌。

第一节　市场营销的概念

一、市场营销的含义

（一）什么是市场

市场是市场营销的基础，它由那些拥有特定的需求与欲望，能够且愿意通过交换来满足其需求与欲望的全部潜在顾客构成。简言之，市场是某种产品实际购买者和潜在购买者的集合。

市场必须具有三个要素：①人口，即有某种需求的人群；②购买力，即为满足其需求而进行货币支付的能力；③购买欲望。用公式表示为：

市场＝人口＋购买力＋购买欲望

首先，市场上要存在有某种需求的人，即消费者。但如果这些人没有为满足这种需求而进行货币支付的能力，商品同样卖不出去，因此，市场的第二要素是购买力。最后，消费者要有对商品的购买欲望，才可能产生购买行为。市场的三要素相互制约、缺一不可。只有这样的市场，才能使不同所有者之间的商品交换得以实现，商品生产的目的才能最终实现。

（二）什么是市场营销

市场营销是组织以“有利可图”的方式满足顾客需求，理解、创造并向目标市场和顾客交付价值的过程，它可以为组织提供一种获得与交付价值相匹配的回报的方法。

基于交换理论，市场营销可定义为：组织为满足目标顾客需求，计划、定价、促销及分销产品，克服交换障碍以达成组织目标的综合活动体系。此定义涵盖三个要点：

（1）市场营销的核心是精准把握并满足顾客需求。

（2）市场营销从产品构思满足需求始，至需求被完全满足终。需求满足有时发生在交换后，故交换后营销活动仍可能延续。

（3）“交换”是市场营销的关键，克服交换障碍、实现市场交换及组织与社会经济效益，是营销管理学研究的重点。

市场营销过程的简单模型如图1-1所示，共包括五个步骤。在前四个步骤中，努力理解顾客，为顾客创造价值并建立稳固的顾客关系。在最后一步，因创造了卓越的顾客价值而得到回报。

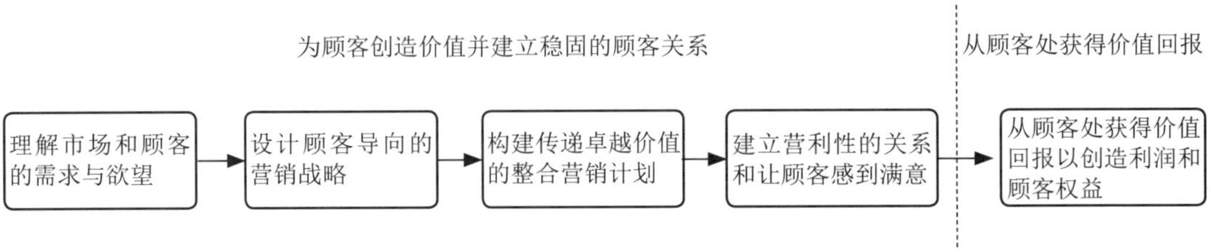

图1-1 市场营销过程的简单模型

二、市场的分类

（一）根据市场发展的时间阶段划分

根据市场发展的时间阶段，可以将市场划分为三类：现实市场、潜在市场以及未来市场。

1. 现实市场

现实市场是指对企业经营的某种商品有需要、有支付能力、有购买欲望的现实顾客。

2. 潜在市场

潜在市场是指有可能转化为现实市场的市场。不具备购买力和购买欲望这两个要素中的任何一个的市场即为潜在市场。

3. 未来市场

未来市场是指暂时尚未形成或处于萌芽状态，但在一定条件下能形成和发展成为现实市场的市场。

（二）根据顾客的性质划分

根据顾客的性质，可以将市场划分为消费者市场和组织市场。

1. 消费者市场

消费者市场（又称为消费品市场）是指为了个人或家庭消费需要而购买或租用商品或劳务的市场，购买主体是消费者个人或家庭，特点是购买者较多、购买量较小。

2. 组织市场

组织市场是指购买者由各类组织组成的市场。组织市场又可分为生产者市场、中间商市场和政府市场。

（三）根据竞争程度划分

根据市场主体在某一商品市场中的数量比例和竞争程度，可以将市场划分为完全垄断市场、寡头垄断市场、垄断竞争市场和完全竞争市场。

1. 完全垄断市场

由单一企业控制，无竞争或竞争极小，常见于公用事业如电力、自来水等，或通过专利等方式形成垄断。企业营销相对简单，但受政府政策影响和法律的严格监管。

2. 寡头垄断市场

通常由几家大企业主导，如汽车、石油等行业。这些企业相互依存，营销策略变化对彼此有重大影响，多通过非价格手段进行竞争，如提升企业形象等。

3. 垄断竞争市场

存在众多企业，但少数大企业占有一定市场份额，如食品、服装等行业。产品替代性大，竞争激烈，企业通过非价格手段进行竞争，注重产品质量和营销策略。

4. 完全竞争市场

由众多小规模生产者提供标准化产品，如农产品市场等。主要通过价格手段进行竞争，广告和其他非价格策略相对不重要。

（四）根据商品流通环节划分

根据商品流通的不同阶段，可以将市场划分为批发市场和零售市场。

1. 批发市场

它涉及个人或企业将商品出售给除最终消费者之外的购买者。这种市场的存在，为商品流通提供了一个平台，使得商品能够在进入零售市场之前，通过批发商的渠道进行有效的分配和流通。

2. 零售市场

个人或企业直接将商品销售给最终消费者。零售市场是消费者与商品之间的直接联系点，它不仅满足了消费者的即时需求，也是企业实现产品价值和获取利润的重要途径。

（五）根据市场范围划分

根据地理和政治边界的不同，可以将市场划分为区域市场、国内市场和国际市场。

1. 区域市场

区域市场是基于地区范围内商品流通而形成的市场。这种市场通常建立在特定的经济区域之上，并可进一步细分为本地市场与外地市场、城市市场与农村市场、沿海市场与内陆市场等。

2. 国内市场

国内市场是在主权国家的边界内建立起来的市场。在国内市场（包括各种区域市场）中，货币制度是统一的，这为企业提供了一个统一的交易和支付环境，同时为消费者带来了便利。

3. 国际市场

国际市场是基于国际分工而形成的，它允许商品在世界范围内流通。与国内市场（或区域市场）不同，国际市场的组织和运作更为复杂。商品的流通并不总是基于完全自由的市场原则，而是受各国贸易政策和法规的影响。

三、市场营销的核心概念

（一）需要、欲望和需求

1. 需要

人类的需要是市场营销的出发点。美国市场营销学权威专家菲利普·科特勒认为，人类的需要是指个人的基本方面没有得到满足而感到不足或短缺的一种状态。例如：饥饿、口渴、困倦以及缺乏归属感等。当某种需要还未实现时，人们就会努力去满足或削弱这种需要。

2. 欲望

欲望是指为满足上述基本需要的具体企求，是受个人文化背景及生活环境的影响所表现出来的人类需要。

3. 需求

需求是指人们有能力并有购买某种产品的欲望，即当一个人有能力购买他所期望的产品时，欲望就变成了需求。因为欲望是无限的，但一个人的财力（能力）是有限的。

（二）产品

产品不仅是满足人们需求和欲望的商品或服务，而且是实现个人愿望和利益的载体。理论上，产品指的是能够满足人们特定需求和欲望的各类商品与劳务。实践中，在选择购买产品的过程里，消费者实际上是在寻求满足自己的某种愿望和利益。

（三）市场

市场是某种产品的实际购买者和潜在购买者的集合。这些购买者具有共同的需求和欲望，能够通过特定的交换得到满足。

市场营销就是为建立“有利可图”的顾客关系而管理市场。

（四）市场营销与市场营销者

市场营销旨在满足人类需求，将潜在的交换行为转化为现实交换活动。在这个过程中，主动寻求交换的一方为市场营销者，另一方为潜在顾客。市场营销者既包括卖主，也涵盖买主。双方积极交易时，形成相互市场营销的局面。其核心是借助市场机制实现资源交换与价值创造。市场营销系统的主要行为者及其影响力量如图1-2所示。

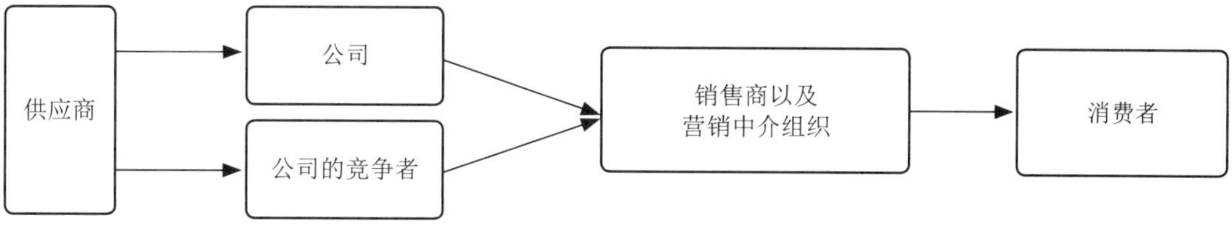

图1-2　市场营销系统的主要行为者及其影响力量

（五）顾客新能力和企业新能力

在信息匮乏的时代，顾客能力主要体现在识别、评价、鉴赏、挑选、计算和决策等综合能力上。在数字经济时代，顾客的能力有了新的变化和发展，如获取信息、鉴别产品服务的质量、影响他人的购买决策等。数字技术如移动互联网、物联网、人工智能等改变消费行为，顾客可随时随地搜寻信息、购买商品，借助虚拟现实（VR）、增强现实（AR）技术体验虚拟消费场景，还能在社交媒体上进行分享和互动，形成品牌社区，如华为花粉俱乐部、小米社区论坛等。企业需运用这些新能力，增强顾客黏性。

企业也展现出了新的竞争能力，如互联网信息传递、内部员工管理、网络社区构建、消费者信息利用、社交媒体触达顾客及满足个性化定制需求等。企业要借助社交媒体和“网红”资源扩大产品影响力，构建可持续竞争优势，以更好地满足顾客需求。

第二节　营销观念及实践的历史演进

营销观念是企业在组织和谋划营销活动过程中依据的指导思想和行为准则，是企业对于市场的根本态度和看法，是企业一切经营活动的出发点，也是企业的商业哲学和思维方法。营销观念的实质是如何处理企业、消费者和利益相关者三者之间的关系。总体来说，营销观念经历了“以企业内部为中心”“以企业外部为中心”“以企业内外部交互为中心”三个阶段，如图1-3所示。因此，在研究各项具体市场营销活动之前，有必要先对市场营销观念的发展演变过程进行一定的了解。

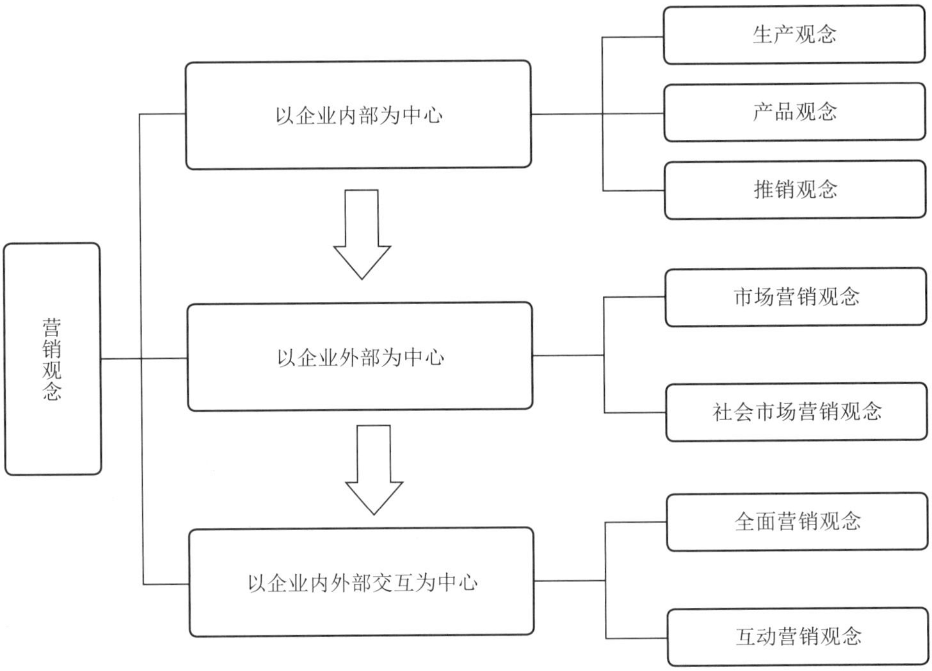

图1-3　营销观念经历的三个阶段

一、以企业内部为中心的营销观念

以企业内部为中心的营销观念包含生产观念、产品观念以及推销观念。在这一阶段，市场营销被视为将产品单纯传递给消费者的职能部门。以下将详细阐述这三种观念。

（一）生产观念（以生产为中心的阶段）

生产观念诞生于20世纪20年代前，当时物资短缺、需求旺盛，产品供不应求。生产观念认为，消费者偏好易于购买且价低的产品，处于卖方市场的公司主要任务是扩大生产、提高效率、降低成本以获利，无须进行消费者研究、改良产品或适应需求。

A汽车制造商的创办人曾说："不管顾客的需求是什么，我们的汽车就是黑色的。"因为在那个时代，该企业采用大批量流水生产形式，大大提高了汽车的生产效率，降低了生产成本，因而大大降低了售价，使汽车供不应求。因此，只卖黑色汽车的销售模式而不考虑市场需求的特点和推销方法也可以畅通无阻。

（二）产品观念（以产品为中心的阶段）

20世纪20年代至30年代，社会经济发展使供不应求现象缓和，生产观念弊端显现，产品观念随之产生。产品观念认为，消费者偏好高质量、高性能、多特点的产品，故以产品生产与精进为中心，重点提升产品质量与功能，本质上是"以产定销"，重产品而轻顾客需求。公司开拓市场的手段从降低成本转向提升产品品质。

20世纪20年代，作为中国第一家自产灯泡制造商的亚浦耳灯泡厂（现为上海亚明照明有限公司），在生产出第一批"亚浦耳"灯泡后成功打破国外产品垄断市场的局面。为了抢占市场，国外竞争厂商仿制"亚浦耳"商标，在市场上以假乱真，通过损坏亚浦耳灯泡厂的商誉来恶意竞争。面对竞争压力，亚浦耳灯泡厂创始人沉着冷静，认为想要在市场上保持优势地位，就要不断推出新产品。因此，他紧急调动研发力量，在最短时间内改良产品，成功研发出热力更集中、亮度更高的"可乐灯泡"——一投入市场便大获成功。

产品观念虽相对生产观念有所改进，但该观念仅重视厂商内部技术与产品质量提升的需求，忽视了对于外部市场中消费者的关注，很大程度上限制了公司的进一步发展。

（三）推销观念（以销售为中心的阶段）

20世纪30年代后，市场竞争加剧，商品供过于求，推销观念应运而生。推销观念认为，若无企业积极的销售与宣传推广，消费者不会或只会少量购买产品。因此，企业需主动组织促销和推销活动，以推动消费者购买本企业产品。

作为中国第一家工业化酿造葡萄酒企业，烟台张裕集团有限公司在发展初期就在满足国内市场需求的同时，采取向南洋推销的经营策略。早在19世纪，张裕酒便在南洋和北美洲、南美洲的华侨集中地区打开销路，成功进入海外市场了。

尽管推销观念有所进步，但它仍忽视消费者的真实需求，仍秉持“我卖什么，顾客就买什么”的观念，这样推销的效果必然逐渐减弱。

二、以企业外部为中心的营销观念

随着市场竞争日趋激烈，营销观念逐渐从关注企业内部向关注企业外部转移，开始以顾客需求及社会长远利益为中心开展市场营销活动。下面对市场营销观念及社会市场营销观念做详细介绍。

（一）市场营销观念（以消费者需求为中心的阶段）

20世纪50年代起，企业管理者在激烈的市场竞争中认识到，为获得高额利润和良好的声誉，需摒弃“硬卖”手段，将营销活动建立在满足消费者需求的基础上，市场营销观念应运而生。市场营销观念以消费者需求为中心，并把发现和满足消费者需求作为企业经营活动的核心。总体上说，市场营销观念是一种以满足消费者需求和欲望为导向的观念，是消费者主权论在企业市场营销管理中的体现。市场营销观念与以往的推销观念完全不同，在这两种观念的指导下，企业开展经营活动的过程比较如图1-4所示。

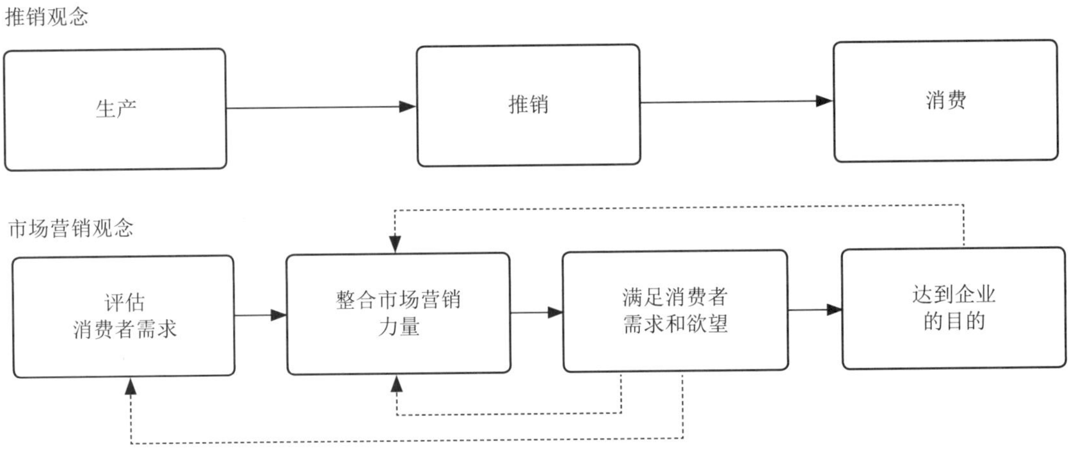

注：“--------”指反馈路径。

图1-4　推销观念和市场营销观念的焦点对比

市场营销观念强调以下四点：

1. 以消费者为中心

企业的经营活动围绕着消费者需求与欲望来开展。

2. 竞争是基础

企业须建立自己的竞争优势，生产销售比竞争对手更能满足消费者需求和欲望的产品或服务。

3. 协作是手段

对消费者需求与欲望的了解须及时传达到企业各部门，通过协作达到满足消费者需求和欲望的目的。

4. 利润是结果

销售利润是在最大限度地满足消费者需求和欲望后产生的结果。

21世纪初，有意进军A国的海尔集团对A国的市场进行需求调研后发现：伴随家庭人口的减少，160L小型冰箱将会越来越受欢迎。恰逢年轻一代对家电尚未形成习惯性购买行为，此细分市场仍待开发，因此海尔决定在A国提供从60L到160L各种类型的小型冰箱。利用上述市场机会，海尔成为中国第一家在A国市场制造并销售产品的公司。

（二）社会市场营销观念（以社会长远利益为中心的阶段）

20世纪70年代，全球面临环境污染、资源短缺、人口增长等严峻挑战，人们对忽视社会长远利益的单一市场营销观念产生疑问。杰拉尔德·蔡尔曼和菲利普·科特勒提出“社会市场营销”观念，推动营销原理应用于环境保护、营养改善等社会目标上。社会市场营销观念强调企业经营时需兼顾消费者需求、社会整体利益及长远利益，履行社会责任，并在达到上述平衡的基础上实现企业的利润目标。总结来说，即企业在经营时需考虑企业利润、消费者需求与社会利益的统一（见图1-5）。

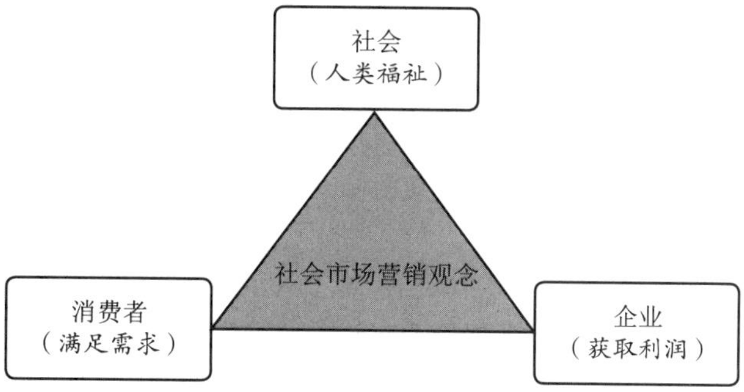

图1-5 社会市场营销观念的基本考虑

意识到营销活动社会效应的烟台张裕集团有限公司通过改进产品的制造工艺等方式，开发出高标准的“绿色产品”，大大减少了产品生命周期各阶段产品与包装对环境造成的影响，同时选择能避免污染、减少损耗和降低费用的贮运设备，大大减少了资源消耗与环境污染，上述举措有效树立了企业在公众心目中的绿色形象。

三、以企业内外部交互为中心的营销观念

营销观念发展至今，以往以企业外部为中心的观念已逐渐转变为以企业内外部交互为中心的观念，即强调团结企业内外部利益相关者，通过与各方的互动共同创造价值。这一阶段的典型营销观念主要包含全面营销观念及互动营销观念，下面对这两种观念进行详细介绍。

（一）全面营销观念（以内外部协作为中心的阶段）

21世纪市场环境剧变，促使营销观念从以生产、销售、消费者或社会长远利益为中心，向全面营销转变。全面营销强调营销活动应贯穿企业市场活动各方面，具备广阔视野与统一性。营销人员需深入了解市场，制订完善的计划，并加强内部管理，整合相关工作，塑造企业统一形象，还要协调市场各方利益相关者，形成联合体市场状态。如图1-6所示，全面营销涵盖关系营销、整合营销、内部营销和绩效营销四个方面。

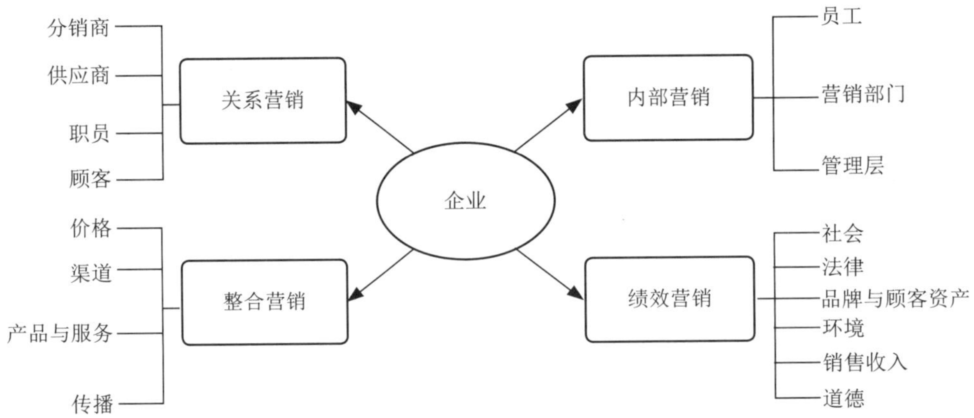

图1-6　全面营销观念的四个方面

1. 关系营销

关系营销强调与重要伙伴如顾客、供应商、分销商等建立长期互惠关系，以获得长期偏好与业务。营销者通常以优质产品和合理价格承诺达成目标。此策略强化了各方联系，降低了交易成本，缩短了交易时间，使企业从单次交易盈利转向追求长期稳定关系的共赢局面。

A公司把自身的营销需要与经销商的需要结合起来，一同建立一个有计划的、实现专业化管理的垂直市场营销系统。通过与经销商的不断沟通，确定交易目标、存货水

平、产品陈列计划、销售训练要求、广告与销售促进计划等，使经销商认识到他与A公司站在一起，作为A公司精密规划的市场营销系统的一个组成部分而获得巨大的利益与荣誉。

2. 整合营销

整合营销观念是市场营销观念的深化，它系统地结合各种营销工具和手段，并根据内外部环境进行动态调整，以促进交换双方在互动中实现价值增值。企业不仅要依据消费者需求开发产品，还需通过整合营销将企业战略、营销战略和沟通战略相协调，将顾客利益转化为企业目标，达成顾客与企业的双赢局面。

在整合营销策略中，烟台张裕集团有限公司"织出"一张涵盖各主流媒体的立体传播网，全方位地向人们传播着"传奇品质，百年张裕"的品牌文化，从而进一步提高了张裕葡萄酒在广大消费者心中的知名度，同时树立起张裕的东方红酒经典形象和具有文化底蕴的"百年张裕"良好企业形象。

3. 内部营销

菲利普·科特勒提出的"营销化"理论主张在公司内部塑造营销文化，即培养员工以满足顾客需求为宗旨，使他们认同公司的营销理念。内部营销要求企业全员接受营销概念和目标，致力于选择、提供和传递顾客价值。只有当员工都认识到自己的工作与创造、服务和满足顾客需求紧密相关时，公司才能更有效地开展营销活动。

4. 绩效营销

绩效营销要求企业管理者关注营销活动的商业回报及其对法律、道德、社会和环境等的影响。营销者需从品牌、顾客增长及财务盈利能力等多方面向高层证明营销投入的合理性。广义上，绩效营销涵盖财务绩效与无形资产如品牌、顾客资产等，既重视短期效果，也看重长期影响。

（二）互动营销观念（以价值共创为中心的阶段）

互联网与数字媒体的发展使企业与消费者双向沟通成为现实，催生了以企业—消费者价值共创为核心的互动营销观念。互动营销观念主张企业通过多渠道让顾客参与营销，利用顾客的意见和建议进行产品开发，生产适销产品。互动营销以顾客为起点，要求企业具备与不同顾客在不同时空情景互动的能力，为顾客提供与企业共享信息、建议和创意的渠道，以测量和定义顾客价值，指导营销资源分配。

品牌社群与顾客参与是互动营销的关键途径。品牌社群是基于品牌使用与顾客间社会关系的非地理化社群。社群成员因对品牌感情或价值主张的认同而产生心理共鸣，提高对产品或企业的认可度与忠诚度。顾客参与则是顾客为企业提供反馈或直接参与产品开发设计。借助顾客智力资源，企业可开发出更符合市场期望的产品，同时收获忠诚顾客。

小米科技有限责任公司（简称“小米”）通过小米社区聚集“米粉”（品牌社群），通过丰富的社群活动引导用户互动，“米粉”们还有机会与小米的研发人员一起讨论产品开发及测试。通过此举，小米沉淀了用户，并提升了已有用户的活跃度。小米逐步使微博、微信等平台成为粉丝的聚集地和增值地，粉丝的点赞、评论或转发都是他们积极参与到小米的研发、营销、销售和售后客服环节中的表现。

以下是七种营销观念的对比（见表1–1）。

表1–1　七种营销观念的对比

营销观念	出发点	营销目的	市场情况	侧重方法	观念中心
生产观念	生产	通过大量生产获利	供不应求 卖方市场	坐店等客	以生产为中心
产品观念	产品	通过改善产品获利	供不应求 卖方市场	坐店等客	以产品为中心
推销观念	销售	通过推销获利	供过于求 买方市场	派员销售，广告宣传	以销售为中心
市场营销观念	消费者需求	通过满足需求获利	供过于求 激烈竞争	实施营销方案	以消费者需求为中心
社会市场营销观念	消费者需求及社会长远利益	通过满足需求获得社会长远利益	考虑企业利润、消费者需求与社会利益的统一	与顾客及有关方面建立良好关系	以社会长远利益为中心
全面营销观念	消费者需求及社会长远利益	通过内外交互满足需求并获得社会长远利益	保持企业、顾客及其他利益相关者利益的一致	发展、设计和执行营销计划、过程及活动	以内外部协作为中心
互动营销观念	顾客	通过内外交互创造价值以满足需求并获得社会长远利益	保持企业、顾客及其他利益相关者利益的一致	与顾客及其他利益相关者共创价值	以价值共创为中心

第三节　当代营销的战略模式和管理过程

一、当代营销的战略模式

（一）当代营销战略模式的演变过程

1. 当代营销战略模式的发展历程

在当代商业环境中，厘清营销战略模式演变的脉络尤为重要。因为营销模式从营销1.0演变到营销4.0，每一次的演变都是企业对如何更有效地接触、理解和满足客户需求的重新思考。下面，将详细介绍这一演变过程。

（1）营销1.0：4P时代。在营销的最初阶段，市场供应相对不足，消费者选择有限。企业关注的是如何生产出高质量的产品，并将产品推向市场。这一时期的营销战略集中在四个基本要素上：产品（product）、价格（price）、促销（promotion）、渠道（place）。

（2）营销2.0：4C时代。随着市场供应的增加和消费者需求的多样化，企业开始意识到仅仅关注产品本身是不够的。因此，营销2.0时代引入了4C模型：客户（consumer）、成本（cost）、便利（convenience）、沟通（communication）。在这一时期，企业开始更加关注客户的需求和体验，以及如何通过有效的沟通与客户建立联系。

（3）营销3.0：4R时代。互联网的普及，使得企业能够更深入地了解客户，并与之建立长期的关系。营销3.0时代的战略模式强调了4R模型：关联（relevance）、反应（reaction）、关系（relationship）、回报（reward）。企业不仅追求销售，更注重通过提供持续的价值来留住客户，并鼓励他们成为品牌的推荐者。

（4）营销4.0：多渠道、多技术的整合营销时代。数字化转型为营销带来了新的机遇和挑战。营销4.0时代的战略模式强调跨渠道的整合，企业需要在多个触点上提供一致且连贯的客户体验。这一时期的营销战略更加注重数据驱动的决策。当代营销战略模式的演变见表1–2。

表1–2 当代营销战略模式的演变

战略模式阶段	核心理念（要素）	特点
营销1.0	产品、价格、促销、渠道	强调产品功能和价格优势
营销2.0	客户、成本、便利、沟通	提供更好的购买体验
营销3.0	关联、反应、关系、回报	客户生命周期价值最大化
营销4.0	个性化互动、跨渠道体验、数据分析	数据驱动的决策，整合营销

2. 基于共同利益的营销战略

基于共同利益的营销战略强调，企业不仅仅是为了盈利，而是基于与社会、环境和消费者的共同利益，创造可持续发展的价值。这种营销战略关注企业在环境保护、社会责任等方面的贡献，立足于新时代，推动社会发展进步。

总部位于广东惠州的TCL科技集团股份有限公司（简称“TCL科技”）近年来通过环保产品和可持续发展实践，展示了对社会责任的承诺。2023年，TCL科技首次披露了ESG（环境、社会及治理）治理架构，并在环境保护方面取得了显著成果。TCL科技承诺不晚于2030年实现碳达峰，不晚于2050年实现碳中和，体现了其在推动可持续发展方面的领导力。通过实施节能项目，TCL华星在一年内节电4.99亿千瓦时，减少碳排放约28.46万吨。2023年，TCL科技在环保方面的总投入高达23.97亿元。这种基于共同利益的营销战略帮助TCL科技吸引了更加注重可持续性的消费者群体，提升了品牌形象和市场竞争力。

（二）营销战略模式

随着市场环境的迅速变化和技术的进步，当代营销不再是简单的产品宣传或价格竞争，而是一种全方位、多层次的战略实践。因此，当代营销战略逐步整合互动导向、多元化导向以及数字经济导向的元素，以适应竞争日益激烈的市场。下面将详细阐述互动导向、多元化导向和数字经济导向下的营销战略模式。

1. 互动导向的营销战略模式

互动导向的营销战略模式强调企业与消费者之间的双向交流。这种交流不局限于产品销售和售后服务，还包括日常的品牌互动、意见反馈以及共同创造品牌价值。互动导向的营销战略模式具有以下特点：

（1）双向沟通与互动。在互动导向的营销战略模式下，沟通不再是单向的。消费者是主动的，他们有能力通过各种数字化渠道与品牌互动。企业通过这些平台能够迅速优化产品和服务，助力形成更加紧密的品牌与消费者联系。

（2）个性化体验的提升。互动导向的营销战略模式不仅强调沟通，更注重个性化的用户体验。企业通过分析消费者的行为数据和偏好，能够为每位消费者定制个性化的互动体验。通过个性化的服务，企业能够满足消费者的个性化需求，提升消费者购买决策的效率和满意度。

（3）消费者参与品牌共创。互动导向的营销战略模式鼓励消费者参与到品牌的开发和推广过程中，形成“品牌共创”。消费者不仅是产品的购买者，也是品牌体验的创造者。企业通过让消费者直接参与产品设计或营销活动，可以有效增强消费者的品牌归属感，也能极大增强品牌的社会影响力。

华为技术有限公司（简称“华为”）的《智慧园区2030》提出了未来智慧园区的愿景与蓝图，强调了智能孪生、空间交互、泛在智联、智简超宽、安全韧性、全域零碳六个关键技术特征。智慧园区将通过数字基础设施建设，提供全面的园区管理解决方案，推动智慧园区向生态化、智慧化和可持续发展的有机生命体不断演进，从而提升本地商家的在线可见度和用户互动体验。

2. 多元化导向的营销战略模式

多元化导向的营销战略模式是一种综合性的商业策略，旨在通过多渠道整合、多价值传递和多品牌触达来满足市场多样化的需求，提升企业的市场竞争力和品牌影响力。以下是对这种营销战略模式下的技术手段及其作用的详细介绍。

（1）多渠道整合。在数字化时代，消费者可通过多种渠道与品牌互动。多渠道整合的关键在于确保所有渠道提供一致的信息和无缝的体验，并且充分利用社交媒体营销、移动应用营销等方式，整合营销资源，提高消费者的购买便利性，增强品牌的市场渗透力。

（2）多价值传递。多价值传递是指企业通过产品和服务，为消费者提供功能性价值、情感价值、社会价值等多种价值。因此，企业通过营销活动传递积极的价值观，可以增强消费者的认同感，提升企业的社会影响力。

（3）多品牌触达。多品牌触达是指企业通过多种品牌策略来更好地满足不同消费者的需求，企业可以通过品牌扩展、品牌多样化和品牌协同策略来提高市场覆盖率和品牌影响力。

珠海格力电器股份有限公司（简称“格力”）在2023年通过整合家电、能源和健康等多个领域的技术，推出了多元化全屋智能家居解决方案。格力的“零碳健康家”软件通过五大控制入口实现所有产品的互联互通，打造了多个智慧生活场景，为用户提供个性化的全屋智能家居解决方案。格力的智能家居产品涵盖了物联网空调、新风空调、电饭煲、热泵洗护机等，通过智能物联技术实现了家电的互联互通，推动了智能家居市场的发展。

3. 数字经济导向的营销战略模式

数字经济导向的营销战略模式利用先进的技术手段，如大数据分析、人工智能、物联网和区块链等，来提升营销的效率和精准度。

（1）大数据分析与市场洞察。企业通过对大量消费者行为数据的收集和分析，能够获得深刻的市场洞察，预测消费者的需求趋势。通过大数据分析，企业能够识别出最具潜力的市场机会，并制定相应的营销策略。

（2）人工智能与营销自动化。人工智能技术可以帮助企业实现营销流程的自动化，不仅提高了营销的效率，还增强了营销的效果。此外，它还可以用于市场预测和风险管理，帮助企业在复杂多变的市场环境中做出更明智的决策。

（3）数字化转型与数字营销。数字化转型是指企业利用数字技术来改造业务模式和流程，以提高效率、创造新的收入来源和提升客户体验，并利用云计算、物联网等新数字技术来优化营销策略和执行流程。

深圳市大疆创新科技有限公司（简称“大疆”）在2023年发布了新一代双主摄航拍机DJI Air 3，这标志着大疆无人机在技术创新和产品迭代方面继续保持行业领先地位。大疆通过集成人工智能技术来优化飞行路径，提升用户体验，展现了数字经济在提升产品和服务质量方面的巨大潜力。大疆的无人机产品和技术创新，如先进的GPS系统、Lightbridge传输系统等，都体现了大疆在无人机领域的创新和技术进步。

在了解当代营销的战略模式演变及具体特征后，下面将探讨当代营销管理过程中的共同利益观念及当代营销管理过程的创新性和适应性。

二、当代营销的管理过程

在新时代的背景下，企业不仅是经济实体，更是社会责任的承担者。企业通过自身的经营活动：不仅要为股东创造利润，还要为员工、客户以及更广泛的社会群体带来福利；不仅要推动科技创新和经济增长，还要促进社会的整体进步和人民生活的改善。营销不再是一个独立的部门或工具，而是一个通过创造、沟通和传递价值，实现企业与社会的共同利益的过程。

（一）当代营销管理过程中的共同利益体现

共同利益在营销管理中往往体现在以下四个方面：

1. 企业的社会责任与品牌形象

消费者越来越关注企业的社会责任表现。这种趋势促使企业通过管理创新将环保、社会公益等因素融入日常运营。这种做法不仅提升了企业的品牌形象，还增强了品牌与消费者的情感连接，使消费者将品牌视为社会进步的推动者。

2. 员工福利与企业生产力

共同利益观念中的员工福利不仅包括薪资待遇，而且涵盖职业发展、工作条件、健康保障等多方面的内容。企业管理中的员工福利措施直接影响着员工的士气、创造力和忠诚度，而这反过来也影响着企业的生产效率和市场表现。

3. 客户价值的创造与维护

共同利益观念将客户价值的实现与企业的长期发展紧密结合。客户不仅关心产品本身的功能和价格，更关注产品与服务能否为其带来情感、体验和社会价值。因此，企业在管理过程中，必须将客户的价值创造和维护与企业的长期发展结合起来，以实现双赢。

4. 利益相关者的平衡

企业不仅与客户、员工进行互动，还与政府、社区、供应商等其他利益相关者保持紧密联系。营销活动可以帮助企业平衡这些利益相关者的需求，促进协同发展。

广汽集团的新能源汽车销量在2023年同比增长77.55%，其在新能源汽车领域的宣传推广，强调了环保和节能的重要性，通过与政府合作建立充电网络，展现了企业的社会责任。广汽集团计划在2025年实现整车销量达350万辆，新能源车销量占比超25%，其中自主品牌销量超100万辆，全面实现电气化。

（二）当代营销管理过程的创新性与适应性

随着市场环境的快速变化，企业的管理过程必须不断创新和调整，以适应新的市场需求和技术进步。而营销管理能够帮助企业充分实现社会责任和经济效益的平衡。

1. 当代营销管理过程的演变

当代营销的管理过程已经从传统的科层制、权威管理模式逐渐演变为以消费者和市场为导向的灵活管理模式。当代营销管理过程的演变具有两个特征：

（1）从产品导向到市场导向。在早期的营销管理过程中，企业往往以产品为中心，追求大规模生产和降低成本。然而，随着消费者需求的变化，企业逐渐转向市场导向的管理模式，以消费者需求为出发点，最大化客户价值。

（2）从单一营销到整合营销。随着全球化和数字化的推进，企业逐渐意识到单一的传播渠道已不足以应对复杂的市场竞争。通过整合广告、公共关系、数字营销等多种手段，企业能够在多个接触点与客户进行互动，传递一致的品牌信息，以提升品牌的市场影响力。

2. 当代营销管理过程中的创新实践

在当代营销的管理过程中，创新已不仅局限于技术层面，还涉及营销实践、组织结构和业务流程的多维度变革。最突出的两类营销创新：一类是以技术驱动的营销创新，另一类则是以互动驱动的营销创新。

（1）技术驱动的营销创新。随着大数据、人工智能和物联网的普及，技术创新正在深刻改变企业的营销实践。通过数据分析，企业能够更精确地识别消费者需求，并以此优化产品的开发。

（2）互动驱动的营销创新。社交媒体的崛起为营销创新提供了广阔的平台。企业通过社交媒体与消费者进行互动，不仅可以快速获取市场反馈，还能通过用户生成内容（UGC）的收集增强户黏性，以此培养品牌忠诚用户、提升品牌的影响力。

3. 当代营销的适应性管理

现代市场的动态性和不可预测性，要求企业具备高度的适应性。敏捷营销，就是适应性管理的典型表现之一。

敏捷营销往往强调通过快速迭代、持续优化的方式进行市场测试和产品调整。与传统的营销策略不同，敏捷营销能够在短时间内根据市场反馈进行调整，快速发现市场的需求变化，并根据这些洞察推出新品或优化现有产品。

深圳市腾讯计算机系统有限公司（简称“腾讯”）通过敏捷营销策略快速响应市场变化，推出了多款针对年轻人的社交应用。腾讯的敏捷研发文化和敏捷产品研发平台（TAPD）支持了从需求管理到运营反馈的全流程闭环，实现了研发流程的自动化和智能化。腾讯的敏捷实践不仅提高了研发效率，还促进了团队的协作和创新，为用户带来了更好的产品和服务体验。

第四节　中国营销管理的变革

一、中国营销管理的变革趋势

近年来，随着互联网、大数据、人工智能等信息技术的蓬勃发展，经济全球化这一发展趋势已然不可逆转。中国营销管理的变革趋势主要体现在全球化、数字化和智能化三个方面。

（一）营销管理的全球化

中国企业国际化营销的演进同世界经济一体化及本国市场经济的发展紧密相连，其发展大致经历了五个过程，即国内营销—出口营销—国际营销—多国营销—全球营销（见图1-7）。从中国企业的国际化营销实践来看，大多数企业仍处于国际营销阶段，少数企业已进入全球营销阶段。

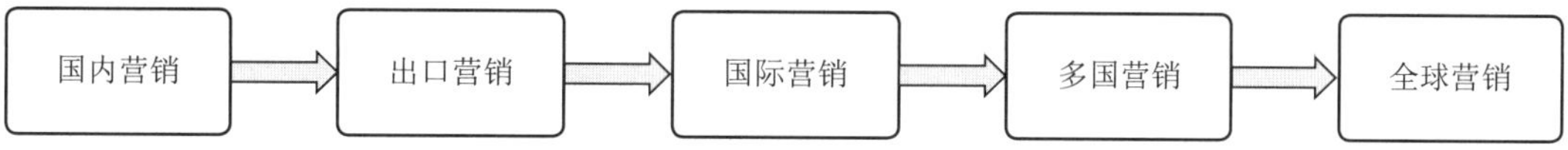

图1-7　中国企业国际化营销的演进过程

1. 国内营销

国内营销是指企业以国内市场为唯一经营范围，将目光及经营活动集中在国内消费者、供应商以及国内竞争者之上的营销管理模式。企业在国内从事营销活动既可能是有意识的、自觉的战略选择，也可能是无意识地、不自觉地想规避国外竞争者挑战的被动选择。然而，随着经济全球化的推进，企业若想持续发展壮大，需要进入国际市场。

2. 出口营销

出口营销是企业进入国际市场的第一阶段。企业主要锚定国外市场，将在国内生产的产品销售到国外以满足国外市场需求。在这一阶段，产品与经验成为发展出口营销的关键。国际营销者需要研究国际目标市场的需求、法律法规以及文化差异等，以实现跨国销售的目标。

3. 国际营销

国际营销是企业进入国际市场的第二阶段。它涉及将国内营销战略扩展到世界范围。在国际营销早期阶段，企业往往将重点集中在国内市场，可能会不自觉地将本国的方法、途径、人员、实践和价值观用于国际市场上。随着国际营销经验的累积，以及对国际市场研究的重视，企业实行产品从国内扩展到国外的战略。

4. 多国营销

多国营销是企业进入国际市场的第三阶段。企业进入国际市场后，逐渐发现世界各国市场的需求差异巨大，且这种差异性对企业发展至关重要。企业为了适应各国市场的差异性需求，就必须实行多国市场营销战略，也就是为每一个国家制定一种营销战略，以适应不同条件国家的需要。在这一阶段，企业奉行多中心主义原则，即为了获得营销的成功，企业必须对差异化和独特化市场实行本土适应战略。因此，这一阶段产品策略的核心在于根据各国市场进行适应性调整。

5. 全球营销

全球营销是企业跨国经营的最高阶段。它以全球为目标市场，并将公司的资产、经验及产品集中于全球市场。全球营销以全球文化的共同性及差异性为前提，在侧重于文化的共同性、实行统一的营销战略的同时，也注意各国的差异性以实行本土化营销策略。全球营销强调以全球为中心，它的产品战略是全球一体化视角下扩展、适应及创新的混合体。

华为自1987年成立以来，其国际营销模式经历了进口代理、自研产品、国内销售到出口产品的初期阶段，随后逐步转型为在海外设点销售，在海外设立研发中心、采购中心、供应链中心，并最终发展为在全球各地布局能力中心，实现了全球资源的整合。2024年2月26日，华为在西班牙巴塞罗那举办了“全套5.5G产品解决方案发布会”，正式发布“通信大模型”，该模型在帮助通信运营商提高运维效率等关键领域发挥作用。华为慢慢摸索出了一套战略规划以及从战略到战术的推演模型，这些经过长期摸索、打磨和实践后形成的方法论，可以为后来的企业提供参考和借鉴。

（二）营销管理的数字化

数字营销指通过数字媒体渠道（网站、落地页、社交媒体、电子邮件和移动应用）来创建和传播内容，并利用跨付费、口碑和自有数字渠道的各种策略来推广内容，包括SEO（搜索引擎优化）、SEM（搜索引擎营销）、点击付费广告、内容联合、社交、电子邮件和文本等形式。数字营销的策略制定具体包括内容营销、搜索引擎优化、搜索引擎营销、社交媒体与KOL（关键意见领袖）营销合作、移动营销、视频营销和音频营销等。

腾讯于2022年开始与深圳宝安区合力推进数字未来城建设、数字化场景应用建设等，同时推进“腾讯云工业互联网总部基地”落地，并在智慧农业领域与深农集团携手探索建设“数字菜篮子”。腾讯产业互联网在30多个行业与9000多家合作伙伴共同打造了超过400个行业解决方案，助力千行百业在各自的赛道上加速发展。腾讯有关负责人表示，腾讯积极助力非互联网行业拥抱数字化转型，特别是过去发展模式偏重线下的行业，其相关收入占比提升。

（三）营销管理的智能化

智能营销讲究知与行的和谐统一，人脑与电脑、创意与技术、企业文化与企业商业、感性与理性结合，创造以人为中心、网络技术为基础、营销为目的、创意创新为核心、内容为依托的消费者个性化营销，实现品牌与实效的完美结合，将体验、场景、感知、美学等消费者主观认知建立在文化传承、科技迭代、商业利益等企业生态文明之上，最终实现虚拟与现实的数字化商业创新、精准化营销传播、高效化市场交易的全新营销理念与技术。

智能营销是以消费者每时每刻的个性化、碎片化需求为中心，为满足消费者动态需求，并建立在工业4.0（移动互联网、物联网、大数据及云计算）、柔性生产与数据供应链基础上的全新营销模式。智能营销将消费者纳入企业生产与营销环节，能够实现全面的商业整合。在这一阶段，市场权力高度集中于消费者手中，并衍生出工业4.0理论、人工智能科技、3E工具论、Glocal（全球本地化）营销理论等。

在探索智能化、软硬件结合的新道路上，创维集团有限公司（简称“创维集团”）不断强化智能化战略，以“5G+AI+终端”的技术研发思路推动新技术、新产品、新服务的产生，并不断激发和开拓海内外市场需求，实现了在彩电、电视盒子、冰箱、洗衣机、空调等全品类智能家电领域的发展。在2023年的中国家电及消费电子博览会上，创维集团携电视、显示器、投影仪、光伏、VR眼镜等近20个品类、200个产品亮相，致力于为全球用户提供极致的全屋智慧生活整体解决方案。

二、中国营销管理变革的挑战

（一）理论与实践的脱节

随着技术的快速变革，中国企业在营销实践中面临着一些新的问题。例如，数字化营销的几个痛点已经涌现：一是移动互联网流量触顶，进入存量竞争阶段；二是互联网巨头“BATT”（即百度、阿里巴巴、腾讯和今日头条&抖音）四家企业构建了多元化生态矩阵，占据全网70%的用户时长；三是广告主需求深化，预算向效果类平台转移；四是在碎片化和场景化时代，消费者媒介触点越来越分散，企业开始更加注重全链路营销和全量数据资产沉淀。另外，智能营销带来的数据安全和隐私保护、算法偏见和不公平以及技术难以捕捉人类情感和文化特征等弊端也逐渐出现。但是，营销学界关于这些内容的理论探索还不充分，难以为解决问题提供有效指导。因此，理论结合实际和紧跟实践是中国营销管理面临的关键挑战。

中国市场属于转型市场：一方面，中国本土企业的营销水平不高，必须学习和走向国际化；另一方面，尽管成熟市场中的营销理论、策略和方法具有指导作用，但不能完全照搬。因为西方营销理论主要针对市场机制完善环境中的西方企业和西方文化背景下的消费者，与中国转型市场的实际情况存在差距。如何将国际成熟的营销理论和方法与中国转型市场完成对接，是当前摆在中国营销学界和企业界面前的一个重大课题。

（二）国际市场环境的适应

在经济全球化以及营销管理国际化趋势下，国际市场营销环境对中国企业国际营销管理实践的制约主要包括以下几个方面（见表1–3）。

表1–3　国际市场营销环境对中国企业国际营销管理实践的制约

国际市场营销环境	具体内容
国际文化环境	物质文化、社会组织、人口趋势、语言文字、宗教信仰、审美、价值观念、教育水平、风俗习惯、商业习惯、气候和地理
国际政治环境	政局的稳定性，政府、政党的干预
国际法律环境	国内法律、国际法、东道国法律
国际经济、金融与外汇环境	国民收入水平、技术经济结构、人口状况、经济危机、国际金融、外汇环境

1. 国际文化环境

在国际市场营销中，国外市场的文化和行为与本国存在差异。全球社会文化的不同，导致消费者在购买行为、消费方式、需求指向等方面有显著区别。在中国有效的营销策略，在其他国家可能不适用。因此，我国企业在开展国际市场营销时，除需考虑成本优势外，还需重视文化适应性的研究。

2023年以来，南方都市报通过“探宝觅踪”和“WALK IN新广东”等融媒项目，探索国际传播新路径。项目以视频为核心，结合国际风格与中国特色，通过多语种、多平台传播，成功吸引海外受众。其中，“探宝觅踪”打造了湾区首个民间博物馆IP——数智人“岭梅香”，并利用H5交互技术设计湾区全景寻宝地图，生动呈现大湾区文化资源。这种创新传播方式提升了大湾区文化影响力，为国际营销提供了新思路。

2. 国际政治环境

国际市场营销的政治环境涵盖影响和制约国际营销活动的政治因素，如政局稳定性、政府和政党的干预等。这些因素对企业国际营销活动有重大影响。

在A国对中国科技企业实施制裁的背景下，中国加快自有核心技术研发显得尤为重要。2020年8月4日，国务院发布《新时期促进集成电路产业和软件产业高质量发展的若干政策》，强调集成电路产业和软件产业是信息产业的核心，是引领新一轮科技革命和产业变革的关键力量。政府将优先发展第三代半导体产业，以实现半导体产业的独立自主。据央视财经2020年8月19日报道，国务院数据显示，中国计划到2025年将芯片自给率提升至70%（2019年仅为30%左右）。在国家政策和资本支持下，企业如中芯国际加大研发投入，其14纳米及以下产能平台中芯南方于2020年5月15日宣布注资，注册资本从35亿美元增至65亿美元。这些努力推动中国集成电路产业快速发展，逐步摆脱国际政治环境的制约。

3. 国际法律环境

现代企业行为受法律规范，开展国际市场营销需了解相关法律以确保依法经营，避免纠纷。国际法律环境受国内法、国际法、东道国法律等因素影响。

在2009年的中国铝业股份有限公司（简称“中铝”）并购A公司案中，由于协议违约责任的失衡，A公司通过制造社会舆论影响，引起澳大利亚民众对中铝“国家控制”的强烈抗议。A公司借机单方面宣布撤销协议，只需向中铝支付1.95亿美元的毁约费，但给中铝造成的损失高达90亿美元。

4. 国际经济、金融与外汇环境

经济环境对企业国际营销活动有着直接的影响，因为进口国经济状况的好坏影响着当地消费者的需求结构和需求量。影响经济环境的因素一般包括国民经济的发展情况、通货膨胀、经济发展阶段、消费结构等。

尽管全球经济不确定性加剧，但2023年仍有50家中国企业的海外收入逆势增长41%，显示部分中国企业未受不利因素过多影响，反而将地缘政治等风险转化为竞争力升级的契机。中国现为全球最大汽车出口国，比亚迪股份有限公司凭借成功的跨国经营战略，在“2023福布斯全球企业2000强”榜单中跃升至第170位，同时跻身“中国企业跨国经营50强”。

（三）数据与技术的整合

在数字化时代，企业积累了海量数据，但如何有效管理和分析这些数据成为一大挑战。企业虽然拥有丰富的数据资源，却常因缺乏有效的数据管理和分析工具，无法将数据转化为有价值的营销洞察。例如，许多企业收集了大量用户行为数据，却未能有效利用这些数据来优化营销策略。数据管理的标准化和规范化是提高数据利用效率的关键。企业需要建立完善的数据管理体系，涵盖数据采集、存储、清洗、分析和应用等环节，以确保数据的质量和可用性。

企业在技术应用方面也面临诸多挑战，如人才短缺和技术更新换代快，导致数据与技术的整合进展缓慢。尽管人工智能技术在营销中的应用前景广阔，但企业往往缺乏具备相关技能的人才来实施和优化这些技术。因此，企业需要加强人才培养和引进，提升团队的技术能力。同时，企业应积极与科技公司合作，借助外部力量加速技术应用和创新。此外，企业还需要关注技术的最新发展趋势，及时更新和升级技术系统，以保持竞争力。

随着数据的广泛应用，数据安全和隐私保护成为企业必须面对的重要问题。企业需要确保数据的收集、存储和使用符合相关法律法规，以保护消费者的隐私权益。企业应建立严格的数据安全管理制度，采取加密、访问控制、数据备份等技术手段，防止数据泄露和滥用。同时，企业应加强员工的数据安全意识培训，确保数据安全管理措施的有效执行。

数据与技术的整合不仅涉及技术部门，还需要市场、销售、客服等多部门的协同合作。然而，不同部门之间的沟通和协作往往存在障碍，导致数据和信息无法有效共享和利用。因此，企业应建立跨部门的数据共享平台，打破“信息孤岛”，促进各部门之间的沟通和协作。同时，企业应制定统一的数据标准和流程，以确保数据的一致性和准确性，从而提高数据利用效率。

综上所述，企业在数字化时代的成功依赖于数据与技术的有效整合。这不仅需要技术上的投入和创新，还需要跨部门的协作和管理上的规范。通过建立完善的数据管理体系、加强技术应用、确保数据安全与隐私保护、促进跨部门协作，企业可以提升数据与技术的整合能力，实现数据驱动的营销转型，从而在激烈的市场竞争中保持领先地位。

案例分析

美的集团的数字化营销变革

在数字化和智能化浪潮席卷全球的背景下，2022年6月9日，美的集团在广州举行“数字美的2025”战略发布会，旨在通过全方位的数字化转型保持在市场中的竞争优势。这一战略的核心是构建一个以数据和智能为驱动的全新企业运营架构，并使美的在多个关键领域取得显著成效。

2022年，美的集团提出打造美的数字大脑，为亿级家庭用户、百万级企业用户提供实时高效的数字化体验。“数字大脑”系统能够利用大数据和人工智能技术，实时分析市场趋势和消费者需求，并将这些洞察应用于产品开发、生产和营销决策中。这不仅提高了企业的响应速度，还提高了决策的精准性。

为了加强与消费者的直接互动，美的推出了直达消费者（DTC）数字平台，缩短供应链，实现生产到销售的无缝衔接，并通过数据积累支持个性化营销，提高品牌忠诚度。在智能家居领域，美的推出了互联的智能家电产品，通过物联网技术提供智能化家居体验。同时，美的在工业自动化方面进行了重大投资，引入智能制造技术，提升生产线自动化程度和效率。

此外，数字化物流系统“安得智联”和数字化营销系统“美云智数”的结合，不仅优化了美的自身的供应链管理，还能够向外部市场提供第三方服务，扩展了业务领域。这些系统通过数据共享和智能管理，提高了物流效率，降低了成本，为企业带来了可观的经济效益。美的集团发布的财报数据显示，2022年上半年，美的整体营收同比增长5.09%，达到1826.6亿元，其中智能家居业务增长尤为显著，收入同比增长3.48%，达到1259亿元。

但同时，美的集团的数字化转型过程也并非没有挑战。美的集团在数字化转型过程中面临的最大挑战是如何实现DTC模式，即直接与消费者建立联系和沟通，深入了解并满足消费者的需求。美的集团董事长方洪波指出，中国制造业尤其是消费类制造业面临的最大挑战是离用户太远，不了解用户需求，不清楚用户的想法。同时，进行组织结构和文化的转型以适应数字化时代的要求等工作都需要美的集团持续投入资源，进行技术创新和人才培养，打造数字化的核心竞争力。

在面向亿万家庭用户和百万企业客户的可持续价值体系内，在智慧家居、智慧楼宇、智慧能源、智慧出行、智慧医疗、智慧物流、智能制造等领域，美的集团将提供更多系统的数字化解决方案，将现实世界重构成数字世界，为未来美好生活提供更多可能性。

【案例思考】

1．请结合案例中的信息，分析美的集团的营销变革揭示了目前企业市场营销面临着哪些新环境和新挑战？

2．美的集团可以采取哪些具体措施来加强与消费者的直接互动，并更有效地收集和应用用户数据以优化产品和服务？

本章小结

市场是商品交易的场所，其概念已从地理空间扩展到网络市场。市场构成的三要素包括人口、购买力和购买欲望，它们共同决定市场的规模和容量。市场可按时间、顾客性质、竞争程度、商品流通环节和范围进行分类，以适应不同的营销策略。市场营销是满足顾客需求、创造和交换价值的过程，涉及产品、价值、满意和质量等核心概念。市场营销的目标是通过理解顾客需求、为顾客创造价值来建立稳固的顾客关系，从而实现组织目标。

市场营销观念的演变可以分为三个阶段：①以企业内部为中心的营销观念；②以企业外部为中心的营销观念；③以企业内外部交互为中心的营销观念。

当代营销的三大战略模式为：①互动导向；②多元化导向；③数字经济导向。同时，共同利益观念在营销管理过程中具有重要作用，企业应超越单纯的盈利目标，通过承担社会责任和推动环境可持续性发展，实现与消费者、社会和环境的共赢。在管理过程中，企业需要不断创新，采用灵活的管理模式，利用技术驱动和互动驱动的营销创新，以适应市场的动态变化。敏捷营销作为适应性管理的策略，使企业能够快速响应市场变化，满足消费者需求。

中国营销管理变革的主要趋势为全球化、数字化和智能化。中国营销管理变革的挑战涉及三个方面，即营销管理理论滞后于国内营销管理实践、国际市场营销环境制约国际营销管理，以及数据与技术的整合能力有待提高。

|第二章|

营销环境与市场研究

消费者的欲望与需求是在一定社会实践背景下发生的，企业须对消费者所处环境进行深入思考。本章讨论了宏观营销环境与微观营销环境对企业营销决策与服务能力的影响，由政治文化、社会经济等宏观环境逐步深入到顾客、社交媒体平台等微观环境，以及企业如何在复杂多变的市场环境中灵活地为消费者提供个性化的服务。随着数字技术与人工智能的深入发展，企业一方面可利用传统的市场调研方式来了解消费者对品牌、产品与服务复杂的态度，另一方面也能通过虚拟现实、生成式人工智能、大型语言模型等手段，动态实时地探索消费者多变的世界。故此，企业能够利用差异化手段与工具对不同层次的营销环境进行分析，最终拥有更强的创新能力、更有效的营销决策，实现服务过程与营销过程的智慧化。通过本章学习，应当掌握以下内容：

- 宏观环境分析方法与重要指标
- 社交媒体监测的方法
- 市场研究的分类
- 市场研究的具体方法
- 数智化背景下新的市场研究方式

导入案例

人工智能越来越深刻地融入企业生产经营的各个环节，极大提升了企业在重要生产环节的成本收益，重塑了企业生产模式。在此背景下，广州致景信息科技有限公司（简称“致景科技”）致力将工业科技应用于纺织面料生产与交易，经过十年的技术积累与创新，已逐步实现人工智能赋能纺织服装产业全链条，将智能化的运营体系融入传统的纺织服装产业。

在中国大型纺织服装产业集群的转型升级过程中，致景科技扮演了十分重要的角色。自2021年始，致景科技探索技术创新以提升中国服装品牌的发展质量；2023年，致景科技开发了针对服装产业下游的垂直领域的Fashion 3D系统，助力纺织企业数字化转型。

Fashion 3D系统本质是AIGC技术在服装领域的落地应用，基于丰富的款式、面料和色彩参数等服装行业的通用大数据，与纺织以及服装行业的独特性需求进行匹配，实现文生图、图生图的循环。该系统集成大量款式库、版型库和参数库，通过云端协同，设计师、版师和服装厂商三方可随时随地参与审版，能够有效提高新产品推出速度。截至2024年4月，Fashion 3D系统已被超10000名设计师、版师和服装厂商采用，帮助企业走进消费者的心，满足消费者多样的设计偏好，形成对消费者更全面、深刻的了解。

值得注意的是，除纺织与服装品牌之外，越来越多的行业开始拥抱人工智能技术，使用各类算法与工具辅助创意内容生产、用户运营、营销策略制定、产品设计，将企业员工从重复冗杂的任务中解放出来，打破固定思维范式，将自身精力投放至更复杂的任务上，实现技术价值向企业价值的转变，推动产品服务的差异化与个性化发展，带来生产力的突破。

第一节 宏观环境分析与市场需求预测

在做出营销决策前，企业需对自身所处的宏观营销环境与微观营销环境进行分析，以对营销管理能力进行正确评估，换言之，企业通过对不同层次的环境进行分析来获取信息，进而实现关于行业发展、自身销售等方面的预测。宏观营销环境通常包含人口、经济、社会文化、政治、法律、自然、科学技术等维度。

一、宏观环境分析涉及的主要内容

（一）PESTEL分析

PESTEL分析框架系统性地考察政治（politics）、经济（economy）、社会（society）、技术（technology）、环境（environment）和法律（legality）等外部因素对企业经营环境的综合影响。

1. 政治因素

政治因素对于企业进行管理决策与行业发展前景判断起着关键作用，主要包括政府政策连续性、利益集团、政治风险、国家与国家之间的关系以及法律法规等多方面。政治因素维度上的变化帮助企业预测可能发生的政策风险，也能够识别因政策变化带来的潜在市场机会。特别是在全球化背景下，中国企业出海拓展业务版图、打造全球性品牌的进程中，国际市场复杂性、地缘关系不确定性成为企业需面对的核心挑战。

1978年，东莞太平手袋厂以一根拉链开启珠三角企业出海序幕；1988年，美的获得全国首个乡镇企业自营进出口权；1994年，广东省进出口总额占全国40.9%。从龙头企业到中小企业，从产品出海、工厂出海、品牌出海到服务出海，珠三角制造企业出海的势头如火如荼。在2024年前11个月中，广东省是全国唯一出口保持两位数增长的外贸大省，家电、新能源汽车等行业出口更是表现突出。

珠三角的“出海潮”在时间上可以分为四个阶段。自20世纪80年代至2008年，在以来料加工、来样加工、来件装配与补偿贸易为主导的“三来一补”外向型贸易形式下，凭借港澳台商的资金、技术与营销渠道，珠三角制造业利用在要素生产成本上的优势，实现产品向强购买力的欧美国家的销售。2006年，美的在海外的首家独资工厂落地越南，揭开了珠三角制造企业在海外尤其是东南亚国家设厂的序幕。在2015年前后，伴随“一带一路”倡议，珠三角企业出海迎来第三发展高峰。美的集团并购库卡，珠海艾派克科技股份有限公司（现纳思达股份有限公司）并购利盟国际有限公司，安克创新、赛维时代等跨境电商崭露头角，由此造就了本次发展浪潮中以海外并购与跨境电商为主导的新模式。由2018年开始的第四波出海浪潮，众多中小企业加入其中，出于规避关税、靠近客户与分散风险的考量，中小企业也加快海外设厂的步伐，东南亚、墨西哥、非洲成为其投资兴业的选择。除以光伏、新能源汽车等行业为代表的生产能力出海之外，以腾讯云、华为云、游戏等为主体的数字出海成为新的征程，持续塑造新的市场。

资料来源：《记录2024：珠三角企业出海全球报告》，https://www.cnbayarea.org.cn/news/focus/content/post_1277749.html。

2. 经济因素

经济因素构成了企业经营环境的基础条件，能够直接影响企业的盈利能力和发展潜力。经济增长率、通货膨胀或通货紧缩水平、利率与汇率变动等是企业需要考虑的核心经济指标，它们不仅影响企业设计生产结构与产品定价，更是重要的市场需求整体走向的风向标。在消费者购买力下降时，企业需要相应调整产品组合或营销活动设计，例如推出以旧换新活动、参与政府补贴等。经济因素对社会公众的消费和购买行为有着显著影响，同时会改变个体在储蓄、信贷方面的选择，最终造成个体实际经济购买力的变化。

3. 社会因素

社会因素涵盖了社会环境中成员的价值观念、生活方式及人口结构、风俗习惯、社会道德风尚等方面，对企业目标市场细分、市场定位与产品开发等具有根本性影响。通常，社会环境的动态变化往往能够帮助企业预测消费习惯的长期变化。其中文化差异是此维度下的重要变量。荷兰心理学及管理学家吉尔特·霍夫斯塔德认为，文化与价值观是身处同一环境下众多个体拥有的共同的态度与价值观，并由此形成群体区隔。在《文化之重：价值、行为、体制和组织的跨国比较》一书中，他提出生活在不同文化背景下的个体在个人主义或集体主义、权力距离、男性化或女性化、不确定性回避、长期取向或短期取向五个维度存在较大差异。后期他将放任或克制作为一种新的文化维度加入此框架中（见表2-1）。霍夫斯塔德文化框架往往应用于欧美文化与亚洲文化生活圈个体的比较，有助于企业与品牌在国际背景下理解消费者。

表2-1　霍夫斯塔德文化框架

维度	具体含义
个人主义或集体主义	人们如何处理自己与亲属、朋友等社会成员之间的关系
权力距离	组织机构中权力较小的成员对权力不平等的容忍度
男性化或女性化	两性之间的社会角色分工与社会对使用武力的接受度
不确定性回避	社会对不确定性和模糊性的容忍程度
长期取向或短期取向	社会成员如何看待过去、现在与未来之间的关系
放纵或克制	社会个体享受愉悦的程度与如何表达情绪

此外，人口年龄结构也是社会因素的重要构成。自20世纪60年代起，世代营销一直是企业关注的重点。“Z世代”指1995—2009年出生的群体，随着他们陆续进入大学或职场，其消费能力逐渐提升，正成为消费的增长引擎。麦肯锡针对亚太地区“Z世代”的调查发现，作为真正的网生一代，接近三分之一的“Z世代”每天使用手机的时间超过6小时，他们在生活中无法离开社交媒体，70%的受访者至少每月一次通过社交媒体获得新品牌信息，他们也更偏好独特的能够讲故事的个性化品牌以及品牌之间进行互动[①]。这意味着品牌需要更加关注与品牌产品相关的话题在社交媒体上的趋势与口碑表现，以Z世代为核心目标受众的品牌更应注重挖掘个性化与专属的元素。

4. 技术因素

在当前数字化转型背景下，以科技发展、生态创新等为核心的技术因素对企业经营管理的重要性更为凸显。云计算、大数据、人工智能、虚拟现实等技术的发展不仅影响企业生产效率，也彻底改变了行业竞争格局与商业模式。中国大多数企业已经开始尝试融入人工智能技术，企业现有技术背景与技术可获得性、组织规模与绩效表现、所处行业与政策监管分别从技术（technology）、组织（organization）与环境（environment）构成企业人工智能技术采用的分析框架[②]。同时，新兴技术的高度融入将加快产品更新迭代的速度、缩短产品生命周期，也将为企业提供精准营销和个性化服务的新突破口。

5. 环境因素

作为新的市场力量，在可持续发展理念日益普及的背景下，企业在生产经营过程中更需要考虑环境因素。这要求企业需同时扮演好经纪人与社会人的双重决策角色，具体包括但不限于气候变化、环境保护政策、可持续资源管理等方面。对企业而言，

---

① Aimee Kim，Paul McInerney，Thomas Rüdiger Smith，Naomi Yamakawa，周嘉：《赢得“后浪”：亚太地区Z世代消费者研究》，https://www.zhiyanbao.cn/index/partFile/1/mckinsey/2021-12/1_33797.pdf。

② 姜铠丰：《从技术采用到竞争优势：AI如何影响企业经营效率？》，https://www.gsm.pku.edu.cn/info/1318/30025.htm。

环境因素不仅涉及合规成本和风险管理，还关乎企业形象和市场机遇。例如，在双碳政策推动下，严格的碳排放标准在短时间内可能增加企业的运营成本，但长期而言，这也为清洁能源和环保技术创造了新的市场空间。此外，这也为企业进行善因营销提供了契机，企业需结合自身能力、社会责任形象等促进物理环境的改善与自然资源保护。

6. 法律因素

法律因素规范和保护了企业经营活动，不仅影响企业的合规管理和风险控制，在发生争端时也为企业提供知识产权保护、进出口贸易保护。例如，日本与美国围绕雪蟹进口价格调整而发生的卡特尔案。经营活动的长期实践发展衍生出了一系列与营销高度相关的法律，例如维护公平竞争的谢尔曼反托拉斯法、禁止价格歧视的帕特曼法等。各类法律的关注重心经历了从企业竞争到消费者保护的转移。随着各类信息技术的爆发式发展，《中华人民共和国数据安全法》《网络数据安全管理条例》《关键信息基础设施安全保护条例》等为企业创新成果提供更完善的保护，实现高水平的安全的良性互动。

（二）重要宏观环境指标

1. 生产者物价指数

生产者物价指数（producer price index，PPI）是一个关键的宏观经济指标，对企业的战略决策和运营管理具有深远影响。这一指数通过测量生产者在不同生产阶段面临的价格变动，为企业提供了解整体经济环境和行业特定成本压力的重要窗口。对企业而言，生产者物价指数的变动不仅反映了上游原材料和中间产品的成本趋势，还预示了潜在的通货膨胀或通货紧缩压力，从而影响企业的定价策略和利润空间。此外，生产者物价指数与其他宏观数据的对比分析可以揭示企业在价值链中的议价能力和成本转嫁能力，为企业制定采购策略、库存管理政策和长期合同谈判提供了重要参考。在全球化背景下，不同国家和地区的生产者物价指数比较还可以帮助跨国企业优化全球供应链布局和生产基地选址。然而，企业在解读和应用生产者物价指数数据时需要注意滞后性和行业特异性，并结合其他经济指标和市场情报进行综合分析，以制定出更加准确和具有前瞻性的经营决策。

2. 消费者物价指数

消费者物价指数（consumer price index，CPI）作为衡量一般价格水平变动的关键宏观经济指标，对企业的决策制定和市场策略具有深远影响。消费者物价指数不仅反映了消费品和服务价格的总体变动趋势，更是企业洞察消费者购买力、预测市场需求变化的重要工具。对企业而言，消费者物价指数的波动直接影响产品或服务的实际价值感知，从而影响定价策略和利润空间。同时，作为通货膨胀的主要衡量指标，消费者物价指数变动趋势对企业的成本结构、工资政策和投资决策都会产生显著影响。对于一些特殊架构的企业，例如跨国企业，不同地区消费者物价指数的比较分析可以帮助企业优化全球市场进入策略和资源配置。

我国小微经营者在2024 年一季度的经营状况、所面临的经营压力、扶持政策的覆盖、融资情况、对2024年二季度的信心等方面呈现以下特点：

（1）小微经营收入环比因季节性因素有所收缩，同比温和回升，利润率和现金流压力有所改善。2024年一季度，小微经营平均营业额为12.3万元，同比（10.2万元）增长20.6%，较2023年四季度（14.7万元）环比下降16.3%。净利润率均值为 5.4%，较上季度（5.0%）有所改善。小微经营者现金流平均可维持时间为2.8个月，较上个季度有小幅提升。

（2）市场需求疲软依然为小微经营者最大痛点，经营成本和偿贷压力有所下降。2024年一季度小微经营者面临的经营压力仍然主要来自市场需求疲软或市场竞争激烈，以及经营成本压力。

（3）小微数字化程度在多个方面有所收缩。有线上销售的小微经营者在受访样本中的占比呈现下滑趋势，多平台经营的小微占比持续收缩；小微经营者电子信息系统使用率与上个季度相比稳中略有下降；在小微企业选择的多种经营平台中，淘宝和微信占据比较明显的优势，抖音也在多个行业中有突出表现。

资料来源：《中国小微经营者调查2024年一季度报告暨2024年二季度中国小微经营者信心指数报告》[*Online Survey of Micro-and-small Enterprises*（*OSOME*）：*Quarterly Report*（2024Q1）*and Confidence Index*（2024Q2）]，https://www.isss.pku.edu.cn/docs/2024-06/20240606134251979276.pdf。

二、宏观环境分析数据来源

（一）世界银行开放数据

世界银行开放数据（world bank open data）是一个广泛被认可的宏观经济和社会发展数据源。该平台提供了涵盖全球大多数国家和地区的长期、系统性数据集。对企业而言，世界银行开放数据尤其适用于评估目标市场的宏观经济状况、社会发展水平和可持续发展潜力，为市场进入和扩张决策提供实证支持。此平台具有数据的全面性、时间连续性、标准化程度和可访问性方面的优势。具体而言，世界银行开放数据覆盖范围广泛，其涵盖从经济增长到环境可持续性等多个关键领域，为企业构建全面的市场评估模型提供了坚实的基础。长期的时间序列数据使企业能够进行纵向趋势分析，有助于识别周期性模式和长期发展轨迹。统一的统计方法和标准确保了数据的一致性和可比性，使企业能够进行有效的跨国市场经营状况对比和区域性分析。

（二）全球经济数据库

作为一个专业的经济数据提供商，全球经济数据库可为企业营销人员提供更加细化和实时的经济数据，特别适合进行短期市场趋势分析和行业竞争态势评估。全球经济数据库的核心优势体现在数据的时效性、粒度、可视化能力和预测性四个方面。

其一，高频更新的经济指标使企业能够实时把握市场脉搏，提高决策的敏捷性和准确性。其二，细致的行业和企业层面数据提供了从宏观到微观的全景视图，使企业能够进行更加精准的市场定位和竞争分析。其三，直观的数据可视化工具不仅简化了复杂数据的解读过程，还提高了跨部门沟通和决策制定的效率。其四，包含未来预测的指标为企业提供了前瞻性洞察，有助于其进行战略规划和风险管理。这些特性的综合应用使企业能够建立一个动态的市场监测和预警系统，从而在瞬息万变的全球经济环境中保持竞争优势。然而，值得注意的是，全球经济数据库对企业营销人员自身能力提出了较高要求：企业营销人员需具备能够将数据洞察转化为可执行的商业策略的能力。

（三）WTO贸易政策审议文本的大数据挖掘

以大数据挖掘技术考察世界贸易组织（WTO）贸易政策审议文本，在实际运用中，它融合了政策分析、文本挖掘和趋势预测等多个维度，为企业提供了一个深入理解和预测国际贸易政策环境的强大工具。首先，通过系统分析WTO成员的贸易政策报告，企业可以获取最新的政策动向，从而及时调整国际化战略。其次，运用自然语言处理和机器学习等先进技术，企业能够从大量非结构化文本中提取关键信息，这大大提升了政策分析的效率和深度。此外，通过对历年报告的纵向比较分析，企业可以识别贸易政策的长期演变趋势，为战略规划提供前瞻性指导。最后，这种方法能够挖掘潜在的贸易壁垒或市场机会，为企业发现新的市场空间或规避潜在风险提供可能。

（四）全球品牌数据库

全球品牌数据库（Global Brand Database），隶属世界知识产权组织（World Intellectual Property Organization，WIPO），是通往71个国家和国际数据库中五千多万条记录的入口。例如，在搜索框中输入“华为”，即可获得与华为有关的企业注册时间、企业性质、品牌标识等系列内容。全球品牌数据库的价值在于帮助企业了解目标市场的品牌格局，评估自身品牌在全球市场中的定位，并为品牌战略的制定和调整提供依据。

中国汉服市场规模呈现持续上升扩大趋势，2023年达到144.7亿元，2027年中国汉服市场规模有望达到241.8亿元。当前汉服市场规模仍较小，未来仍有较大的上行空间。超五成消费者购买汉服的渠道为电商平台，汉服消费需求多样。重回汉唐在消费者汉服品牌认知中排名第一；超五成消费者购买汉服的渠道为淘宝、京东等电商平台，39.5%消费者从线下汉服实体店购买汉服；每季度购买汉服1～2次的消费者占比为47.8%；消费者不购买汉服较多考虑因素是不实用、影响出行和穿着过程较为烦琐。汉服品牌可提高汉服的实用性，采用轻薄的面料制作汉服，以提高自身产品的市场竞争力，在发展线上网店的同时开设线下实体店，以满足消费者的多样化需求。

汉服向周边产业延伸，跨界IP合作、新中式或为破圈方法。汉服潮流兴起带动周边产业的发展，汉服写真、汉服租赁、汉服体验馆等将成为产业中必不可少的一环。随着“国潮”风席卷而来，汉服品牌与博物馆、游戏、影视剧、漫画等跨界合作成为汉服品牌打破原有用户圈层、提升品牌知名度的重要方法。汉服日常化成为新趋势，品牌需通过不断融合新元素，推动汉服从小众圈层成长为大品类。

资料来源：《“汉服经济”开拓百亿市场》，https://www.news.cn/fashion/20240902/2704e1acbef84cd3987637469f1f3bc5/c.html。《艾媒咨询 | 2024—2025年中国汉服产业现状及消费行为研究报告》，https://finance.sina.com.cn/wm/2023-11-25/doc-imzvurca3895784.shtml。

第二节　微观环境分析与顾客偏好预测

一、微观环境的构成要素

企业面临的微观营销环境是指企业能够控制的、与企业经营管理活动所需信息有关的且与企业密切相关的因素，主要包括企业本身、供应商与营销中间商等渠道企业、消费者、竞争对手、社会公众等因素。其中，社会公众包含的范围较为广泛，任何能够实际影响企业目标能力实现、存在潜在利益关系的群体均属于社会公众范畴，如媒体公众、市民行动公众、当地公众等。

对上述微观环境构成要素的洞察有助于企业掌握消费市场动态。在信息技术蓬勃发展的背景下，微观个体参与信息生产与传播的格局发生了翻天覆地的变化。除了传统的信息渠道，社交媒体成为重要的信息聚集之地。这要求企业善用社交媒体以提升销售业绩与商业价值，使之成为品牌发展新的增长引擎。

二、社交媒体监测

（一）社交媒体监测的定义

社交媒体监测（social media monitoring）是一个多维度、系统化的数据采集与分析过程。这一过程涉及对多元化社交媒体平台上出现的与企业相关的各类信息元素进行全面的跟踪、收集和深度解析。社交媒体监测的核心是企业在不同的社交媒体平台上跟踪关键字、标签和关于企业相关品牌、产品或行业提及情况的过程，能帮助企业衡量品牌人气和满意度等指标，并为营销活动收集灵感。因此，社交媒体监测的范畴包括但不限于以下关键要素：对话内容、关键词、标签、品牌提及、用户互动等。这些元素构成了企业在数字空间中的“声音”和“形象”，反映了消费者的态度、偏好和行为模式。

在实践中，社交媒体监测通常包含三个核心维度：社交媒体舆情监测（social media sentiment analysis）、社交媒体用户画像（social media user profiling）和社交媒体内容分析（social media content analysis）。这三个维度相互补充，共同构成了全面的社交媒体智能分析体系。

社交媒体舆情监测专注于对公众情感和态度的量化分析。这一维度涉及情感倾向识别、话题趋势追踪、危机预警和品牌声誉评估等方面。通过先进的自然语言处理技术和机器学习算法，企业能够实时捕捉和分析用户对特定话题、品牌或产品的情感反应，从而及时调整营销策略或进行危机干预。

社交媒体用户画像致力于构建完整的目标受众特征模型。这一维度包括人口统计学特征分析、行为模式识别、兴趣偏好映射、影响力评估和消费倾向预测等。通过整合和分析用户在社交媒体上的各种行为数据，企业可以形成对目标受众的深入理解，为精准营销和个性化服务提供基础。

最后，社交媒体内容分析则专注于对社交媒体平台上各类内容形式的深入分析。这包括文本分析、图像识别、话题聚类、互动模式分析、内容传播路径追踪和竞品内容对比等。通过多模态的内容分析，企业可以洞悉内容营销的效果，优化内容策略，并识别新兴的市场机会。

（二）有效的社交媒体监测方法与工具

1. 自然语言处理技术

自然语言处理（natural language processing，NLP）技术在社交媒体监测中扮演着关键角色。自然语言处理技术的核心在于让计算机系统能够理解、解释和生成人类语言，这对于分析社交媒体上的文本内容至关重要。在社交媒体监测的语境中，自然语言处理技术主要应用于如表2-2所示的几个方面。

表2-2　自然语言处理技术的应用场景

应用场景	具体含义
文本分类	自动将社交媒体帖子分类到预定义的主题或类别中
实体识别	从文本中识别和提取重要的命名实体，如人名、地名、组织名等
关键词提取	识别文本中最具代表性和信息价值的词语或短语
情感分析	判断文本表达的情感倾向（积极、消极或中性）
主题建模	从大量文本中自动发现潜在的主题或话题

从中可见，情感分析是自然语言处理技术的核心应用结果之一，能够有效做到实时追踪公众对品牌的情感态度变化、收集和分析用户对产品或服务的情感反应、及时发现可能引发负面舆论的话题或事件、识别客户的不满情绪。

2. 机器学习技术

机器学习（machine learning，ML）技术与自然语言处理技术紧密结合，主要目的是为社交媒体监测提供强大的预测和分类能力。机器学习算法能够从历史数据中学习模式，并将这些模式应用于新的、未见过的数据，如表2-3所示。

表2-3 机器学习技术的应用场景

应用场景	具体含义
预测分析	预测未来的趋势、用户行为或市场反应
异常检测	识别异常或偏离常态的社交媒体活动，这对于危机管理尤为重要
推荐系统	基于用户过去的行为和偏好，推荐相关内容或产品
图像和视频分析	识别和分类社交媒体上的视觉内容

三、神经营销学

（一）神经营销学的产生及定义

在消费者行为分析的语境下，社会规范对个体决策过程存在较大的影响。这种影响在涉及敏感话题或具有道德维度的消费选择时尤为显著。作为社会性个体，消费者表达的偏好和行为意向往往会受到社会期望的压力，即社会期望偏差（social desirability bias）。这一偏差的存在对企业获取真实、可靠的消费者洞察构成严峻挑战。

社会期望偏差表现为受访者在面对调查问卷、深度访谈或焦点小组等传统市场研究方法时，倾向于给出符合社会主流价值观或被认为“正确”的回答，而非真实反映其内心态度或实际行为。究其根源，可能是个体对社会认可的渴望、对潜在负面评价的规避，或是对自我形象的维护。例如，在涉及可持续性消费行为的问题时，受访者可能会高估自己购买环保产品的频率或意愿，以符合社会对“负责任消费者”的期望。

然而，神经营销学的兴起，即神经科学的先进技术与传统营销研究方法的结合，为企业提供了一个全新的视角以理解和影响消费者行为，旨在揭示消费者决策过程中的潜在机制和深层次动机，打开个体进行决策时的“黑箱”。例如，尼尔森公司与哥伦比亚广播公司针对M&M's巧克力豆品牌推出的喜剧广告进行的多方位评估，利用受众参与度、脑电图以及面部编码技术，全面捕捉广告对消费者认知和情感反应的动态影响。

传统的问卷调查、焦点小组和行为观察等方法虽然能够收集消费者的显性反应，但很难捕捉到潜意识层面的决策过程和情感反应。通过运用功能性磁共振成像、脑电图和眼动追踪等神经科学技术，企业能够直接观察消费者大脑在面对营销刺激时的活动模式，从而获得更为客观和精确的底层逻辑数据与深层次机理。

（二）神经营销学的研究方法与工具

1. 脑电波

脑电波（electroencephalogram，EEG）是一种使用电生理指标记录大脑活动的方法。通过在头皮特定位置布置高敏感度的电极阵列，EEG能够捕捉这些电信号在大脑皮层的集体活动模式。EEG方式具有极高的时间分辨率（小于1毫秒），因而能够实时追踪大脑对营销刺激的即时反应。相较于其他神经影像技术（如功能性磁共振成像，FMRI），EEG设备相对轻便，可以在实际消费环境中进行测试，且结论更具外部有效性，能更好地反映真实消费场景中的脑活动模式。此外，EEG的操作和维护成本相对较低，因而成为中小型企业也负担得起的神经营销研究工具。需要指出的是，由于头骨对电信号的衰减作用，EEG的空间分辨率相对较低（1厘米～10厘米）。这意味着它主要适用于研究大脑皮层的活动，而难以精确定位深层结构的神经活动；且电极数量的增加等于设备复杂度和数据处理难度的提升。

2. 眼动追踪

作为一种非侵入性的生物计量学方法，眼动追踪技术为深入理解消费者视觉注意力分配和信息处理过程提供了精确而客观的工具。这一技术主要通过高精度摄像设备捕捉虹膜边界和瞳孔运动，从而计算眼球移动的方向和轨迹。在企业市场研究中的应用主要基于两个核心行为指标：扫视和凝视。扫视（saccade），即眼球快速移动的过程，反映了视觉搜索和信息探索行为；凝视（fixation），即眼球相对静止的状态，通常与信息加工和认知处理密切相关。

消费者每天面临着海量信息的冲击。在富媒体软件环境和实体零售场景中，信息密度更为惊人。面对数字化营销的不可逆趋势，企业如何在这种高度饱和的信息环境中有效吸引并保持消费者的注意力，成为一个亟待解决的关键问题。学者奥利佛指出，面部表情，尤其是眼睛，在传递微妙而重要的社会信息方面扮演着关键角色。通过眼动研究，他指出面部敏感性（消费者对广告和产品包装中出现的人脸图像表现出显著的注意力偏好）、视线引导效应（广告中人物的视线方向能有效引导消费者的注意力流向）和记忆增强效应（消费者对包含人脸元素的广告内容表现出更高的记忆保留率）是广告中存在的三大效应。故此，在实际的广告设计和产品包装开发过程中，营销人员可以基于神经营销结果从人脸元素、视线引导、动态视觉元素等方面来优化视觉营销效果。

第三节　市场研究的设计与实施

一、市场研究中的重要概念

（一）市场研究的构成要素

对于企业而言，市场研究最核心的一大功效在于帮助自身更深入更全面地了解当前消费者与潜在的购买力。作为连接企业与市场的重要桥梁，市场研究在了解市场需求、探查竞争格局和提升消费者福利等方面发挥着不可替代的作用，逐渐成为企业在复杂多变的市场环境中保持竞争优势的关键工具。

一方面，市场研究关注消费者特征与行为。通过系统性的数据收集与分析，企业能够准确把握消费者的偏好变化和新兴市场机会。这种洞察力不仅有助于企业制定符合市场需求的产品策略，还有助于其预见行业的发展方向，从而在竞争中占据先机。尤其在当前各类信息技术层出不穷、社会经济快速变化的环境中，及时、准确的市场洞察对企业的可持续发展至关重要。

另一方面，市场研究探查企业所处的竞争格局。综合各方面数据，企业对竞争对手的产品、定价策略、市场份额等方面进行深入分析，可以清晰地定位自身在市场中的地位，识别潜在的威胁和机遇。这不仅有助于企业制定更有针对性的竞争策略，还能够促进企业不断创新和改进，以保持或提升市场竞争力。

为深入了解消费者需求、偏好和购买行为，最终开发出更符合消费者期望的产品和服务，企业通常按照如图2–1所示步骤完成一次市场研究以形成对消费者的洞察。

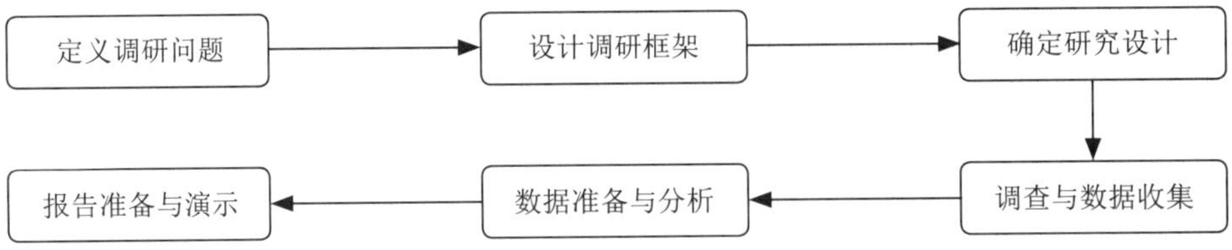

图2–1　市场研究的实施步骤[①]

---

① 伊冯娜·麦吉温：《市场调研实务（原书第4版）》，李桂华等译，机械工业出版社，2017。

（二）市场研究的分类

1. 整体研究与抽样研究

整体研究与抽样研究在研究设计、数据收集和结果推论等方面存在显著差异。整体研究也称普查，指对研究总体中的每一个单元都进行调查和分析的研究方法。整体研究的优势在于能获得最全面、准确的数据，避免了抽样误差，特别适用于总体规模较小或者需要高度精确数据的研究场景。例如，国家人口普查、小型组织的全员调查等。但整体研究也面临着成本高、耗时长、操作难度大、伦理问题等挑战，尤其在研究对象数量庞大或分布广泛时。

抽样研究是通过从总体中选取一部分代表性单元进行调查和分析，再将结果推广到总体的研究方法。抽样研究的主要优势在于效率高、成本低、操作相对简便。通过科学的抽样设计，研究者可以在有限的时间和资源条件下获得对总体特征的可靠估计。抽样研究广泛应用于社会调查、市场研究、医学试验等领域。

2. 探索性研究、描述性研究与因果性研究

探索性研究、描述性研究与因果性研究分别代表了研究过程中不同的深度和目标，反映了从初步了解到深入解释的研究进程。每种类型都有其特定的目的、方法和适用场景，在实际研究中往往相互补充，共同推进对研究对象的全面认知。

探索性研究是研究过程的起点，主要目的是对一个相对未知或缺乏系统研究的现象进行初步探索。探索性研究通常用于新兴领域或尚未形成成熟理论的研究主题。探索性研究的特点是灵活性高、方法多样，研究者可以采用文献综述、案例分析、焦点小组讨论、深度访谈等质性研究方法，以获取关于研究对象的初步认识。探索性研究的价值在于它能够帮助研究者识别关键变量、形成初步假设、提出研究问题，为后续更深入的研究奠定基础。

描述性研究是对探索性研究的深化，旨在对研究对象的特征、分布、变化趋势等进行系统、准确的描述。描述性研究通常采用问卷调查、结构化观察、内容分析等方法，收集定量或定性数据以描绘研究对象的全貌。描述性研究的优势在于它能提供研究对象的详细画像，揭示不同变量之间的关联模式。例如，人口普查、市场调查、社会态度调查等都属于典型的描述性研究，主要回答“是什么”和“怎么样”的问题，但它通常无法解释现象背后的原因。

因果性研究是这三种研究类型中最为复杂和严谨的，其目的是揭示变量之间的因果关系，回答“为什么”的问题。借由实验设计、准实验设计等方法，控制混淆变量后以确定自变量对因变量的真实影响。因果性研究的结果对于理论构建和实践指导具有重要价值，但其有效性高度依赖于研究设计的严谨性和数据的可靠性。

3. 一次性研究与连续性研究

一次性研究与连续性研究是根据研究的时间跨度和数据收集频率来区分的两种重要研究类型。一次性研究，即横截面研究，指在特定时间点对研究对象进行一次性观察或测量，主要特点是时间跨度短，通常在相对集中的时间段内完成数据收集。一次性研究适用于探索某一现象在特定时间点的状态、特征或分布，譬如社会态度调查、市场需求分析等。一次性研究的优势在于操作相对简便、成本较低、可以快速获得结果。然而，一次性研究无法捕捉研究对象随时间变化的动态过程，难以建立变量之间的因果关系，也容易受到特定时间点环境因素的影响，得出的结果代表性和普遍性值得探讨。

连续性研究也被称为纵向研究，是指对同一研究对象在不同时间点进行多次观察或测量。连续性研究能够捕捉研究对象随时间变化的动态过程，揭示变量之间的时序关系，为因果推断提供更强的证据支持。但是连续性研究也存在研究周期长、成本高昂、样本流失率高等问题。

二、市场研究的方法与技术

（一）研究方法

1. 质性研究、量化研究与混合研究

质性研究、量化研究与混合研究构成市场研究方法论的基本框架。这三种研究方法各具特色，为企业决策提供了不同层面的支持。质性研究侧重于深入理解消费者行为和市场动态的潜在动机和背景，通常通过深度访谈、焦点小组或参与式观察等方法收集非结构化数据。这种研究方法特别适用于探索性研究阶段，主要是探查隐藏的消费者需求和新兴市场趋势。量化研究则专注于可测量的数据，通过大规模调查、实验设计或二手数据分析等方法获取统计学上显著的结果。这种研究方法适合验证假设、量化市场规模或预测消费者行为。混合研究兼具质性研究和量化研究的优势，允许企业在同一研究中既获得深度洞察，又能确保结果的普遍性。

对企业而言，选择适当的研究方法取决于研究问题的性质、可用资源和决策需求的紧迫性。例如，在探索新市场机会时，企业可能先采用质性研究深入了解消费者需求，然后通过量化研究验证这些发现的普遍性。因此，企业需要培养多元化的研究能力，并建立灵活的研究框架，以适应不同的战略决策需求。此外，企业还应该注意研究方法的选择与组织文化和决策风格的匹配，确保研究结果能够有效地融入决策过程。

2. 对二手资料的分析

社会统计学家凯特勒在进行关于人口和社会犯罪问题的研究时，通过对过往犯罪统计资料的梳理，最终发现社会犯罪规律。对二手资料的分析，此处指文本分析法与扎根理论法。一方面，文本分析法允许企业系统地分析大量的文本数据，如社交媒体内容、客户反馈或行业报告，从中提取有价值的洞察。文本分析法特别适用于追踪品牌声誉、监测竞争对手活动或识别新兴市场趋势。另一方面，扎根理论法则提供了一个系统化的质性研究框架，允许研究者从数据中归纳出理论，而不是验证预设假设。该方法扎根在文本数据上，透过逐字逐句的译码（coding），将参与观察数据或深度访谈等数据分解并概念化。具体通过开放性译码（open coding）、主轴译码（axial coding）、选择性译码（selective coding）三个阶段，构建起一个扎根理论模型。换言之，营销人员需要寻找“故事线”，用“故事线”精练地诠释经验资料。譬如：通过分析社交媒体上的用户讨论，企业可以识别新兴的消费者趋势；使用扎根理论分析客户投诉数据，则可能揭示产品设计或服务流程中的系统性问题。

围绕品牌危机情境下的投机优惠抢购行为，对经济理性引发社会失范展开研究。以天猫平台果小云事件为例，采用扎根理论法，通过对5家以上网站上的413个帖子和9195条评论的整理和分析，结合社会规范理论，归纳出人们在追逐经济利益时的理性行为引发的社会失范主要体现在内控和外控两个方面。研究发现：内控失范主要包括人性道德层面的失范和企业伦理层面的失范；外控失范主要包括行业规则层面的失范和法律制度层面的失范。当经济理性趋利行为冲破社会规范时，人们的思维开始由规范角度转移到规律角度，认为宏观层面的因果规律将会对自己产生一定程度的约束和限制。

资料来源：王新刚、李秀秀、王璐璐：《危机情境下投机优惠抢购行为扎根研究——经济理性引发社会失范（以天猫平台果小云事件为例）》，《营销科学学报》2022年第3期。

3. 原始资料的收集

（1）观察法与访问法。

原始资料收集中的观察法与访问法为企业提供了直接接触目标受众的机会。早在18世纪下半叶，英国社会活动家霍华德就通过对监狱犯人的访谈内容的整理，最终形成监狱改革法案。观察法，无论是参与式还是非参与式，都允许研究者在自然环境中观察消费者行为，从而捕捉到可能被忽视的细节或潜在的需求。观察法特别适用于研究消费者的实际使用行为，或者理解复杂的社会互动过程。访问法（包括结构化、半结构化和非结构化访谈）则为研究者提供了深入了解消费者态度、动机和决策过程的机会。访问法允许研究者探索敏感话题，或者深入理解消费者的价值观和生活方式。

上述两种方法尤其适用于探索性研究阶段或深入理解特定市场细分。例如，通过在零售环境中进行观察，企业优化产品陈列和店铺布局、看到进入店铺消费的顾客的显性面部表情与行为动作；而通过深度访谈，可以揭示消费者对新产品概念的真实反映。

（2）实验法。

实验法用于测试因果关系（causal research）和验证营销策略的有效性，在特定的条件下，对自变量进行操纵并测量它们对因变量的影响。通过控制变量和随机分配参与者，实验法允许企业精确测量特定干预措施的影响。实验法对于优化产品设计、测试价格敏感性或评估广告效果尤其有价值。在数字时代，A/B测试（A/B test）等在线实验方法使得企业能够快速、低成本地进行大规模实验，为数据驱动的决策提供了坚实的基础。

在实验法下，经典的因果推论一般需要同时满足以下条件：

①变量之间具有相关性，原因事件（变量）与结果事件（变量）之间是相关的。

②变量发生时间具有明确的先后顺序，先因后果是关键的逻辑要求。

③控制无关变量，即观察到的相关关系并非由其他事件（因素）造成。

④外部效度，即在严格控制情境下观察到的因果关系在真实环境中也能成立。

⑤设置实验组与对照组，且将被试随机分配到其中任意一种情境中。

实验法的应用要求严格的实验设计和统计分析能力。例如，在直播购物中，不同产品类型与不同主播类型所产生的实际效果是不同的：企业主播推荐介绍实用品，促进触发消费者的内化机制，并提高消费者的购买意愿；名人主播推荐介绍享乐品，促进触发消费者的认同机制，并提高消费者的购买意愿。

需要注意的是，因实验法对实验设计与情景条件有着较为严苛的要求，企业在进行市场调查时较多采用简化形式，例如在新产品设计与功能改进时广泛采用的A/B测试、自然实验等方法。此外，由于实验法的核心优势在于探究影响因素与行为结果之间的因果关系，所以实践中衍生出自然实验法、准自然实验法等变形。

（3）案例分析法。

作为原始资料收集的一种方法，案例分析法为企业提供了深入研究特定现象或决策情境的机会。案例分析法允许研究者通过多种数据源（如访谈、文档分析和观察）全面考察一个或多个案例，综合利用多种质性研究法与数据分析法，获得对复杂商业问题的深刻理解。案例分析法的优势在于能够捕捉到情境因素和过程动态，这对于理解复杂的组织决策或市场现象尤为重要。

需要指出的是，案例分析法并不是简单地描述具体的案例现象或细节，而是通过具体的信息挖掘基本关系类别、基本特征表象、基本行为规范，最终找到社会知识。换言之，通过对典型案例的深入剖析，发现变量之间独特的因果关系，进而认识人类社会各种行为的特征与意义。案例分析法通常被认为是一种在自然情景中以收集定性资料为主，通过诠释和移情的途径来揭示和理解社会现象及其内部意义的研究范式，以“深入实地”“专注文本”（话语分析、叙事分析、谈话分析等）为特征。

管理案例研究的理论构建过程框架如图2–2所示。

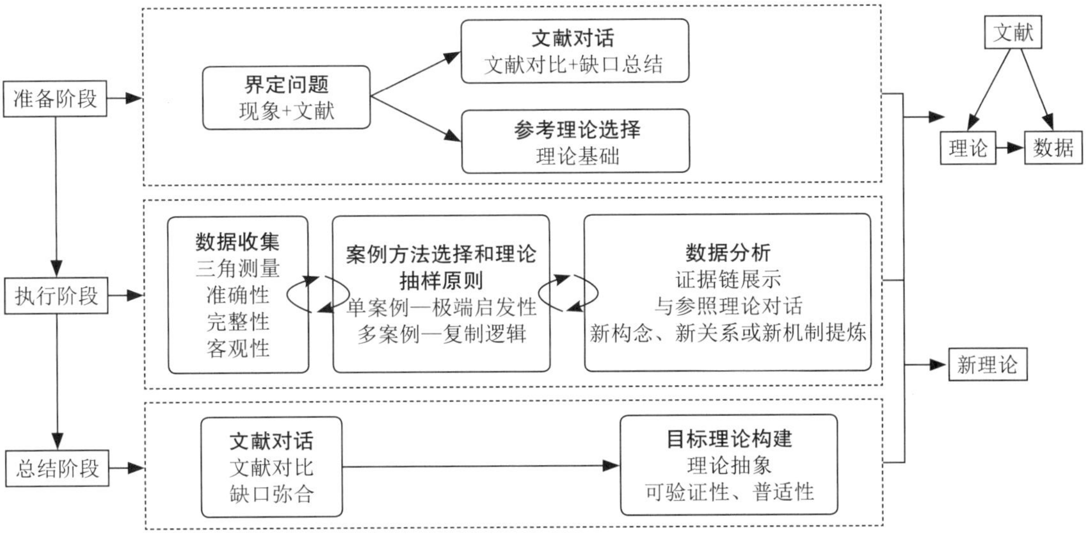

图2–2　管理案例研究的理论构建过程框架①

通过实地走访沙县政府部门、沙县小吃核心企业，多轮次深度访谈多位小吃从业者，研究团队获得大量一手数据，运用乔亚等的归纳式主题分析法进行资料分析，透过层层时代面纱重新演绎沙县小吃产业跨世纪发展的成功密码。

通过对沙县小吃产业30多年发展脉络的分析，揭示沙县小吃由地方小吃成长为国民小吃、实现乡村产业振兴的动力与机理，探索出中国乡村产业发展的“沙县模式”。研究发现：基于创造力的激活—协同—共享机制，驱动沙县小吃由草根创业形态跃迁到产业化和正规化发展形态，实现产业持续转型升级。具体而言：第一，沙县小吃产业缘起于沙县农民寻求致富之路的市场洞察，自发创业，触发个体创造力；沙县区人民政府敏锐察觉农民创业行为的重要价值，把握机遇、顶层发力，进一步保护和激发农民创造力。第二，沙县农民与政府在产业成长过程中形成共同创业合作，推动个体单向创造力向团队与组织创造力跃迁，并使之内化为产业持续发展的核心驱动力。第三，经由沙县农民与政府共同创造，沙县小吃成长为家喻户晓的“国民小吃”

① 王永贵、李霞：《中国管理案例研究40年——系统回顾、问题反思、对策建议与展望》，《南开管理评论》2022年第6期。

和名副其实的富民产业与幸福产业。幸福生活的实现与“国民小吃”品牌共享产生溢价效应，保障和促进农民与政府创造力的延续，持续强化二者的学习探索和创新精神。沙县模式为中国式现代化的乡村产业振兴和县域治理创新提供了新方向。

资料来源：妥艳媜、吴建坮、白长虹、陈曦、刘开：《“国民小吃”怎样炼成幸福产业？创造力驱动的沙县模式研究》，《管理世界》2024年第6期。

（二）研究技术

1. 质性研究的研究技术

尽管质性研究简便易行、富有灵活性并贴近研究对象，但事实上研究结果受研究人员个人因素的影响较大且很难重复，容易出现以偏概全的问题，研究结果的代表性、效度受到质疑，在进行分析时数据难以用统计方法处理，无法提供定量的信息。故此，在进行数据收集时，需要用一些技术方法来尽可能规避上述问题。

投射法：基于心理学理论，通过模糊或非结构化的刺激材料鼓励受访者投射内心感受、态度和信念。投射法特别适用于探索敏感话题或难以直接表达的情感。例如，企业可能使用图片分类测试来了解消费者对品牌的潜在认知，或通过词语联想技术揭示产品的隐含意义。

构筑法：通过鼓励受访者构建或完成故事情节，要求调查对象以故事、对话或者描述的形式来构造一个回答，常用的方法有图片法和漫画测试。构筑法能有效地捕捉消费情境和产品使用体验的复杂性。

联想法：通过刺激受访者快速、自发地对特定词语、图像或概念进行联想，即要求调查对象说出脑海里最先浮现的联想，从而揭示深层次的态度、信念和价值观。例如，让潜在的消费者闻某一新款香水，并说出浮现在他们脑海里的第一个单词，然后通过对不同单词出现频率的统计来了解他们的感受。

2. 调查问卷设计技巧

早在17世纪60年代，以问卷为核心的调查方式逐渐盛行，主要应用于行政调查和社会问题调查，以了解社会发展状况与改进政策措施，例如，威廉·配第指出，任何社会经济状况与现象均应使用数字比较来进行展示。

问卷设计是企业市场研究中的关键环节，其质量直接影响数据的可靠性和有效性。有效的问卷设计需要平衡多个目标：确保问题的清晰性和相关性，最小化回答偏差，并优化受访者体验。企业应该注意问题的措辞和顺序，避免提出引导性问题，并适当使用不同类型的问题（如封闭式、开放式、李克特量表等）以获取全面的信息。

此外，问卷设计还需要考虑目标受众的特征和调查方式，如在线、电话或面对面填写等。企业应该进行预测试，以识别和修正潜在问题。在数字时代，自适应问卷技术的应用可以根据受访者的回答动态调整问题，提高数据收集的效率和准确性。

除常见问卷形式外，还有哥特曼量表（Guttman scale）、鲍格达斯社会距离量表（Bogardus social distance scale）、瑟斯顿态度量表（Thurstone attitude scale）等特定情境的问卷。

3. 社交媒体分析

社交媒体分析已成为企业市场研究和消费者洞察的重要工具。社交媒体分析利用先进的数据挖掘和文本分析技术，从大量非结构化的社交媒体数据中提取有价值的见解。对企业而言，社交媒体分析提供了实时监测品牌声誉、识别新兴趋势、理解消费者情感和预测市场需求的功能。例如：通过分析新浪微博上某品牌的提及率和消费者对该品牌的情感倾向，继而帮助企业快速评估新产品发布的市场反应；通过挖掘Instagram上的用户生成内容，可以发现产品使用的新场景或未满足的需求。社交媒体分析也面临着数据代表性和解释偏差等挑战。数据的海量性和实时性要求企业具备强大的技术基础设施和高级分析能力。因此，企业需要投资于先进的自然语言处理技术和机器学习算法，以提高数据处理的效率和准确性。

此外，随着《中华人民共和国个人信息保护法》的颁布，企业还需要注意社交媒体分析在隐私侵犯方面的伦理问题，确保数据收集和使用符合隐私法规和道德标准。企业应利用去标识化、匿名化、数据清洗等脱敏处理技术，关注聚合层面的洞察而非个体层面的数据，实现对敏感数据内容的保护。

4. 生物特征分析

生物特征分析代表了市场研究的前沿，主要利用神经科学技术，为企业提供深入理解消费者潜意识反应和生理反应的独特机会。生物特征分析利用先进的技术，如眼动追踪、面部表情分析、脑电图和功能性磁共振成像，来测量消费者对营销刺激的非言语反应。

同时，学者们开始讨论基因与销售的关系，运用分子遗传学的先进理论和方法来探讨遗传因素对销售人员绩效的影响。例如：有前沿研究指出，员工的销售绩效是先天遗传禀赋和后天销售努力共同作用的结果；值得注意的是，遗传因素对销售绩效的影响程度甚至超过了传统上被认为重要的性格特质；销售人员在与顾客互动过程中展现的适应性学习能力（如机会识别、客户导向等）是此结论产生的部分原因。这一发现挑战了现有的人才评估模型，暗示企业可能需要重新考虑人才筛选和绩效预测的方法。

生物特征分析的应用面临着技术、伦理和解释方面的挑战，除确保参与者充分知情、同意外，它通常需要专业的设备和专家知识，成本较高，且样本规模往往有限。故此，企业需谨慎考虑将生物特征分析作为传统研究方法的补充，而非直接替代。

5. 注意事项

各类新兴技术的涌现让企业的市场研究变得更为丰富多样，但是企业须认识到市场研究的根本目的在于帮助自身更深入地了解消费者偏好与态度，窥见消费者决策背后的秘密。故此，企业在设计调查问题时，须对自身进行审视，发现真正的问题与困难，而非浅尝辄止、浮于表面或走马观花。任何市场研究得出的结论最终需服务于企业决策与营销实践，形式主义是必须规避的问题。过分依赖问卷等标准化工具而忽视具体情境，过度追求样本数量而忽视样本质量，或者为了迎合特定结论而选择性收集和解释数据等做法不仅违背了科学研究的基本原则，还可能导致研究结果与实际情况严重脱节。此外，调查研究成果的质量如何，形成的意见正确与否，最终都要由人民群众的实践来检验。故此，市场研究最终需要提升消费幸福感与社会福祉。市场研究不应仅关注如何刺激消费、增加销售，而应更多地考虑消费行为对消费者生活质量的实际影响。企业在设计研究、解释数据和提出建议时，不仅要考虑企业的短期利益，还应关注消费者的长期福祉和社会的整体利益。

当前人们对市场研究存在一些误解。从本质上看，市场研究不再仅仅包括问卷调查，而是随着人工智能技术与各类算法工具的升级发展，调查手法日益多样化；市场研究也不止于定量分析，各种文字评论、图片内容，服务人员的表情与讲话语音语调以及各形式之间的配合等对于企业越发重要。同时，企业须注意，对通过市场研究得来的数据不仅要进行挖掘与分析，还须结合一定的理论形成合理有效的经营决策。

第四节　数智化背景下的市场研究

一、AR及VR在市场研究中的应用

作为沉浸式技术，增强现实（augmented reality，AR）和虚拟现实（virtual reality，VR）技术为企业提供了更多机会来模拟消费场景、测试产品和评估用户体验。这不仅革新了传统的市场研究方法，还为企业洞察消费者行为和偏好提供了更为精确和真实的途径。AR及VR技术在市场研究中的应用主要聚焦于在消费场景模拟、产品测试和用户体验评估三个方面。

AR及VR技术在消费场景模拟方面的优势为企业提供了一种高度可控且真实的研究环境。传统的市场研究方法，如焦点小组讨论或问卷调查往往难以准确捕捉消费者在实际购买环境中的行为和决策过程。相反地，AR及VR技术能够创造出高度逼真的虚拟购物环境，让研究者或参与者沉浸其中，展现出更为自然和真实的消费行为。例如，零售企业可以利用VR技术构建虚拟商店，模拟不同的货架布局、促销展示和店内氛围，观察消费者的浏览路径、停留时间和注意焦点。这不仅能够帮助企业优化店面设计和商品陈列，还能揭示消费者的潜意识行为和偏好。同时，AR技术可以在真实环境中叠加虚拟信息，例如在实体商店中通过AR设备展示额外的产品信息或促销优惠，研究这些信息对消费者决策的影响。这种结合真实和虚拟元素的研究方法，为企业提供了更加全面和深入的消费者洞察。

在产品测试方面，AR及VR技术为企业提供了一种高效、低成本且灵活的方法。传统的产品测试通常需要制作实物原型，不仅成本高昂，而且难以快速迭代。然而，通过AR及VR技术，企业可以创建产品的虚拟原型，允许消费者在虚拟环境中与产品交互，体验其功能和特性。这尤其适用于复杂或大型产品的测试，如汽车、家具或家电。例如，一家汽车制造商可以利用VR技术让潜在客户虚拟试驾尚未投产的新车型，体验不同的内饰设计和功能配置。这不仅能够收集详细的用户反馈，还能在产品正式推出前进行必要的调整，从而降低市场风险。此外，AR技术还能让消费者在真实环境中体验虚拟产品，例如通过智能手机AR应用或VR设备“试戴”虚拟珠宝或“摆放”虚拟家具，评估产品在实际使用场景中的效果。这种融合虚实的产品测试方法，大大增强了研究的真实性和相关性。

在用户体验评估方面，AR及VR技术提供了更为全面与精确的方法。传统的用户体验研究往往依赖于用户的主观报告或有限的观察数据，难以全面捕捉用户的情感反应和细微行为，而AR及VR技术不仅能够创造沉浸式的体验环境，还能通过集成各种传感器和追踪技术收集用户的生理反应、眼动轨迹、手势动作等多维度数据。

数字技术在营销中的应用如图2-3所示。

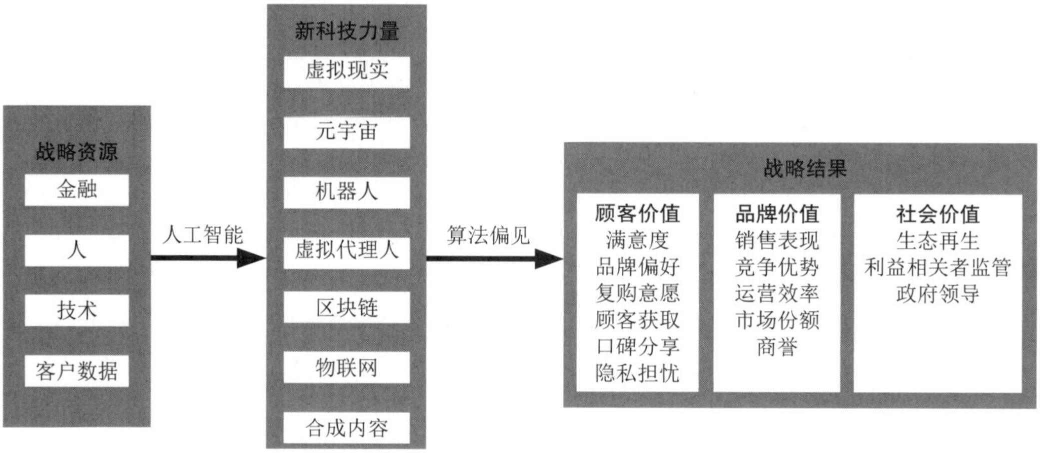

图2-3　数字技术在营销中的应用

二、人工智能大模型在评估数据收集中的作用

大型语言模型（large language models，LLMs）能够在数据收集和评估过程中起到锦上添花的效果。一方面，人工智能模型能提高数据质量评估的效果。传统的数据质量评估往往依赖于预定义的规则和人工审核，相对而言，这不仅耗时耗力，而且难以应对大规模、多样化的数据集。相比之下，作为辅助决策工具，人工智能可以快速处理和分析海量数据，识别潜在的数据异常、不一致性和缺失值。例如，在客户反馈数据的收集过程中，人工智能可自动识别多人语义相似但表述不同的反馈与一人同时填写多份的情况，帮助企业更准确地评估客户意见的分布和趋势。这不仅提高了数据质量评估的效率，还能发现人工分析可能忽视的细微模式和关联。

中山大学秦昕教授及其合作者探讨了利用人工智能模拟真实人类参与社会科学领域的研究，实现了人工智能与社会科学的结合。该研究利用AITurk（www.aiturk.cc），基于ChatGPT模拟，复现了顶级心理学期刊上自2023年1月后发表的研究，准确率达到93.2%。该项技术的运用预期将社会科学领域的数据收集时间效率提高1440倍、费用成本降低至原来的1/30。

资料来源：Qin, X.，Huang, M.，& Ding, J.：《AITurk: Using ChatGPT for social science research》，https://www.aiturk.cc/files/research.pdf.

在如今信息爆炸的时代，企业面临着如何从海量数据中筛选出真正有价值信息的挑战。通过深度学习和自然语言理解两种途径，大型语言模型能够评估收集到的数据与企业特定目标和决策需求的相关性。例如，在市场研究数据的收集过程中，大型语言模型可以自动识别和提取与产品开发、客户行为或竞争态势相关的关键信息，帮助企业快速聚焦于最具价值的数据点。这不仅提高了数据利用的效率，还能帮助企业更精准地定位关键信息，从而支持更明智的决策制定。

三、DeepSeek在研究中的应用

作为市场上异军突起且认可较为广泛的一种大型语言模型，DeepSeek以其强大的推理复杂问题的能力与逻辑分析能力迅速融入各大企业，并在各环节中发挥作用。同时，众多应用程序、浏览器插件也逐步将DeepSeek接入自身运行中。其他类似的大型语言模型亦在文字组织、程序编码、图片处理、语音识别等领域具有各自优势。

首先，传统的数据清洗过程往往耗时耗力，需大量人工干预来处理非结构化数据、识别异常值和处理缺失数据。DeepSeek凭借强大的自然语言理解能力，可以自动化地执行多项数据清洗任务。例如，在处理开放式问卷回答时，DeepSeek可自动识别并纠正拼写错误、标准化不同表述的相同概念、识别和删除无关或重复的信息。

其次，DeepSeek还能理解上下文，有效地处理口语化、含糊不清或表达不当的回答，并将其转化为标准化、可分析的格式。值得注意的是，越来越多的大型语言模型能够形成模拟人类真实行为的生成式智能体，帮助企业基于算法模型模拟真实社会交往的动态过程。

再次，在自动分析方面，传统的市场研究分析通常依赖于预设的分析框架和人工解读，这不仅限制了分析的深度和广度，还可能受到分析者主观偏见的影响。但是，DeepSeek可以自动化地执行多种复杂的分析任务。例如，在情感分析方面，DeepSeek能识别文本的正面、负面或中性情感，还能捕捉到细微的情感变化和语气差异。在提取市场研究涉及数据的主题时，DeepSeek可以从大量非结构化文本中自动识别和总结关键主题，甚至发现人类分析者可能忽视的潜在联系。此外，DeepSeek还能执行语义网络分析，揭示不同概念之间的关联和层次结构。这使得企业能够从海量的市场数据中快速洞察新兴趋势和获取潜在机会。

最后，在预测分析领域，传统的分析预测模型通常依赖于结构化数据和预定义的变量关系，但DeepSeek能够处理和标记非结构化的数据，从而提供更全面和动态的预测。譬如，在市场趋势预测中，DeepSeek可以综合分析新闻报道、社交媒体讨论、专家意见等多种信息源，识别潜在的市场转折点和新兴趋势。在消费者行为预测方面，DeepSeek可以通过分析历史购买数据、浏览记录、社交互动等信息，预测个体消费者的偏好和行为模式。这种预测不仅考虑了显性因素，还能捕捉到隐性因素，如社会事件、文化变迁等。

案例分析

《黑神话：悟空》为什么如此受欢迎？

作为国内首款3A级大制作，游戏《黑神话：悟空》自2024年8月20日上线以来热度空前。据Video Game Insights游戏数据公布的销售数据：截至2024年9月4日，《黑神话：悟空》销量已稳健攀升至1780万份，与上周相比增长近300万，且这一数据不包含We game和PS5的销量。

《黑神话：悟空》是质量上乘的单机游戏。游戏开发团队利用影视级别的数字人的制作方案，并不断提升游戏引擎和硬件技术，创造出了视觉冲击力强、质感出众的作品，满足了玩家对高品质视觉体验的期望。同时，游戏采用先进的虚幻引擎，在场景、角色建模、特效等方面展现出极高的画质水准，大大提高了游戏的视觉冲击性。除出色的视觉呈现外，在剧情设置上，游戏在原著情节的基础上增加了对悟空内心阴暗面的深入挖掘，让经典故事焕发新意，引起玩家的强烈共情。但需要注意的是，《黑神话：悟空》的成功离不开行业整体的背景情况。

一方面，中国游戏市场近年来呈现出令人瞩目的增长态势，成为全球游戏产业的重要增长引擎。根据《2023年中国游戏产业报告》，2023年，国内游戏市场实际销售收入3029.64亿元，同比增长13.95%，首次突破3000亿元关口。这一增长不仅体现在市场规模上，更反映在玩家群体的扩大和消费能力的提升上。中国游戏用户规模6.68亿人，同比增长0.61%，同样为历史新高点。这些游戏玩家拥有较强的付费意愿，为游戏市场注入了强劲的增长动力。

另一方面，随着我国社会经济水平的发展，人民群众表现出较强的文化自信与文化认同。作为中国传统文化的经典著作，社会公众对《西游记》有着深厚的情感。《黑神话：悟空》深深根植于中华优秀传统文化的土壤之中，巧妙而不生硬地融入丰富的中国传统文化元素，如西夏的经文、宋代的佛像、王羲之的字帖、陕北的说书等，让传统文化真正在新媒介中焕发新生。

【案例思考】

1．从宏观与微观环境来看，《黑神话：悟空》为什么能成功？在游戏之外，它是否有其他含义？

2．人工智能技术在《黑神话：悟空》中有怎样的融合与运用？

3．未来还可以利用哪些市场研究方法与手段进一步调查游戏玩家对《黑神话：悟空》的偏好有哪些？如何持续此游戏的热度呢？

本章小结

企业任何营销活动与决策离不开所处的环境，对市场中政治、经济、社会、环境等方面的考察，让企业以动态和关联性的思维更好地理解自身所处的营销环境，基于社交媒体、顾客生物特征的分析让企业更为精确与深入地洞察消费者的情感与表达乃至潜意识反应。同时，信息技术推动数字化与智能化的深度融合。数智化拓宽了企业决策的途径以及理解与应对复杂场景与任务的能力。除传统市场研究工具外，企业也应认识到新时代涌现出来的人工智能、虚拟现实等技术能实现对宏观环境与微观环境更为全面深度的感知。因此，企业应对不同环境采用合适的市场研究方法来了解市场可能发生的变化、触碰潜在机会，以推动营销决策更为高效与智能。

|第三章|

市场洞察：购买者行为分析

在当今这个瞬息万变的商业环境中，企业面临着前所未有的市场竞争压力。为了在激烈的市场竞争中脱颖而出并持续壮大，企业必须精通市场洞察与营销策略，以实现市场份额的扩大与竞争力的提升。本章围绕市场洞察中的购买者行为分析展开，深入剖析了多个维度的影响因素与策略。以下为本章学习的主要内容：

- 影响消费者购买决策的内因和外因
- 消费者的决策过程及购买类型
- 影响组织购买决策的主要因素
- 组织购买的决策过程和新产品扩散的过程
- 社交媒体营销的购物者行为特征变化
- 基于购买者行为洞察的五种营销决策

导入案例

2021年，一个原本濒临倒闭的国产运动服品牌“鸿星尔克”忽然登上微博热搜榜，共计产生6.7亿流量、12万条讨论帖。仅仅3天，热情的网友为其线下门店贡献销售额超过1亿元，线上网店销售额更是高达3亿多元。在直播间里，主播面对网友不断要求“拿出你们最贵的产品”的热情呼声，只能频频劝诫网友务必“理性消费”。几天之内，“鸿星尔克”总裁吴荣照的粉丝数量增长到一千多万。

那么“鸿星尔克”因何备受瞩目？这次事件源自2021年河南暴发的“千年一遇”的重大水灾，当时，销售额在行业内并不突出的“鸿星尔克”公司，竟默默向灾区捐赠了高达5000万元的物资。这一善举被曝出后，立刻激发了群众支持“鸿星尔克”、争相抢购“鸿星尔克”产品的巨大热情，他们希望以这样的举动来回馈具有社会责任感的“爱国”企业。

这样的“幸运”企业还有“白象”方便面。2022年“3·15”晚会曝光湖南插旗菜业防腐剂严重超标、作业过程极不规范的“土坑酸菜”乱象后，仅占市场份额7%的“白象”企业明确表态：“一句话，（与‘插旗菜业’）没合作，放心吃，身正不怕影子斜。”“白象”这一硬气回应瞬间冲上微博热搜榜。2022年3月18日，“白象三分之一员工是残疾人”的话题又一次登上微博热搜榜。此后“白象”又先后被发现坚持民族品牌、拒绝日资收购、主动聘用残障人士、低调捐助灾区等默默履行社会责任的感人事迹……

第一节 消费者购买行为分析

在当今竞争激烈的市场环境中，深入理解消费者购买行为对于企业的成功至关重要。本节将探讨消费者购买行为分析的基本方法，重点关注影响消费者购买决策的外部因素（外因）与内部因素（内因），以及决策过程的不同阶段和购买类型的多样性。通过这一分析，营销人员可以更精准地把握消费者需求，从而制定更有效的市场策略。接下来，让我们深入了解这些关键要素。

一、外因

影响消费者购买行为的外因见表3–1。

表3–1 影响消费者购买行为的外因

分类	影响消费者购买行为的外因
宏观因素	文化、阶层、参考群体、家庭、口碑、情境、法律、经济、自然
营销刺激	产品、价格、渠道、促销

（一）宏观因素

1. 文化

文化（culture）指的是一个群体的生活方式，即他们所接受的行为、信念、价值观和符号等，通常通过沟通和模仿的方式代代相传。文化是个人需求和行为的基本决定因素。营销者必须密切关注每个国家的文化价值观，以了解如何更好地推销现有产品，并为开发新产品寻找机会。

2. 阶层

所有人类社会都会表现出社会分层（social stratification）的现象，最常见的形式是社会阶层，即在一个社会中相对同质、持久和等级有序的划分，其中每个阶层的成员有相似的价值观、兴趣和行为。各社会阶层成员在许多方面表现出不同的产品和品牌偏好，人们有时会购买象征身份的产品来说明他们属于某个特定的社会阶层。

3. 参考群体

参考群体（reference groups）是对个人的信念、决定和行为有直接或间接影响的所有群体。当参考群体的影响力较强时，营销者必须决定如何接触和影响群体中的意见领袖。意见领袖（opinion leader），是指对某特定的产品或产品类别提供非正式建议或信息的人，他们通常高度自信、社交活跃，而且是某个产品类别的高频用户。营销者通过识别他们的人口统计和心理特征以及他们所阅读的媒体，将信息传递给他们，从而接近这些意见领袖[①]。

4. 家庭

家庭（family）作为最具影响力的主要参考群体[②]，是社会中最重要的消费者购买组织。孩子从父母那里获得对宗教、政治和经济的基本态度，以及对个人抱负、自我价值和爱的感知，即使孩子不再与父母进行频繁互动，父母对孩子行为的深远影响依然存在。在一些长期投资或具有象征意义的产品或服务（如教育、保险和医疗等）的决策过程中，配偶的共同参与非常普遍。此外，儿童和青少年消费金额的增加也是影响购买行为的原因。

5. 口碑

口碑（word-of-mouth，WOM）是指在个体之间传递产品信息。此类信息不一定仅仅来自熟人，随着互联网的发展，网络口碑也可以来自陌生人。由于这些信息往往基于真实的使用体验，所以口碑通常比通过正规营销渠道获取的信息更加可靠和可信。当消费者对某类产品不熟悉时，口碑的作用尤其大——能够为消费者提供更多支持购买的参考。例如，在“大众点评”上，用户可以通过阅读其他消费者对餐厅、酒店或服务的评价，从而做出更明智的选择，降低购买风险。

6. 情境

消费情境（situation）不仅包括购买者、销售者、产品或服务，还包括许多其他因素，例如购物的理由、周边物理环境带来的感受等。人们会在特定场合下表现出特定的购买行为。如果营销者系统地识别这些关键的使用情境，就可以通过针对性的市场细分策略，使产品和服务满足这些情境引发的特定需要。例如，某广告通过展示朋友之间分享美食的愉快互动，成功塑造了一种轻松的场景，唤起消费者通过某产品坦诚分享乐趣的情感，让该产品成为社交互动中的自然选择，极大提升了消费者在特定情境下的需求。

7. 法律

法律（law）的影响主要体现在保障市场秩序和消费者权益。法律通过制定规范来约束企业的生产、销售和广告行为，确保产品质量、信息透明以及交易的公平性。例如，《中华人民共和国消费者权益保护法》和《中华人民共和国产品质量法》规定了

---

① Michael Trusov，Anand V. Boda pati，Randolph E.Bucklin，“Determining influential users in internet social networks”. Journal of marketing research.47，NO.4：643-658.

② Elizabeth S.Moore，Willam L.Wilkie，Richard J.Lutz“Passing the torch: Intergenerational influences as a source of brand equity”. Journal of Marketing. 66，NO.2（2002）：17-37.

企业必须对产品的安全和真实性负责；《中华人民共和国反垄断法》和《中华人民共和国价格法》保障了市场的公平竞争环境。

8. 经济

经济（economy）的影响主要体现在消费者的可支配收入、物价水平、利率和经济周期等方面。当经济上行时，消费者的可支配收入增加，消费意愿通常更加强烈。当物价水平相对稳定时，商品和服务的可负担性提高，而较低的利率则可促进消费者贷款购买大件商品，同时减少储备。由于消费者收入增加，贷款利率降低，购房成为许多家庭的选择，这推动了房产及相关行业的发展，如家居、装修和家电销售等。

9. 自然

自然（nature）因素通过气候、资源和环境变化影响消费者的购买行为。气候直接影响消费者的需求，如寒冷气候增加保暖产品的需求。自然资源的稀缺性会影响产品的供应和价格，极端天气和自然灾害则使消费者优先购买紧急物资，减少非必需品的消费。同时，环境保护意识的增强促使消费者更关注可持续产品和环保品牌。例如，近年来，为了解决碳排放问题，新能源汽车的需求显著增加。许多消费者在购买车辆时，逐渐倾向于选择纯电动汽车或混合动力汽车，以减少对化石燃料的依赖，响应环保的号召。

（二）营销刺激

4P营销组合是市场营销的经典框架，包括产品、价格、促销和渠道。这一营销组合策略工具能帮助企业制定全面的营销计划，从而有效地满足消费者需求、提升市场竞争力。通过灵活调整产品特性、定价策略、促销活动和分销渠道，企业能够优化市场表现，实现商业目标。

二、内因

影响消费者购买决策的内因与购买者特征有关，主要包括知觉、注意力、学习、记忆、消费者知识、态度、动机、情感、人格、自我概念和生活方式等。

（一）知觉和注意力

1. 知觉

知觉（perception）是消费者选择、组织和解释市场信息的过程，包括选择性注意、选择性扭曲和选择性遗忘。消费者会根据自身的需求和兴趣选择性地注意品牌信息，同时忽视不相关的信息，这些知觉偏差会影响消费者的购买决策和品牌忠诚度。

企业可以通过优化产品的展示、调整价格策略和改善服务体验来影响消费者的知觉，以提升品牌形象和市场竞争力。例如，许多手表品牌在广告中将时针设置在10：10的位置，因为此时表盘的形状类似于微笑的脸孔。这种细微的优化设计不仅提升了品牌形象，还增加了消费者对品牌的好感度，从而影响了消费者的购买决策。

2. 注意力

注意力（attention）指对刺激信息加工能力的分配。注意力受到多种因素的影响，包括信息的显著性、个体的兴趣和当前的心理状态。消费者倾向于关注那些与他们的需求和兴趣相关的信息。营销策略应通过吸引人的设计、创意内容和明确的传达方式来抓住消费者的注意力。例如，在时尚广告中，顶级模特的选择往往会考虑到模特的美貌与品牌形象的匹配度。过于完美的模特可能会使消费者觉得此品牌与自己不相关，因此一些品牌或杂志会选择那些虽然具有高级感但不至于过于完美的模特。这种策略能够让广告更具亲和力，从而更有效地吸引消费者的注意力，使他们更容易与品牌产生共鸣。

（二）学习和记忆等

1. 学习

学习（learning）是由经验引起的相对比较长久的行为改变，包括经典条件反射、操作性条件反射和认知学习。消费者通过这些学习机制逐渐形成对品牌的态度和购买习惯。企业可以通过教育型营销活动、促销活动和传播品牌故事来增强消费者对产品的理解和认知，从而影响他们的购买行为。例如，化妆学校通过一系列教育型营销活动，如开设免费化妆讲座、发布化妆技巧教程和展示成功学员的案例来吸引潜在客户和提升他们对化妆的认知。这些活动不仅帮助消费者学习化妆技巧，还增强了他们对该化妆学校的品牌认同，从而影响了他们的购买决策。

2. 记忆

记忆（memory）包括信息的获取和存储，以便在需要的时候能够提取使用相关信息。记忆的质量和强度影响消费者的购买决策。企业可以通过创造深刻的品牌印象和使用记忆强化策略来增强消费者对品牌的记忆。例如，蜜雪冰城品牌通过“你爱我我爱你”等系列广告，成功地在消费者心中留下了深刻的品牌印象。

3. 消费者知识

消费者知识（consumer knowledge）包括对产品信息、品牌特征和市场趋势的了解。拥有高水平的消费者知识使消费者能够更好地评估产品的质量和价值，做出更理性的购买决策。企业可以根据消费者的知识水平来调整营销沟通的复杂性，例如，针对相关知识较少的消费者提供简明的产品信息和易于理解的宣传材料。

4. 态度

态度（attitude）是对人、客体、广告或出版物的一种持久的概括性评价，由认知、情感和行为意向三个部分构成。认知涉及消费者对品牌的了解和信念，情感涉及对品牌的偏好或厌恶，行为意向则是消费者的实际购买意图。消费者倾向于选择那些符合自己积极态度的品牌。企业可以通过市场调研来评估目标消费者的态度，并根据结果调整营销策略，如产品改进、定价策略和促销活动。例如，华为品牌在中国市场上受到了支持和青睐。这种支持和青睐不仅基于消费者对华为技术和产品质量的认知，还因为华为作为一个中国本土品牌在一定程度上展现了国家的技术进步和自主创新水平。

（三）动机和情感

1. 动机

动机（motivation）是引导人们做出行为的过程。消费者的购买动机源于他们的需求和欲望，这些动机推动他们选择特定的产品和服务。马斯洛著名的“需求层次理论”说明了需要和动机在不同的环境条件下侧重点是不同的（见图3-1）。动机不仅代表了消费者的购买意图，还影响他们对产品特性的重视程度和购买频率。了解消费者的动机可以帮助企业制定更有效的营销策略，如目标市场的细分和产品的定位。例如，对于那些购买豪华轿车的消费者来说，他们的购买动机主要来源于对自身社会地位的关注，属于马斯洛需要层次理论中的尊重需要。

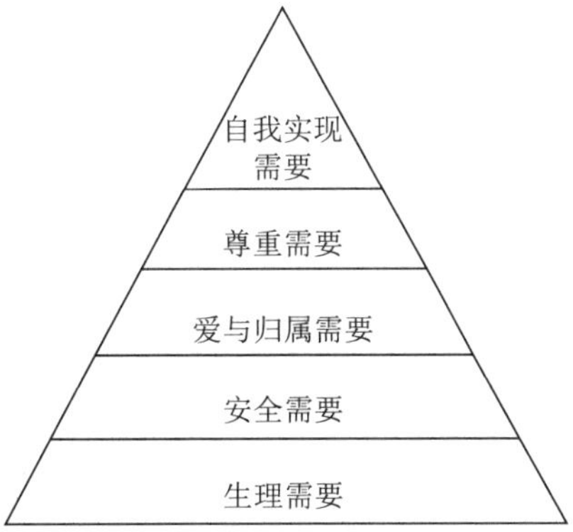

图3-1　马斯洛需要层次理论

2. 情感

情感（emotion）是自发产生的心理状态，反映了人们对内部和外部刺激的积极或消极反应。情感驱动的购买行为往往更加冲动且不理性，但也可以带来高水平的消费者满意度和品牌忠诚度。情感广告和促销活动能够激发消费者的情感共鸣，使他们对品牌产生积极的情感联结，从而推动购买决策。

（四）人格和自我概念等

1. 人格

人格（personality）是指个体独特的心理特征。消费者倾向于选择那些与自己人格特征相契合的品牌和产品，这种选择不仅满足了他们的实际需求，还能提高自我认同感。企业可以根据目标市场的主要人格特征来定制广告内容、品牌形象和产品设计，以更好地满足消费者的个性化需求。

《2019博物馆文创产品市场数据报告》和阿里零售平台数据显示，2019年，阿里平台博物馆自营店铺的累计访问量合计高达16亿人次，是全国博物馆接待人次的1.5倍。实际购买过博物馆文创产品的消费者数量已近900万，相比2017年增长超4倍。故宫的文创收入几乎是门票收入的两倍。

在2020年4月5日至2020年4月6日，故宫博物院又联合人民日报、新华社、新华网、抖音等多家媒体，首次对闭馆的故宫博物院进行直播，邀请大家一起“云游”故宫，仅新华社一家媒体的线上参与观看人数就高达3492万。

袤博科技研究院发布的《2024年文创行业报告》显示，故宫文创的消费主力军是“00后”和“90后”，占整体的78%，而消费者购买文创产品的主要原因是故宫文创带来的情绪价值、文化价值，以及与众不同的设计，一般用来收藏摆设和日常使用。这说明故宫文创的转型更贴近年轻一代的审美风格以及传播方式，例如设计团队巧妙地将雍正皇帝从一种正襟危坐、十分严肃的传统形象中解构出来，呈现出一种意外的、令人忍俊不禁的萌态。这种反差不仅打破了原有的刻板印象，也让曾经的皇帝形象变得更具亲和力和趣味性。通过这种颠覆性的创意，故宫文创成功塑造了一个既有历史厚重感又充满现代活力的品牌形象，从而赢得了年轻消费者的青睐和喜爱。这种创新的设计让传统文化焕发出新的生命力。

2. 自我概念

自我概念（self-concept）是一个人对于自身特征的信念，以及对这些特征的自我评价。消费者通常会选择和使用具有与自我概念相一致的品牌文化的品牌。例如，一个追求社会地位的消费者可能会偏好奢侈品牌，而关注环保的人则更倾向于绿色环保产品。再如，某品牌与知名动漫作品进行联名合作，推出二次元联名产品，这不仅与喜好二次元的消费者的自我概念相符，还能让他们在日常生活中表达对二次元文化的认同和喜爱。

3. 生活方式

生活方式（life style）是一个人在世界上的生活模式，反映了一个人的价值观、兴趣和日常活动。消费者倾向于选择那些与其生活方式相匹配的产品和服务。因此，了解消费者的生活方式有助于企业设计符合目标市场需求的产品和营销策略，从而更有效地吸引和满足消费者。

三、决策过程

消费者购买行为的决策过程模型见图3-2。

图3-2　消费者购买行为的决策过程模型

（一）问题识别

当购买者意识到自身有某种问题或需求时，购买过程就开始了。这种需求可以由内在动机（如生理或心理需求）或外部刺激（如广告、环境变化）引发。营销者需要通过收集大量消费者的信息，以找出能够引发特定需求的情况。例如，当大学生的手机性能变差或无法满足学业和社交需求时，他们会意识到自己需要购买一部新手机。这个需求可能由内在动机（如对高效处理学业任务的需求）或外部刺激（如看到朋友的新手机或广告促销）引发。

（二）信息搜索

在意识到需求后，消费者会开始收集相关信息。这包括从个人经验、朋友或家人的推荐、在线评论、广告等渠道获取信息。消费者会评估产品的功能、价格、品牌声誉等，但消费者通常只能搜寻到有限的信息。营销者应该了解在不同的时间和地点消费者搜索或接收到的信息类型。

（三）方案评估

消费者根据收集的信息对多个产品或品牌进行比较评估。在这一阶段，消费者通常会考虑产品的不同属性，并根据自身需求和偏好做出判断。消费者辨别各选项利弊的方式，受到他们所持有的信念和态度的影响。例如，消费者可能会根据手机的处理器性能、摄像头质量、电池续航等属性进行比较。他们还可能依据自己的需求（如是否需要高性能支持游戏或拍照）和对品牌的信念（如对华为品牌的信赖）来进行评估。

（四）购买决策

在评估阶段，消费者会在选择的品牌间形成偏好，也可能形成对最喜欢品牌的购买意向。在执行购买意向时，消费者可能会做出多达五个购买决策：品牌、分销渠道、数量、时间和支付方式。这种决策的复杂性通常会导致消费者使用心理捷径（或称启发式认知加工方式）进行决策。例如，大学生在决定购买某个品牌的手机后，可能会选择通过线上商城购买，以利用促销折扣，并选择分期付款以减轻经济压力。另外，他们可能还会在促销期间购买，以获得更多的优惠。

（五）购后行为

购买结束后，消费者可能会因为注意到某些令人不安的产品特点，或听到有关其他品牌的优点而经历认知失调的过程，并会对那些支持其决定的信息保持警惕。因此，营销沟通应该提供信念支持和评价，以强化消费者的选择，并帮助他们对品牌树立良好感觉。例如，大学生在购买手机后，可能会发现某些功能不如预期，或听到其他品牌的更好评价。为了确认自己的购买决定，他们可能会继续查看正面评价和用户反馈。此时，品牌的正面沟通和良好的售后服务可以帮助消费者强化对品牌的信心，并提高他们对购买决策的满意度。

四、购买类型

根据消费者决策中的异质性高低和涉入度高低，可以形成四种不同的购买类型，每种类型的购买行为特点都不同（见图3-3）。

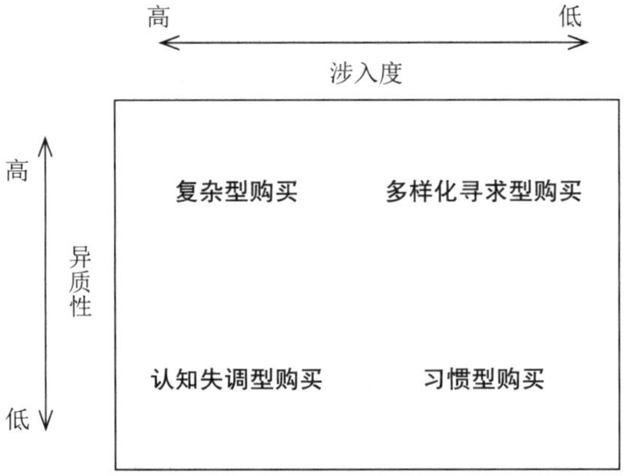

图3-3　购买类型

（一）高异质性—高涉入度（复杂型购买）

消费者面对高异质性的产品（如汽车、房产）往往会投入较多时间和精力进行信息收集、评估。消费者会仔细比较不同品牌、功能、质量等，决策过程复杂且谨慎，涉及深度的信息处理、较多的外部信息依赖（如专家意见、用户评论），并且常伴随高期望和高风险。

（二）高异质性—低涉入度（多样化寻求型购买）

产品之间存在较大差异，但消费者的涉入度较低，通常是为了追求新奇感或不同体验（如零食、饮料）。消费者会频繁切换品牌或产品，主要为满足自身多样化需求，而非对产品有深刻认知。购买行为更多受到外在刺激（如促销、新品推荐）的影响，决策过程较为随意。例如，农夫山泉品牌为消费者提供了多种口味的饮用水和饮料，如矿泉水、茶饮、果汁等。这些产品之间存在明显差异，例如矿泉水与茶饮在口味、功能和用途上都不同。

（三）低异质性—高涉入度（认知失调型购买）

产品同质性较高，品牌或产品之间的差异不大，但消费者对购买决策非常在意（如购买保险或大宗日用品）。消费者在这种情境下通常会通过深入了解和比对少数备选项来降低购买后的认知失调（购买后可能有后悔感）。他们倾向于选择知名品牌或已有信任的产品，关注保障、服务和可靠性。

（四）低异质性—低涉入度（习惯型购买）

消费者对产品的异质性不敏感，产品差异较小，同时消费者对该类产品的兴趣或关注度较低（如日常购买的纸巾、花露水）。消费者通常选择自己习惯使用的品牌或最容易获得的产品，不会花费大量时间进行评估和比较。购买行为自动化程度高，属于低参与度、低风险的决策。

第二节　组织购买者行为分析

组织市场（organizational market）是指工商企业为从事生产、销售等业务活动以及政府部门和非营利组织为履行职责而购买产品或服务所构成的需求的总和。组织市场购买单位为组织，是法人市场。不同于个人消费者，组织市场顾客数量较少，但每个顾客每次购买交易的规模和价值相对较大。并且供需双方关系较为紧密，就像麦当劳的美味离不开鸡肉供应商，组织购买是不可或缺的一环。

一、组织购买行为的主要影响因素

影响组织市场购买行为的主要因素可分为四大类：环境因素、组织因素、人际因素和个人因素。供应商应试着在有限的操作空间里，合理巧妙地利用各种因素拿下订单（见图3-4）。

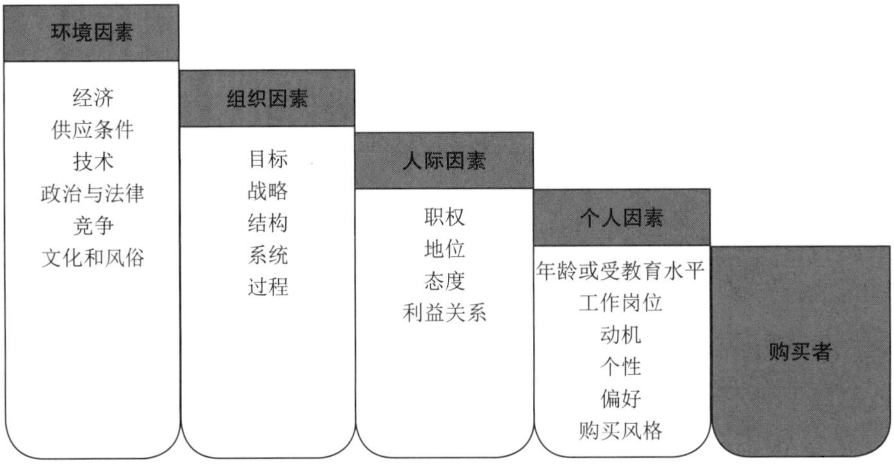

图3-4　影响组织市场购买行为的因素

（一）环境因素

环境因素指组织用户无法控制的宏观环境因素。

（1）组织采购员受到当前经济以及经济前景的影响。假如看好国家经济前景或国家扶持某一产业的发展，有关企业就会增加投资，增加原材料采购和库存，以备扩大生产之用。

（2）供应条件也是一个重要的影响因素，许多公司会大量购买或储存较为稀缺的材料，以备不时之需。

（3）从技术因素看，技术的进步将导致企业采购者购买需求的改变，产品的升级换代可能会导致企业所需原材料和机械设备发生很大变化。

（4）从政治与法律因素看，国家法律和国际国内政治环境会影响采购者的购买需求。比如国家为环境可持续发展制定的节能减排战略使得产品开始向绿色环保转型。

（5）竞争，会使供应商做出妥协或者促销措施。

（6）文化与风俗，企业对新市场的挖掘往往伴随对文化与风俗的新需求等。

（二）组织因素

组织因素指组织用户自身的经营目标、战略、结构、系统、过程等因素。企业营销人员应该清楚地知道：组织用户的经营目标和战略是什么；为了实现这些目标和战略，他们需要购买什么产品；他们的采购系统是什么；有哪些人员参与采购或对采购过程产生影响；该组织对采购人员有哪些政策与限制等。

例如：以追求降低总成本为目标的企业，会对低价产品更感兴趣；以追求市场领先地位为目标的企业，会对优质高效的产品更感兴趣。如珠海格力电器股份有限公司，以高品质空调等家电产品著称。珠海格力电器股份有限公司对供应链原材料和组件执行严格质量控制，确保产品符合公司的高标准，甚至将供应商纳入产业园区以实施全面质量管理。

（三）人际因素

人际因素指组织用户内部参与购买过程的各种角色（使用者、影响者、决策者、批准者、采购者和信息控制者）的职权、地位、态度、利益关系对购买行为的影响。供应商的营销人员应当了解每个人在购买决策中扮演的角色、相互之间的关系等，以便利用这些因素促成交易。比如，决策者会参考资深采购员的经验来进行供应商的选择。

（四）个人因素

个人因素指组织用户内部参与购买过程的有关人员的年龄、受教育程度、职务、动机、个性、偏好等因素对购买行为的影响。受上述因素的影响，采购中心每一成员表现出不同的采购风格，有理智型、情感型、习惯型等。

比如：年轻或受教育程度高的职员可能会偏向于理智型采购，年长或受教育程度低的职员会偏向于习惯型采购；采购员往往更关注与其职务直接相关的需求，工程技术人员关注产品的实际性能，生产人员重视产品的使用便利性和供应的可靠性，财务人员关注产品的经济性，而领导则更加关注安全问题。

二、组织购买过程的阶段

组织购买过程大致分为八个阶段。每次发生新的购买活动，采购员一般都会经历完整的八个过程（见图3–5）。

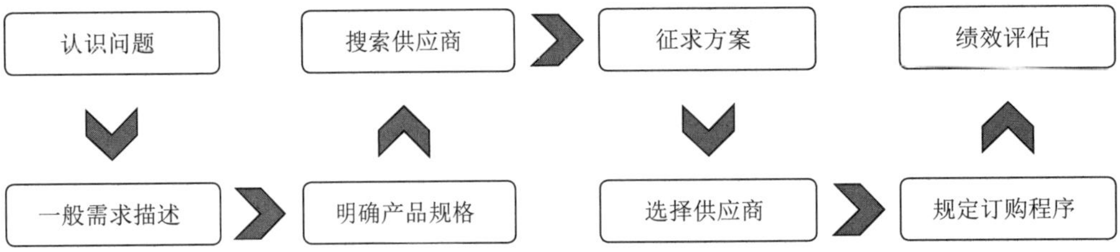

图3–5　组织购买过程

（一）认识问题

采购员的职责是为公司采购需要的产品或服务，因此首先要认清企业所需，所要解决的问题是什么，即问题识别。问题识别可以由内在刺激或外在刺激引起。

（1）内在刺激。比如：企业决定制造一种新产品，需要新设备或原材料；机器发生故障，需要更新或需要新零件；已购进的商品不理想或不适用，需要更换供应商。

（2）外在刺激。采购员通过广告、商品展销会或卖方推销员介绍等途径了解到有更理想的产品，从而产生需要。供应商应利用上述方式刺激买方认识到其对产品的需求。

（二）一般需求描述

识别了问题之后，接下来便是提供一般需求描述，如解决需求所需项目的总特征以及数量。标准化产品易于确定，而非标准化产品须由采购人员和使用者、技术人员乃至高层经营管理人员协商确定。卖方营销员应向买方介绍产品特性，协助买方确定需求。例如：某公司在扩建其电动汽车生产线时，明确了对特定型号电池和电动机的大量需求，这些需求包括了详细的技术参数和预期的数量。

（三）明确产品规格

明确产品规格指说明所购产品的品种、性能、特征、数量和服务，写出详细的技术说明书，作为采购人员的采购依据。供应商应通过价值分析向潜在顾客说明自己的产品和价格比其他品牌更理想。未被列入买方选择范围的供应商可通过展示新工艺、新产品把直接重购转变为新购，争取打入市场的机会。

（四）搜索供应商

采购员根据产品技术说明书的要求寻找最佳供应商。如果是新购或所需品种复杂，组织用户为此花费的时间就会较长。调查表明，企业采购部门信息来源有：内部信息，如采购档案、其他部门信息和采购指南，推销员的电话访问或亲自访问收集的信息；外部信息，如卖方的产品质量调查、其他公司的采购信息、新闻报道、广告、商品展览等。采购人员一般更为重视内部信息。供应商应当制定强有力的广告宣传计划和促销体系，寻找潜在和现实的购买者。

（五）征求方案

征求方案指邀请合格的供应商提交供应方案书。对于复杂或所需资金较多的项目，买方一般会要求每一位潜在供应商提供详细的书面方案书，筛选淘汰一部分供应商后，要求余下的供应商提供正式的供应方案书。因此，卖方的营销员必须擅长调查研究、书写报告和提出建议。这些建议应当写成营销文件而不仅仅是技术文件，以坚定买方的信心，使本公司在竞争中脱颖而出。

（六）选择供应商

选择供应商指组织用户对供应建议书加以分析评价，确定供应商。评价内容包括供应商的产品质量、性能、产量、技术、价格、信誉、服务、交货能力等，各属性的重要性随着购买类型的不同而不同。

组织用户在做出决定前，还可能与较为中意的供应商谈判，以争取较低的价格和较好的供应条件。供应商的营销员可以从产品的服务和“生命周期成本”等方面制定应对策略以防对方压价和提出过高要求。

（七）规定订购程序

规定订购程序指组织用户根据所购产品的技术说明书、需要量、交货时间、退货条件、担保书等内容与供应商签订最后的订单。许多组织用户愿意采取长期有效合同的形式，而不是定期采购订单。买方若能在需要产品的时候通知供应商随时按照条件供货，就可实行“无库存采购计划”，从而降低或免除库存成本。卖方也愿意接受这种形式，因为可以与买方保持长期的供货关系，增加业务量，抵御新竞争者。

（八）绩效评估

绩效评估指组织用户对各个供应商的绩效加以评估，以决定维持、修正或终止供货关系。评价方法有：询问使用者；按照若干标准加权评估；把绩效差的成本加总，修正包括价格在内的采购成本。供应商必须关注该产品的采购者和使用者是否使用同一标准进行绩效评估，以求评估的客观性和正确性。

三、新产品扩散的过程

新产品扩散（new product diffusion）是指新产品从推出市场到被市场接受并普及，随着时间推移被越来越多的消费者采用的过程。在新产品的市场扩散过程中，由于社会地位、消费心理、消费观念、个人性格等多因素的影响，不同顾客对新产品接受快慢程度不同。

就消费品而言，美国学者罗杰斯按照顾客接受新产品的快慢程度，把新产品的采用者分为五种类型（如图3-6所示）：

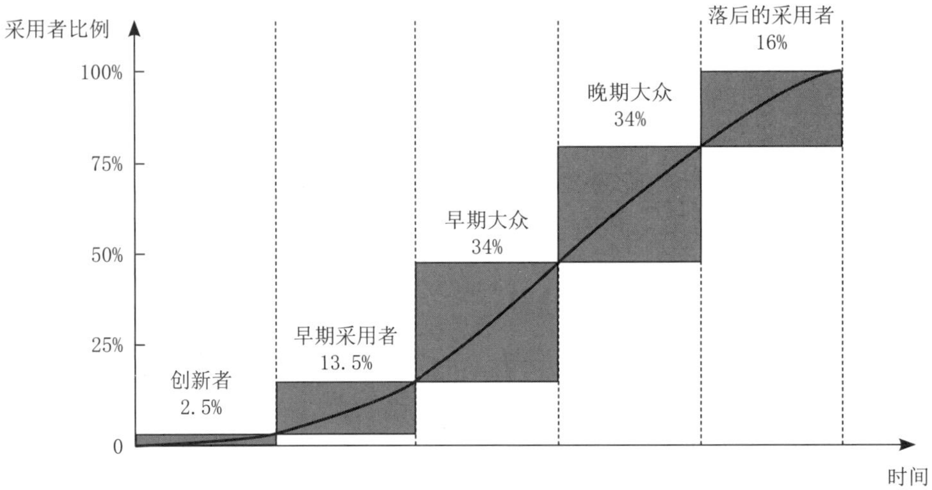

图3-6 基于采用时间的新产品采用者分布

（一）创新者

这部分人群约占市场的2.5%，他们是市场的先锋，对新技术和新产品充满好奇心，愿意冒险尝试未知的事物。他们的数量虽然不多，但却是新产品能否成功进入市场的试金石。针对创新者，可以采用产品试用、优惠激励、定制化服务等措施。例如：某知名的中国出海消费电子品牌的新品预售方案，通过预售代码、早期折扣、注册赠送福利包等方式，吸引消费者对新产品的兴趣。

（二）早期采用者

早期采用者约占市场的13.5%，他们是社会中的意见领袖和变革推动者，对新产品的接受和推广起到了关键作用。他们的积极反馈和推荐能够为产品带来更多的关注和信任。我们熟悉的KOC（关键意见消费者）便是早期采用者的组成部分，针对早期采用者的营销策略有意见领袖合作和社群营销两种。

（三）早期大众

早期大众约占市场的34%。这部分消费者在看到早期采用者的积极反馈和产品开始显示出其价值后，开始接受新产品。他们更注重产品的实用性和效益，是市场接受新产品的重要推动力。为吸引消费者，企业可以加强产品宣传、增加客户见证，收集并展示满意的客户评价和推荐，以增加潜在客户的信任感和销售渠道等。

（四）晚期大众

晚期大众同样约占市场的34%。这部分消费者对新产品持保守态度，通常在新产品已经被广泛接受并证明其价值后才愿意尝试。他们可能因为对变化的抵触或缺乏资源而迟迟不采取行动。针对这一部分消费者，我们可以采用教育营销、价格优惠和增加可见性来让他们接受新产品。教育营销，即通过教育性内容，如通过博客文章、视频教程和研讨会帮助晚期大众了解产品的价值和使用方法；价格优惠，即提供折扣或举行促销活动，以降低晚期大众尝试新产品的门槛；增加可见性，即在产品已经被广泛接受的市场中，增加产品的可见性，如在热门地区设置广告牌。

（五）落后的采用者

落后的采用者约占市场的16%。他们通常因为对变化的抵触、缺乏资源或者对现有产品的高度满意而迟迟不愿接受新产品。这部分人群往往在新产品已经成为主流，或者旧产品不再可用时，才会被迫接受新产品。针对这类人群，企业一般无须花费大量精力经营。

通过理解每个群体的特征和行为，企业可以更有效地制定市场策略，针对不同阶段的消费者进行有针对性的营销活动，从而加速新产品的扩散过程。

四、圈子、面子和关系营销

（一）圈子

“圈子”是以情感、利益、兴趣等维系的具有特定关系模式的人群聚合。圈子的关系模式特点表现为圈子成员构成的社会网络结构的特殊性。社会学学者研究发现，圈子结构的群体中心性往往很高，圈子内关系既亲密，又具有一定的权力地位不平等的特征。通常圈子内关系强度很高，关系持续很久，社会网密度很大。此外，圈子往往容易发展出自我规范——可能是被社会认可的规范，也可能是“潜规则”。总之，圈子是情感和利益交融、圈内圈外交往规则有别的特殊社会网络。

（二）面子

在中国传统文化中，很多日常活动都是建立在信任的基础上开展的。在社会网络中，他人对自己的信心会影响自己。这和中国人口语中的常用词——“面子”相似，面子的作用就在于维持社会中他人对自己的信任。这样的“信任”可以为自己换来更多利益和资源。而这个过程便是维系这种“信任”所需的“人情”。这种情感，在中国人的人际交往中，一定程度上发挥着规范行为、协调关系的作用，形成了中国人的一种处事原则——“人情规范”。

茅台生肖酒是贵州茅台酒股份有限公司与生肖设计巨擘黄永玉老先生共同打造的一款茅台主品牌酒。2024年1月，茅台龙年生肖酒上市，市场指导价为2499元每瓶，上市初期市场投放量较少，价格一度被炒至近8000元每瓶。在这个现象中，茅台生肖酒可能被用来表达较高的自我身份，是“面子”的象征物。

（三）“圈子”和“面子”倒推下的关系营销

企业具有发展关系营销的优势——先建立信任和感情，以此为基础做生意，结成长期的利益共同体。通常情况下，“面子”越大、圈内地位越高的人，违约风险越小，越能得到信任，会有更多的人愿意与其成为生意伙伴。这样的人情网络成为关系营销的基础。基于未来双方回报的预期，以双方未来会互相交往的假设为前提，在层层关系网的加持下，圈子便形成了。

社会互动结成的人情关系渗透于中国的客情关系中。在理论模型的构建中，如果没有考虑管理者、员工由社会经验引发的“拉关系”等个体行为，并将之提升为系统科学的竞争战略和管理手段，可能不能真实反映本土营销实践中社会互动对中国式客情关系的重要影响。有时社会互动下的人情往来对客情关系的形成更为重要。一方面，营销人员可以将产品引入顾客圈子或介绍给圈子内最有地位的顾客，使该产品变为受追捧的产品。另一方面，可以加入顾客圈子，以获得更多生意伙伴。

第三节　数字化、新媒体时代购买者行为特征的变化

数字化技术的迅速发展和新媒体的崛起，正在深刻改变着消费者行为。在新兴的数字平台上，消费者与品牌的互动方式、决策过程以及购买行为都被重新定义。直播作为一种新型互动媒介形式，已经成为数字化购物体验的重要组成部分。通过实时的视频直播，主播能够直接与观众互动，展示产品的实际效果和使用体验。直播购物作为数字化新媒体时代消费者的购物方式之一，引发了消费者行为的变化（见图3-7）。

变化维度	传统消费者行为特征	新媒体时代消费者行为特征
购买决策过程	需求识别明确	需求识别弱化
社会互动属性	交易关系导向	准社会互动
权力结构	消费者拥有选择权	主播掌握话语权
互动形式	一对一互动	一对多、多对多互动
互动内容	买卖商品为主	社交娱乐+买卖商品
互动媒介	线下	富媒介
交易形式	商品购买	点赞、弹幕、打赏、商品购买等
交易效率	受地理位置和时间限制	不受地理位置和时间限制
马太效应	不存在马太效应	马太效应加强
从众效应	从众效应较弱	从众效应显现
“种草”现象	推荐多由销售人员或广告促成	即时互动的“种草”机制

图3-7　消费者行为的变化

一、需求识别弱化

在传统的消费者购买决策过程中，需求识别是非常关键的第一步，消费者通常是在发现了某种未被满足的需求后，才会进入后续的购买行为阶段。这一阶段意味着消费者会主动意识到自己需要某种产品或服务，然后再通过信息收集和方案评估来做出合理的购买决策。然而，随着直播购物的兴起，传统的五阶段购买模型逐渐被打破。在直播购物的环境中，消费者通常并非因为意识到某种特定需求而主动进入直播间。很多情况下，消费者可能只是出于好奇或娱乐的目的进行观看，并未提前准备购物计划。因此，他们很少会按照传统流程去识别自己的需求，反而是被动地通过观看直播逐渐产生兴趣。这种模式使得原本清晰的需求识别阶段变得模糊，因为消费者进入直播间时的动机通常并非为了满足某种需求，而是享受观看直播的社交和娱乐体验。

二、社交互动属性转变

在传统的销售场景中，销售员与消费者之间的关系通常是单纯的交易导向，销售人员的主要职责是提供产品信息并促成交易，消费者则是被动接收信息的对象。这种关系以完成交易为目标，互动性较弱，缺乏情感联系。然而，在直播购物的环境中，网红主播与观众之间的关系发生了根本性转变，呈现出一种准社会互动的特征。主播不仅是产品的推销者，还可能是社交平台上的意见领袖，通过频繁的自我披露和与观众的实时互动，主播逐渐建立起了与观众之间更为紧密的情感连接。观众不再是被动的消费者，而是积极参与到整个直播互动过程中的一部分。他们可以通过弹幕、点赞、评论等方式与主播实时互动，表达自己的意见和情感。这种社交属性的增强，使得观众在购物过程中不仅仅满足于获取产品，还能享受到与主播和其他观众之间的互动乐趣，从而将购物体验转变为一种融合了娱乐和社交的多重体验。这样的准社会互动关系有效提升了观众的参与感和忠诚度，也为商家和平台提供了更具黏性的营销环境。

三、权力结构转换

传统购物中，消费者因掌握购买决策权而被形容为“上帝”，销售员的角色则更多是提供服务，迎合消费者的需求。销售员根据消费者的意愿进行产品推荐，消费者拥有绝对的选择权和主动权。然而，直播购物的兴起打破了这一传统的权力结构。直播间里，主播成了互动的核心和主导者，掌握了话语权。主播不仅是商品的展示者和推荐者，还通过个人魅力、情感共鸣和娱乐性内容牢牢吸引住消费者的注意力。虽然消费者仍然保留着是否观看、下单购买的最终选择权，但他们在直播购物中的行为往往受到主播强烈的影响。通过即时互动和情感连接，主播逐渐引导消费者的购物决策，甚至直接影响其消费行为。消费者在这一过程中，从主动的“上帝”角色逐渐变为依赖主播推荐的“跟随者”，权力结构因此发生了重新分配。这种转变反映了直播购物中信息不对称的现象，消费者对商品的认知更多依赖于主播的讲解，互动的主导权向主播倾斜。

四、互动形式转变

在传统购物场景中，销售员与消费者之间的互动往往是基于面对面的、一对一的模式，销售员根据消费者的个体需求进行产品推荐，互动过程相对简单和有限。然而，直播购物打破了这一局限性，呈现出更加多样化的互动形式。首先，主播可以通过直播平台与成千上万的观众进行一对多的互动。这种互动不仅具有规模效应，还能借助实时的语言表达、肢体动作、表情等多种方式来吸引观众的注意力。其次，观众之间也可以通过弹幕、评论等方式进行多对多的互动，彼此分享购物心得、交流意见，甚至相互影响购物决策。这样一来，直播间不仅仅是一个购物平台，而是成了一个充满社交互动的空间。观众在购物过程中，不仅能够获取商品信息，还能通过与主播和其他观众的互动，享受到社交娱乐的多重体验，社交属性与购物行为的深度融合极大地丰富了消费者的购物体验。

五、互动内容丰富化

传统的购物互动内容主要围绕产品介绍和销售环节展开，销售人员的任务是向消费者传递商品信息，并推动交易完成。而在直播购物中，互动内容不再局限于销售本身，产品介绍和促销只是其中的一部分，更多的互动则扩展至娱乐和社交层面。主播的角色不再是单纯的“销售员”，而是集娱乐者、社交互动者和信息传递者于一身。主播常常通过表演、自我披露及和观众交流等方式来吸引观众，增强互动的娱乐性。观众不仅是在消费商品，更是在享受一场集娱乐、社交于一体的沉浸式体验。这种互动内容的丰富性增强了观众的参与感，促使他们在享受娱乐的同时产生购物欲望，进而推动消费行为的发生。

六、媒介工具转变

在直播购物中，主播不仅依赖语言传递产品信息，还巧妙运用了多种富媒介形式，增强了观众的购物体验。主播不仅使用了语言媒介，也使用了包括表情、肢体动作、微表情、手势等非语言媒介进一步吸引观众的注意力。例如，主播在推荐产品时，不仅会详细讲解产品的功能和优势，还会通过夸张的表情和生动的肢体动作来加强说服力，增强产品展示的趣味性。与此同时，网络、视频和音频技术的广泛应用使直播购物成了一种多维度的沉浸式体验。高质量的画面、清晰的音效以及实时的互动功能使观众仿佛身临其境，极大地增强了参与感。然而，尽管直播购物带来了丰富的感官体验，但观众接收到的信息并非全景式的真实呈现。直播中的信息通常经过了主播和幕后团队的精心筛选和包装。产品展示的角度、灯光的运用、台词的设计、互动的节奏，甚至主播的个人形象都是精心策划的结果。观众看到的往往是经过美化的部分，直播内容在一定程度上掩盖了商品的缺点或不利信息。因此，直播购物虽然为观众提供了极具娱乐性和互动性的消费体验，但同时隐藏了信息筛选和包装的风险，消费者需要具备一定的判断力来辨别信息的真实性。

七、交易形式多元化

在传统的交易行为中，买卖是最基本的形式，消费者的主要任务是购买商品，而交易过程相对简单，主要集中在商品的选择和支付上。然而，直播购物引入了更加丰富和互动性更强的交易形式，显著提升了消费者的参与感和娱乐性。观众不仅可以直接购买商品，还可以通过点赞、评论、转发和打赏等方式深度参与其中。例如：点赞功能使观众能够迅速表达对主播或产品的喜爱，增强了直播间的互动氛围和热度；评论功能让观众能够实时提问和分享看法，促进了主播与观众之间的双向沟通和即时反馈；而转发功能则扩大了直播的传播范围，使更多潜在观众能够接触到直播内容，进一步提升了直播的曝光率和影响力；打赏功能不仅让观众能直接支持和奖励主播，还增强了主播与观众之间的情感连接，并激励主播提供更高质量的内容。这些互动行为不仅打破了传统交易的单一模式，还通过增加社交和娱乐元素，丰富了购物体验，使购物成为一种多层次的互动活动。

八、交易效率提高

传统的线下购物通常受到时间和地点的限制，消费者必须在商店的营业时间内到店购买商品，并在真实的物理空间中进行挑选，这不仅需要花费更多时间，还可能因地理位置限制而影响购物选择。而直播购物显著提高了交易效率，打破了时间与空间的局限。消费者可以随时随地通过互联网参与直播购物，无论是在家中、办公室还是在旅途中，只需打开设备即可访问直播平台进行购物。直播购物能使消费者在观看直播的同时获取产品信息和促销优惠，并且可以在不离开座位的情况下直接下单购买。这种方式不仅节省了购物时间，还避免了线下购物中可能遇到的交通拥堵和排队等问题。通过这种即时互动的购物方式，消费者能够迅速响应主播的推荐，抓住限时折扣和优惠活动，从而大幅提升购物的积极性和效率。此外，直播平台通常提供了便捷的支付和物流服务，使得整个购物过程更加流畅和高效。这种提高了交易效率的购物模式，不仅满足了消费者对快速、便利购物的需求，也为商家带来了更高的销售转化率。

九、马太效应突出

目前直播购物领域的马太效应，即“赢者通吃”现象突出。虽然直播电商显著提高了交易效率，但也导致资源越来越向拥有头部主播的企业集中，形成了“强者恒强、富者更富”的局面。这些头部主播凭借其庞大的流量和强大的市场号召力，不仅实现了极高的销售额，还在一定程度上垄断了大量的市场资源和商业机会。他们的直播间通常吸引了大量观众，并拥有较高的互动率和购买转化率，这使得他们获得了品牌和商家的青睐，从而进一步巩固市场地位。与之相比，其他主播在资源获取和观众吸引方面面临巨大挑战，他们需要在竞争激烈的市场中争取观众和销售，往往难以获得相近的市场份额。这种马太效应不仅加剧了主播之间的竞争，也使得直播购物市场呈现出明显的资源集中化趋势，导致市场高度不均衡。

十、从众效应显现

直播购物中，弹幕和评论的互动氛围常常带动观众的从众行为。当消费者看到其他观众下单、点赞或对某个产品给予高度评价时，他们会受到这种集体行为的影响，从而产生类似的购买冲动。观众的从众行为不仅体现在对热门商品的追随，还包括对主播推荐的积极响应，这种群体效应往往会削弱个人的理性判断。此外，主播通过营造紧张的购买氛围，如设置“限时秒杀”或“数量有限”等的促销活动，进一步强化了消费者的紧迫感和冲动购买行为。在这种氛围中，消费者往往更容易忽视自己的实际需求和理性考量，被眼前的优惠和时间限制驱动，做出不理性的购物决策。这种从众效应不仅增加了直播购物的即时销售量，也使得消费者在购物过程中更容易受到群体行为和心理暗示的影响。

十一、“种草”现象盛行

直播购物中，消费者常常在没有购物计划的情况下被“种草”，即通过主播的推荐以及其他观众的反应，他们被激发了对某些产品的兴趣。在直播间里，主播通过生动的产品展示、热情的推介和分享使用体验，能够有效地引导观众的关注和激发其购买欲望。同时，主播的个人魅力和专业性使得他们的推荐更具说服力，而直播的实时互动让观众能够立即反馈和参与，使购买决策过程更具冲动性和即时性。此外，直播中的限时折扣和促销活动进一步激发了观众的购买欲望。

第四节　基于购买者行为洞察的营销决策

一、幸运消费营销

幸运对消费行为的影响由来已久，它不只是一种普遍存在的文化现象，也是一种常见的消费行为和营销手段。

在归因理论视角下，幸运是一种外部力量，是偶然发生且不稳定的。而在人格特质视角下，幸运则被认为是一种稳定的个人内在品质，因此也可以被视为是一种个体特质。幸运感知能够对消费者行为产生重要影响，其中就包括幸运消费。而幸运消费与幸运感知影响消费行为的不同之处就在于：第一，幸运感知对消费行为的影响讨论了包括幸运消费在内的与幸运感知相关的多种消费行为，涵盖了许多直接和间接影响，如消费者冒险行为、独特性身份强化等；第二，幸运感知影响消费行为的讨论范围更为广泛，涉及多种前因、心理机制和后效的研究。

泡泡玛特成立于2010年，最初是以潮流生活小百货为主要产品的零售百货公司，该模式一直持续到2016年。2016年成为泡泡玛特的转折之年，这一年，泡泡玛特转变市场定位，由过去的单纯的销售渠道转变为专门的潮玩IP的孵化运营商，由零售模式转变为盲盒电商商业模式。2017年4月，泡泡玛特注意到了智能零售业的发展，决定开始布局机器人店，也在商场里设置无人售卖机售卖，这迅速提升了品牌的曝光率和知名度。2020年6月1日，泡泡玛特进军股市，并在2020年12月成功上市。

泡泡玛特从2018年开始布局海外市场，并逐步推进全球化战略，其海外业务业绩占比不断提升。泡泡玛特2024年业绩报告显示，上半年泡泡玛特实现营收45.6亿元，同比增长62.0%；经调整后净利10.2亿元，同比增长90.1%。面对竞争与压力共存的市场环境，泡泡玛特逆势而上，持续保持高速增长，成功实现了弯道超车。

盲盒本质上是一种概率产品，核心特性是“不确定性”，即消费者在购买时无法知道盒内具体内容。这种不确定性增强了消费者的期待感和惊喜感，使盲盒成为一种充满未知和趣味的消费体验。在各种文化背景下，盲盒利用消费者对幸运的向往吸引了众多消费者，泡泡玛特等商家设计的盲盒玩具尤其受到如今年轻群体的青睐。

然而，盲盒的流行也带来了问题，部分消费者因过度依赖和沉迷于盲盒，产生了非理性消费行为，对身心健康造成负面影响。因此，商家应主动引导消费者，树立正确的消费观，提升消费者的整体幸福感。

二、善因营销

善因营销是基于慈善因素而展开的营销活动，特点是当顾客为满足个人或组织目标参与产品交换时，企业将产品销售收益中一定数目或比例的金额捐赠给特定的非营利性组织，以支持相关公益事业的过程，是一种将慈善和促销相结合的企业活动，它的真实目的是增强企业的社会效益（如企业的声誉等）或经济效益（如企业的利润水平等）。

善因营销影响消费者态度的五种理论解释包括归因理论、刺激—有机体—反应（SOR）理论、自我信号理论、解释水平理论和平衡理论。归因理论主要用来阐明消费者会通过善因营销中的一系列要素如善因事件、企业形象、捐赠额度等，对企业的相关行为和动机进行归因。SOR理论认为，善因营销中消费者态度的影响因素主要是来源于消费者被动接受的外部刺激如企业、善因事件等，在此基础上消费者自身会经过一系列的加工处理以产生相关的情感，进而导致相关的态度和行为。自我信号理论的解释机制体现了消费者在善因营销活动中的主动性，该理论认为，消费者参与善因营销活动的行为是在有意识地向自己或他人释放出一种积极的信号，从而有利于消费者获得良好的自我感觉、一定的社会声誉和地位相关利益。解释水平理论认为，在善因营销活动中，相比远距离，当消费者感知相关信息为近距离时，善因营销更能刺激消费者的具体思维，进而促使消费者产生积极的态度。平衡理论是从单个个体的视角出发，去考察三者之间的关系，在善因营销情境中，公司和慈善机构的关系也是一种联结式关系，消费者对企业态度和对善因机构态度的平衡会增加消费者的感知关系强度，从而导致更加积极的回应[①]。

2016年8月，阿里巴巴集团利用支付宝平台发起了一款名为“蚂蚁森林”的善因营销活动，在该活动中消费者可以养育一棵虚拟的树，如果消费者使用支付宝进行在线支付行为如缴纳水电费、购买电影票等，就可以生成供养虚拟树所需要的绿色能量。在这棵虚拟的树长大之后，阿里巴巴集团将联合阿拉善 SEE 基金会，在现实中种下一棵实体的树，以保护当地的生态环境。数据显示，蚂蚁森林自2016年8月上线支付宝，截至2024年8月已在全国各地捐资种下5.48亿棵树，其中九成以上种在“三北”工程三大标志性战役地区。截至2024年，蚂蚁集团为该项目已累计协议捐资41.8亿元，随着各地生态项目的实施进度，已实际支出27亿元，其中有6.3亿元成为各地种植养护者的劳动收入。

根据归因理论，消费者通常会对企业的动机做出判断。如果消费者认为企业的公

① 骆紫薇：《天下归仁：专论企业社会责任》，中国经济出版社，2024。

益行为出于利他动机，就会对企业产生更高的信任感。蚂蚁森林的成功在于其环保公益与用户行为的高度契合，这使得用户更加愿意参与其中，并对支付宝及其背后的阿里巴巴集团形成了积极的品牌印象。此外，蚂蚁森林的传播方式极具创新性，通过支付宝平台与用户之间的互动，激发了消费者对环保公益的兴趣，并通过日常生活中的行为不断积累绿色能量，这不仅符合SOR理论，也促使消费者在情感上与支付宝产生深度联结。自我信号理论也同样适用，用户在参与项目的过程中，能够通过在社交平台分享成果，展示自己的公益行为，从而提升自身的社会形象。

通过善因营销，支付宝不仅在经济效益上取得了成功，还在绿色金融领域树立了标杆。蚂蚁森林项目将用户的日常消费与社会责任紧密结合，展现了善因营销的巨大潜力。企业通过这种模式，不仅实现了商业与社会效益的双赢，也为未来的可持续发展探索出了一条新路径。

三、粉丝经济营销

粉丝经济是一种通过提升粉丝黏性来获取经济利益与社会效益的运营模式，是架构在明星（“偶像”）与粉丝之间的经营性创收行为，通过粉丝的消费行为为偶像及其背后的公司创造巨大的商业价值。常用的理论包括：消费者忠诚理论，强调粉丝的重复购买和口碑传播；情感依附理论，解释粉丝与偶像或品牌之间的情感联系；品牌社区理论，说明粉丝形成的社群能够增强归属感和品牌传播力；身份认同理论，粉丝通过支持偶像来表达自我认同和价值观。

以某偶像组合为例，根据消费者忠诚理论，粉丝展现出高度的忠诚，通过购买专辑、打榜、应援等方式支持偶像，推动了该组合的商业成功。情感依附理论则解释了粉丝与该偶像组合之间的情感连接。培养该偶像组合的公司凭借对娱乐市场的敏锐洞察推出了“养成系偶像”的概念，这与同时期的其他偶像组合有所不同。作为“养成系偶像”，该偶像组合的成长过程从早期便让粉丝参与其中，粉丝们见证并陪伴了他们的“蜕变”，产生了深厚的情感依附。

四、游戏化营销

游戏化营销能够影响人类行为，是因为它引入了驱动人类行为的两种动机性因素：一是强化，二是情绪。强化是指一种行为带来的结果增加了这种行为在未来发生概率的过程。例如采取游戏化设计，能够通过奖励用户来达成行为强化的效果，使得用户在游戏中感受到乐趣，并享受游戏的过程。

游戏化的设计一般遵循MDE原则，包括机制（mechanics）、动态（dynamics）和情绪（emotions）。MDE原则首先要考虑的不是机制，而是识别和细分游戏化体验的各方。机制是不因玩家参与而发生改变的既定规则，它控制着想要引发的玩家行为和行为的既定后果，主要有三种机制：基础设定机制、规则机制和发展机制。动态是由玩家在游戏过程中形成的，玩家的策略选择、玩家的互动、观众的存在、观众的反馈、游戏设计者和玩家的互动等都会影响动态，从而影响游戏化体验。情绪是玩家遵循规则参与游戏，并制造出不同动态的结果。但是，除机制和动态之外，情绪也可以来自音乐、美术、诗歌、美食、服装等带来的美感体验。

拼多多（国内电商平台）自2015年成立以来，通过创新的游戏化设计构建了一个独特的社交电商平台，成功颠覆了传统购物体验。拼多多的核心机制“拼购”旨在鼓励用户通过社交分享来降低商品价格，用户可以邀请朋友共同参与拼团，从而实现更低的购物成本。这一模式不仅吸引了大量用户参与，还显著提高了平台的活跃度。

在拼购机制下，用户既可以创建自己的拼团，也可以加入他人发起的拼团。每个拼团设有时间限制，通常为几小时到几天不等，这种紧迫感促使用户迅速做出购买决策。通过将拼团链接分享至社交媒体平台如微信等，用户不仅能享受产品定价折扣，还能获取额外的奖励。此外，拼多多还设计了“签到”和“任务挑战”功能，鼓励用户每日登录并完成特定任务，如分享商品或订单评价，用户就能获得积分或红包。这些积分可以在后续购物中抵扣现金，进一步激励用户频繁访问平台。

拼多多的游戏化设计在促进销量方面取得了显著成效，同时为用户的购物体验注入了乐趣。拼多多发布的《2019年农产品上行发展报告》显示，2019年平台农（副）产品年活跃买家数达2.4亿，拼多多平台农（副）产品成交额达1364亿元，较上年同期增长109%。

案例中拼多多的成功在于其有效结合了社交互动和游戏化设计，给消费者带来了有乐趣的体验。社交互动通过“拼购”机制鼓励用户邀请朋友共同参与，从而实现更低的购物成本，提升了用户的参与感和活跃度；游戏化设计则体现在用户创建和加入拼团的过程中，结合时间限制和签到任务，提高了购物的趣味性和紧迫感。MDE原则进一步解释了其成功：设计遵循机制（如拼团规则和奖励系统）、动态（如用户互动和策略选择）和情绪（如购物中的乐趣与成就感），有效提高了用户体验和满意度。通过这些设计，拼多多不仅吸引了大量用户，还重新定义了购物体验，这让它在竞争激烈的市场中脱颖而出。

五、文化品牌化营销

文化品牌化实质是赋予文化产品一种品牌所具有的能力。品牌化的根本是将文化作为商品或增值项目，以获得经济利益，核心就是IP（influential property），即影响力资产的打造。文化品牌化的层次结构包括战略层、内容层、传播层和表现层。要打响文化品牌，使产品变得更加有吸引力，就必须做好这四个层面的每一步（见图3-8）。

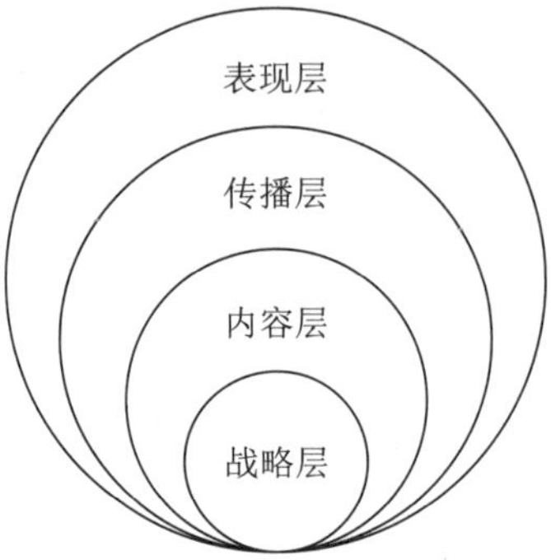

图3-8　文化品牌化的层次结构

（1）战略层：决定文化传达的核心理念，涉及IP的长期目标和定位，如回答"该IP如何成为市场第一"的问题。企业需要明确自己的产品到底想要传达什么样的文化，形成什么样的影响力等。这也是产品的内核。若失去内核，IP便只是形式的空壳。

（2）内容层：围绕战略层展开，确定IP应该包含什么样的文化内容。这需要在产品中加入富有文化涵养的细节，如让人眼前一亮的巧思，而且要形成连贯的体系。

（3）传播层：涉及如何传播等，包括语言输出、形象呈现、言论塑造等。比如社交媒体经营、社区经营、与其他流量池的联动等。

（4）表现层：这是文化品牌化的最表层。在碎片化的媒介环境下，IP需要通过独特的形式表达自己，如具有情感黏性的故事、周边，以及代表IP的logo等，结合如今流行的文化符号以确保IP能够长久、稳定地存在。

《原神》是上海米哈游网络科技股份有限公司（简称"米哈游"）研发的一款开放世界角色扮演游戏。2021年《原神》拿下最佳手游奖。2022年5月，Sensor Tower的数据显示：米哈游《原神》是2022年第一季度全球收入最高的抽卡手机游戏，自上线以来在移动端累计营收超30亿美元，其中仅有30%是中国玩家贡献的，70%则是由外国玩家贡献。

2021年7月27日，《原神》被列入2021—2022年度国家文化出口重点项目名单，属于国产游戏文化输出的成功案例。2022年11月，央视对米哈游联合创始人刘伟进行了采访并对《原神》向海外传播中华文化的行为表示赞扬。这种"游戏出海"正在推动着"文化出海"，游戏的媒介作用和文化传播功能日渐凸显。《原神》的成功离不开其在游戏中展现的对文化的考究与深度贯彻，最终打响了文化品牌。

从案例中可以看出，战略层上，《原神》的内核是人本位思想和多元文化融合，目标是将游戏推向全世界。这也是《原神》能成功出海的原因。《原神》构建的世界观设定包含七个城邦，分别基于现实世界构建，具有各自鲜明的风格和不同的文化背景。而故事的整个架构也都融入了各国的神话故事。围绕此理念，《原神》用细节丰富了游戏内容，凸显了文化融合的特点，这便是内容层。游戏中的建筑、食物和角色服饰都对应着不同国家的文化，让每个海内外玩家都能在其中找到归属感，在游玩不同城邦的同时也完成了各国文化的交流。

传播层上，米哈游注重对美术和文化的宣传。水墨过场、民乐音效、武术剪影、听书茶馆，这些带着悠悠古风的中华文化元素都能让外国友人对中国文化叹为观止。加上和麦当劳、喜茶等同样年轻化的品牌推出联名产品，进一步扩大了米哈游在市场中的名气。

表现层上，米哈游营造出年轻、活泼的品牌形象。不仅大力鼓励游戏玩家对游戏内容进行二次创作，也会亲自聘请知名博主进行创作，还建立了自己的文化交流社区——米游社。同时将游戏角色、文化产物做成文创周边，以直销或外包的方式推出了虚拟及实体的大量文创产品。

案例分析

董宇辉的直播成功之路

提到直播带货，大家可能想到的台词就是“主播又给家人们带来了一波新福利！”“宝宝们，把‘想要’两个字给我打在公屏上！”“三二一，上链接！”而董宇辉的直播是个例外。他以丰富的知识储备，边带货边教学，讲文学英语，讲历史百科，讲人情世故，讲心路历程。仿佛这里不是带货直播间，而是一个贩卖知识和情感的解忧杂货铺。

2021年新东方市值下跌90%，营业收入减少80%，辞退员工6万人。新东方计划成立大型农业平台，几百位员工将通过直播带货助力农产品销售。然而，新东方转型的起步却堪称灾难。12月28日，新东方在线旗下农产品直播电商平台“东方甄选”在抖音进行首场农产品带货直播。两个月直播30多场，却只吸引了30多万粉丝，仅达成800多万元的销售额。即使是新东方在线董事长俞敏洪亲自上场助阵，东方甄选直播间仍战绩平平。

然而，董宇辉的出现打破了这一局面。2022年6月9日，8年带过50万学生的新东方英语名师董宇辉凭借深厚的知识储备、出口成章的口才以及厚德载物的价值观迅速走红网络，受到了无数朋友的喜爱和欣赏。6月10日，他一边使用中英文讲解产品，一边和网友们海阔天空，几分钟内就出售了6700多单桃子，截至当日11时，该产品订单显示已售出了3.4万份。而到中午时分，这场直播最高成绩达到带货榜第5名，在线人数超4万，点赞509万，带货产品销量均上千，部分产品销量上万。受此影响，新东方在线股价盘中一度涨近40%。

董宇辉的成功，在于他的人格魅力和情绪价值。他不仅有小镇、农村青年的朴实和诚恳，也有知识分子的浪漫和风趣，这些都能给网友带来愉悦、亲切感。中英双语、吟诗作赋、段子和鸡汤张口就来，人们喜欢他“眉间有山川，胸中有丘壑”，三言两语，用知识和才华浸润人心的样子。

【案例思考】

1. 从心理因素分析，观众为什么会在直播间购物？

2. 基于消费者决策过程模型，董宇辉直播中的知识类或情感类等内容在消费者的决策过程中扮演了什么角色？

3. 在直播中，购买者行为特征发生了哪些变化？

本章小结

在竞争激烈的市场中，对消费者行为的深刻洞察已成为企业获取成功的关键。购买者行为分析不仅能够帮助企业深入了解消费者的需求、偏好和购买动机，而且对于制定有效的定价、推广、渠道选择等营销策略至关重要。通过洞察、分析与变革，企业能够满足消费者日益复杂的需求，从而保持竞争优势。

首先，本章深入剖析了消费者市场和消费者购买行为的动态过程，探讨了影响消费者购买行为的内外部因素。其中，外部因素包括文化、阶层、参考群体、家庭、口碑、情境、法律、经济、自然等宏观因素，也包括营销刺激，分别为产品、价格、渠道、促销。内部因素主要指购买者特征，包括知觉、注意力、学习、记忆、消费者知识、态度、动机、情感、人格、自我概念、生活方式等。消费者决策过程包括问题识别、信息搜索、方案评估、购买决策、购后行为五个环节。根据消费者决策中的异质性高低和涉入度高低，可以形成四种不同的购买类型。其次，本章介绍了组织购买者行为分析的基本方法。影响组织市场购买决策的主要因素可分为四大类：环境因素、组织因素、人际因素和个人因素。最后，本章就当前的热点问题和前沿知识进行介绍，如数字化和新媒体时代购买者行为特征的变化。

|第四章|

目标市场营销

市场营销历经多个发展阶段，从早期侧重于产品或服务本身的传统营销理念，到市场细分理论的出现，是营销学领域的一次重要转型。市场细分理论是在“以消费者为中心”理念基础上，由温德尔·史密斯于1956年提出的，这一理论受当时美国市场供求关系变化和顾客导向营销观念普及的影响。随着市场竞争加剧，单一、大众化市场策略无法满足多样化需求，促使细分市场产生。

本章通过华为、大疆等的案例，阐述了市场细分、目标市场选择、市场定位的方法和策略，并探讨了数字化时代营销战略的创新。在本章的学习中，需要掌握以下知识点：

- 市场细分的核心原则和常见类型，市场细分的流程
- 目标市场选择的重要性、评估方法和选择策略
- 市场定位的概念、步骤和策略，如何评估市场定位策略
- 数字化时代营销战略创新的主要内容

导入案例

2022—2023年，华为推出了全新的智能家居生态系统，利用新技术和数字化转型提高市场竞争力。通过一系列创新产品的发布、线上线下的体验活动，以及与众多技术合作伙伴合作，华为成功吸引了大量寻求高科技生活解决方案的消费者，并在智能家居市场中稳固了自身地位。

华为首先将市场细分为对智能家居产品感兴趣的不同消费群体，如追求科技创新的年轻家庭和高收入家庭。接着，华为选择技术敏感型用户和高消费力的家庭作为主要目标对象，通过试点项目推出个性化定制的智能家居方案，以满足这些用户对高科技和便捷生活的需求。在市场定位上，华为将自己定位为“科技赋能的生活合作伙伴”，通过整合AI技术和5G连接，推出能够无缝互动和自我优化的智能家居设备。通过社交媒体、线下展示及体验活动，华为与消费者进行多层次的互动，提高了消费者对品牌的忠诚度，并在国内外市场中提升了品牌影响力。这一策略不仅巩固了华为在国内市场的地位，还使华为在国际市场上赢得了新的客户群体，充分展示了目标市场营销战略（STP战略）在数字化和智能化发展中的重要作用。

科特勒在《市场营销原理》中指出：“有效的营销在于与正确的客户建立正确的关系。”要实现这一目标，关键在于市场细分（segmentation）、目标市场选择（targeting）和市场定位（positioning）三个步骤，这一过程又被称为“STP战略”。“STP战略”将营销力量集中在最有可能购买产品或服务的客户群体身上，帮助企业更有效地与潜在客户沟通与互动，从而提升营销的效率和效果。

市场细分将市场划分为具有不同需求、特征或行为的子群体，以便企业更好地识别和理解顾客。通过选择目标市场，确定最具吸引力的子市场，以最大化营销效果。最后，通过市场定位，在目标市场中确立自己的独特价值主张，使产品或服务在顾客心目中占据独特的位置。（见图4-1）

图4-1　目标市场营销

第一节　市场细分

一、市场细分的概念

市场细分是指根据消费者的不同心理需求、行为、地理位置、人口统计特征等因素，将整个市场划分为若干个具有相似特征的子市场。通过这个过程，企业可以更清晰地识别出目标客户群体，并为他们量身定制营销方案，而不是采用“一刀切”的营销策略。如一家企业的新品主要针对年轻的运动爱好者，那么这家企业需要更关注在社交媒体上的推广，并设计一些互动性强的活动来吸引此类消费人群的注意力。

市场细分这一概念最早出现于1956年，是由美国著名市场营销学家温德尔・史密斯基于对一些企业成功经验的深入调查后提出的。随着市场竞争的加剧，单一的、大众化的市场策略已无法满足消费者日益多样化的需求，企业必须转向更加精细化的市场划分。相关专家也提出类似观点，如他们认为大多数客户关系管理（CRM）项目的失败在于市场细分的缺乏。也有人对此进行了简明总结，他们指出，试图在没有市场细分的情况下实施CRM，就像试图在没有工程措施或建筑设计图的情况下建造房屋一样。

市场细分的提出标志着营销学领域的一次重要转型，它是在“以消费者为中心”这一基本理念基础上进一步发展而来的。传统的营销理念往往侧重于产品或服务本身，而市场细分则强调根据消费者的不同需求、偏好和行为特征，将市场划分为更具针对性的子市场，并为每个子市场制定相应的营销策略。这一理论的出现不仅使营销学理论更加系统和完善，也为企业在复杂多变的市场环境中获取竞争优势提供了新的思路和方法。

二、市场细分的重要性

通过市场细分，企业能够更加精准地定位目标群体，从而设计出更贴合消费者需求的产品和营销方案。这种精准性不仅提高了广告的触达率和转化率，还能帮助企业有效利用有限的营销资源，在竞争激烈的市场中占据优势。

先来看一个失败的案例：20世纪70年代初，日本的一家复印机公司占据了80%的市场份额，利润非常高。当一位新进入者推出小型复印机时，这家公司选择忽视它。然而，随着小型复印机的普及，这家公司被迫降低价格。在短短三年内，这家公司的市场份额降至10%，最终失去了竞争优势。这家公司未能认识到市场已经细分化，并试图用单一产品竞争所有细分市场——这是许多市场领导者曾经犯过的错误。这个案例的关键在于，企业不应尝试用同一种产品在所有细分市场中竞争，而应认识到，随着市场的增长，不同的细分市场或需求群体会逐渐形成，企业需要开发适合这些细分市场的产品和服务，并相应地定位和品牌化。

市场细分的重要性在中国的多家成功企业中得到了充分体现。以华为为例，华为将市场细分为高端用户、中端用户和入门级用户。针对高端用户，华为推出了Mate系列和P系列手机，以卓越的性能和创新的设计占据了市场。而针对中端和入门级用户，华为则推出了Nova系列和畅享系列，以性价比和时尚外观为主要卖点。这种差异化的市场策略不仅使华为能够覆盖广泛的市场需求，还帮助其在各个细分市场中获得了显著的市场份额。

进一步思考，市场细分还能够帮助企业建立更深厚的客户关系，培养消费者的品牌忠诚度。比如，阿里巴巴的淘宝和天猫平台，分别针对不同的市场细分群体进行定位和运营。淘宝主要服务于价格敏感且追求多样化商品的消费者，而天猫则定位于注重品质和品牌的用户群体。通过这种市场细分，阿里巴巴不仅成功吸引了有不同需求的消费者，还通过大数据分析和个性化推荐，提高了客户的购物体验和品牌忠诚度。

另一个典型的例子是蒙牛。蒙牛通过市场细分，识别出了不同消费者的健康需求，开发了多个品牌和产品线。例如：针对儿童市场，蒙牛推出了特仑苏儿童成长奶，满足家长对孩子营养均衡的需求；而针对追求健康生活的成人市场，蒙牛推出了纯甄酸奶，以天然、健康的形象赢得了这一市场的认可。这种多品牌策略使蒙牛在乳制品市场中覆盖多个细分市场，从而最大化地满足消费者的多样化需求。

通过这些案例可以看出，市场细分是企业制定营销策略的基础，能够帮助企业更精准地定位目标客户，设计出更符合消费者需求的产品和营销方案。同时，市场细分也是企业在市场中获得长期竞争优势的关键。随着市场环境和客户需求不断变化，市场细分的动态调整能力使企业能够灵活应对这些变化，从而保持竞争力。

三、市场细分的核心原则

市场细分的核心原则是指导企业有效识别、评估和服务目标市场的关键要素。通过深入理解这些原则，企业可以在竞争激烈的市场中找到并占据有利位置。以下是对市场细分四个核心原则的详细阐述：

（一）可测量性

可测量性是市场细分的首要原则，指的是企业必须能够量化和评估细分市场的规模、需求、行为特征等。细分市场如果不能被有效地衡量和分析，企业将难以制定准确的营销策略。可测量性不仅仅涉及简单的人口统计数据（如年龄、性别、收入水平），还包括更复杂的行为数据（如购买频率、品牌忠诚度）和心理数据（如消费者偏好、价值观）。企业通常需要借助市场研究和分析工具（如问卷调查、消费者访谈、大数据分析、聚类分析）来获取这些数据。比如，通过大数据分析工具，企业可以跟踪消费者的在线行为，从中挖掘出对市场细分有价值的信息，进而为细分市场量身定制产品和服务。可测量性直接影响了企业的决策准确性和市场响应速度，因此，精确的数据收集和分析是实施市场细分战略的基础。

（二）可访问性

可访问性原则强调，细分市场不仅要可测量，还必须是企业能够有效接触和服务的。企业如果难以通过现有的营销渠道或分销网络触达该细分市场，再多的努力也是徒劳的。因此，企业需要评估自身是否有足够的资源、渠道和能力接触到目标细分市场。例如，随着数字化的发展，社交媒体、电子商务平台和移动应用已经成为接触细分市场的重要工具。企业需要根据目标市场的特征选择合适的接触渠道，如使用微信小程序推广特定产品，或通过抖音短视频平台吸引年轻消费者。此外，可访问性还涉及地理位置的便利性和消费者购买途径的可达性。企业需要确保其产品或服务能够在目标市场中方便获取，这可以通过优化物流网络、提高供应链效率、拓展线上渠道等方式实现。

（三）可盈利性

可盈利性原则关注的是细分市场的长期发展潜力。一个能令企业成功的细分市场不仅应该在当前具备盈利能力，还需要具备未来的成长潜力。企业在选择细分市场时，必须考虑该细分市场的规模是否能支撑企业的长期发展战略。可盈利性还包括对市场趋势的分析，如技术进步、消费习惯的变化、社会经济环境的变迁等，这些因素都会影响细分市场的未来表现。例如，随着人们对健康生活方式的追求不断增加，健康食品市场展现出足够的潜力以及可观的利润，吸引了大量企业进入。然而，可盈利性不仅仅是市场的增长潜力，还包括市场的稳定性和竞争程度。企业需要评估细分市场中现有的竞争态势，是否存在进入壁垒，以及该细分市场在经济波动时的韧性。通过对市场趋势和竞争环境的深入分析，企业可以判断其所选择的细分市场是否值得长期投资，并制定相应的市场进入和扩展策略。

（四）可区分性

可区分性指的是各个细分市场之间应当有显著的差异，使得它们能够被识别并能制定不同的营销策略。细分市场之间的差异可以表现在消费者需求、偏好、购买行为等方面。可区分性确保了企业可以针对不同的细分市场制定差异化的市场营销组合（如产品、价格、推广和渠道），从而更好地满足每个细分市场的需求。如果细分市场之间没有明显的差异，则可能不需要进行细分。

四、四种常见的消费者市场细分类型

史密斯的《产品差异化和市场细分作为替代营销策略》中共有四种常见的消费者市场细分类型，分别为：人口细分、地理细分、心理细分和行为细分。

（一）人口细分

人口细分是一种通过消费者的人口统计信息来定位目标受众的方法。这个细分过程包括识别年龄、性别、国籍、职业、家庭规模或教育水平等特征。这是最常见的受众细分形式之一，它能够帮助企业确保自身产品触及合适的受众群体。

2017年，西贝餐饮集团推出了“家有宝贝，就吃西贝”的口号，并制定了“家庭友好餐厅”的发展战略。这一举措标志着西贝开始重视有儿童的家庭消费者，并且将他们作为集团的重要目标市场。为了更好地吸引家庭顾客，西贝不仅在餐厅环境和服务上做出调整，还对儿童餐进行了多次产品迭代和升级。通过精准的市场细分和产品创新，西贝成功吸引了更多有孩子的家庭前来就餐，提高了品牌的家庭友好形象，并在竞争激烈的餐饮市场中脱颖而出。

（二）地理细分

地理细分是根据地理特征来区分消费者的一种简单方法，旨在确保广告或新产品能够与潜在客户所在地相关联。地理细分不仅仅指物理位置，还可以包括气候或文化偏好等。

通过地理细分，企业能够深入了解不同地区受众的文化和气候特征，从而调整营销策略，以更好地满足当地消费者的需求。这种方法有助于确保广告和产品定位与受众所在地的特点相契合，提高营销的针对性和有效性。地理细分不仅帮助企业更精准地定位目标受众，还能提供更具针对性的市场营销策略，从而提高品牌在不同地区的影响力和竞争优势。

2022年，阿里巴巴通过旗下的菜鸟网络推出了基于地理细分的智能物流解决方案，以提高物流效率。大湾区作为中国经济最活跃的区域之一，拥有大量的跨境电商活动和高频次的物流需求。菜鸟网络通过分析大湾区的地理特征和消费习惯，识别出该地区对快速、高效物流服务的强烈需求。

菜鸟网络利用大数据和人工智能技术，优化物流路径和仓储管理，确保货物能够更快速地送达消费者手中。在深圳，菜鸟网络部署了无人机配送和智能仓储系统，以应对高峰期的物流压力；在香港，菜鸟则推出了跨境物流解决方案，提高了国际包裹的处理效率；在广州，菜鸟推出了夜间配送服务，以满足城市夜间经济的需求；在珠海，菜鸟则加强了冷链物流，以支持当地生鲜电商的发展。通过这种地理细分策略，阿里巴巴不仅提升了其在大湾区的物流服务水平，还提高了其在全球市场的竞争力。

（三）心理细分

心理细分之所以重要，是因为它能帮助企业更好地理解客户的潜在需求和购买动机，从而让企业制定出更能引起共鸣的营销信息和产品策略。例如，针对高端商务人士的市场细分，不仅要考虑他们的经济能力，还需要深入了解他们对品牌的认知、高端形象的要求以及追求独特身份认同的心理。这类消费者往往更注重产品的品质、设计和品牌价值，因此，简单的价格优惠对他们的吸引力可能不如一个能够彰显身份和地位的品牌故事或定制服务。

心理细分为企业提供了一种更深入了解客户的方法，使其能够通过高度个性化的营销策略满足特定受众的需求。这种细分方式帮助品牌在竞争激烈的市场中脱颖而出，建立起与目标消费者之间更强的情感联系，最终提升市场份额和品牌价值。

华为的Mate60系列就是一个典型的心理细分应用案例。Mate60 RS非凡大师版本的用户群体多为高端商务人士，这类消费者不仅在意手机的性能和技术参数，还高度重视品牌所传递的高端形象和市场认知度。为了满足这些高端消费者的需求，华为不仅在产品设计上突出了精致和专业，还通过精准的品牌定位和市场推广，强化了Mate60 RS作为高端商务象征的形象。通过心理细分，华为能够更准确地识别出哪些因素最能打动目标客户，并据此设计产品和营销策略。例如，华为可以通过定制化的产品发布会、限量版的特殊设计或是与奢侈品品牌的跨界合作，来进一步提升Mate60 RS的市场吸引力和品牌附加值。这样的策略不仅能提高客户的品牌忠诚度，还能为企业带来更大的利润空间。

（四）行为细分

行为细分指的是根据消费行为差异，将消费者划分为不同群体。通过分析和理解消费者的购物行为，企业能够更精准地满足消费者的需求。这种细分方式比其他细分方式更难定义，因为它依赖于动态和复杂的行为模式。例如，在线电子商务平台可以通过实时数据分析，识别出某些顾客每月定期购买特定种类的产品，如宠物食品或日常用品。通过这种行为细分，平台能够为这些顾客提供专属的订阅服务或自动配送选项，确保他们不会错过所需的产品，从而提高顾客的忠诚度和满意度。

另一个案例是流媒体服务公司。企业通过分析用户的观看历史和偏好，向用户推荐更符合其兴趣的内容或套餐，甚至可以根据用户的观看频率和时段推送特定的优惠信息。一位经常在周末观看家庭电影的用户可能会收到关于家庭电影套餐的促销通知，这不仅提高了用户的观看体验，也提升了服务的价值感。通过行为细分，企业可以更好地理解和预测消费者的需求，从而提供更加个性化的服务与产品，以进一步增强品牌与消费者之间的联系。

五、市场细分流程

市场细分是将一个整体市场划分为多个具有相似需求和行为特征的群体的过程。通过市场细分，企业可以更好地理解客户需求，提供更加精准的产品或服务，最终提升市场竞争力和盈利能力。以下是市场细分的详细步骤：

（一）定义市场

在市场细分的第一步，企业需要明确目标市场的范围。首先要确定目标市场，明确产品或服务的主要客户群体。这一步要求企业清楚地了解它们希望进入的市场的性质，以及目标市场是一个广泛的大众市场还是一个特定的利基市场。

其次需要进行市场需求分析。企业需要确定市场中存在的需求、痛点和机会，可以通过市场调研、行业报告、竞争分析等方式获取这些信息，从而帮助企业更好地定位产品或服务。

（二）市场布局

市场布局是指对市场中的主要因素和参与者进行可视化的描绘，以更好地理解市场结构。企业可以通过创建市场地图（包括不同客户群体、购买路径、竞争对手、分销渠道等），全面了解市场的复杂性，并识别市场中的关键参与者。还可以通过市场结构分析，识别市场中不同部分之间的联系与差异，了解市场中的潜在机会和风险。

（三）了解潜在消费者的需求

在这一阶段，企业需要识别出在购买决策过程中起关键作用的决策者，并了解他们的需求和偏好。在自由市场中，决定购买的往往是某个特定的客户群体，如家庭中的主要购买者或公司中的采购经理。此外，不同的决策者在选择产品时会有不同的关注点，如价格、质量、品牌、购买便捷性等。企业需要理解这些标准，以便更好地满足这些关键决策者的需求。

（四）理解客户的购买动机

客户的购买动机可能是情感需求（如追求品牌身份）、功能需求（如产品的实际用途）或者经济需求（如价格优惠）。了解这些动机有助于企业制定更有针对性的营销策略。同时，企业需要识别这些需求，并思考如何通过产品或服务来满足或解决这些需求。

（五）形成细分市场

根据客户的共同特征、需求和行为模式，可将他们划分为不同的细分市场。这些细分市场应该在内部表现出高度的同质性，即每个细分市场中的客户需求和行为模式是类似的。同时，各细分市场之间应该有明显的差异性。一旦细分市场创建完成，企业需要对各个细分市场进行深入评估。这种评估包括多个关键因素：

1. 市场规模

细分市场的规模是否足够大，以支持企业的业务发展和增长目标？市场规模越大，通常意味着潜在的销售机会越多。

2. 增长潜力

细分市场是否具有未来增长的潜力？评估市场增长率及未来几年内的趋势，以确保细分市场从长远来看是值得投资的。

3. 竞争程度

市场中的竞争状况如何？了解细分市场内的竞争对手数量、竞争强度以及他们的市场占有率等竞争状况，有助于企业判断进入市场的难易程度及所需的资源。

4. 进入能力

企业是否具备进入该细分市场的资源和能力？这包括资金、人力、技术、渠道等多个方面的考虑。如果企业的资源无法有效覆盖该细分市场，那么即使市场潜力巨大，也难以取得成功。

通过以上评估，企业可以优先选择最有潜力、竞争相对较弱且符合自身能力的细分市场作为重点开发对象。然而，市场是动态变化的，企业必须定期对细分市场策略进行评估和优化。优化细分市场策略的过程包括收集新的市场数据、监控市场变化以及分析新出现的趋势。这些信息能够帮助企业调整现有的细分策略，确保持续有效地满足客户需求，并保持竞争优势。通过持续的评估和优化，企业能够保持市场敏锐度，及时调整策略以应对变化，从而在动态的市场环境中保持领先地位。

第二节 目标市场评估与选择策略

一、目标市场的概念

所谓目标市场，就是指企业在市场细分之后的若干“子市场”中，运用企业营销活动之“矢”瞄准的市场方向之“的”。在市场营销学中，著名学者麦卡锡提出了一个重要的概念，即应将消费者视为特定的群体，并将这一群体称为目标市场。通过市场细分，企业可以清晰地界定目标市场，从而制定有针对性的市场营销策略以满足这些特定群体的需求。简言之，目标市场是企业在进行市场细分后，选择的一个或多个子市场，企业通过提供相应的产品和服务来满足这些市场的需求。

二、目标市场的重要性

目标市场的重要性主要体现在以下几个方面：

（一）协助企业寻找市场定位

通过选择特定的目标市场，企业能够清晰地定义自身在市场中的位置。这一定位有助于明确企业的竞争优势，建立独特的品牌形象，从而有效吸引目标客户群体。确定目标市场后，企业还可以通过差异化的产品或服务来区分自己与竞争对手，进而在消费者心中建立独特的品牌认知，形成差异化市场战略。

（二）推动市场营销效果提升

在深入了解目标客户的需求、偏好和购买行为后，企业能够开展有针对性的市场营销活动。通过有针对性的营销，企业营销活动的效果得到有效提升，进而优化营销投入，提高产品的消费者响应率和销售转化率。

（三）降低企业的市场风险

选择特定的目标市场有助于企业深入了解市场竞争情况，包括主要竞争对手和市场动态。通过对竞争现状进行分析，企业可以有效预测市场趋势和潜在的市场风险，并制定相应的策略来预防和降低风险。

（四）提高企业资源的利用率

明确目标市场后，企业可以集中力量，围绕既定的市场目标进行资源配置和战略实施，避免分散资源。合理利用自身的有限资源，可以促进企业降低运营成本和提高资源使用的效率，实现“降本增效”，从而提升企业在行业中的整体竞争力。

（五）洞察市场需求，创造市场机会

通过对目标市场进行深入剖析，企业不仅能识别现有的市场机会，还能挖掘消费者的潜在需求。基于企业对市场现状和需求的分析和挖掘，企业可以制定有创造性和有针对性的营销策略，从而激发新的潜在市场需求，并提前进入潜在市场，实现业务的快速增长。

三、目标市场评估的方法

目标市场评估包括了解评估市场潜力和规模、市场环境以及企业自身的目标和资源，从而为市场营销策略的制定提供数据支持和理论依据。目标市场的有效评估是企业制定市场营销策略的基础，有助于企业精确定位产品市场和专注于潜在客户群体，从而提高企业的市场竞争力。

（一）评估目标市场的潜力和规模

评估目标市场的潜力和规模涉及多个维度和方法的综合应用，以确保评估的全面性和准确性。评估目标市场潜力需要对市场的增长率进行预测，还需要对市场整体的技术发展趋势进行调研。

目标市场的增长率是衡量市场发展趋势和潜在机会的关键指标。快速增长的市场通常表示需求强劲且存在竞争空间，这为企业提供了优良的发展机会。企业必须深入分析目标市场的增长速度，以识别市场潜力和机会。这种评估有助于企业制定和调整营销策略，从而有效地把握市场机会，优化资源配置，实现战略目标。

市场往往会随着行业内技术进步的趋势而发展，技术进步是推动市场增长的重要因素，掌握技术发展趋势可以推动企业寻找正确的技术路线，使企业在研发的时候“少走弯路”。所以评估新技术如何影响现有市场和创造新市场是十分必要的。

了解市场的总体规模是评估市场潜力的基础。这包括确定目标市场的总收入、销售量或用户数量。例如，评估电动汽车市场时，需要知道全球或特定地区的电动汽车销售总量和潜在增长空间。目标市场的规模决定了企业的销售和盈利能力。

（二）市场环境分析

市场环境分析可分为宏观和微观两个方面。

1. 宏观环境分析

宏观环境分析主要运用PEST宏观环境分析模型。它从四个关键角度——政治（politics）、经济（economy）、社会（society）和技术（technology）——全面分析这些因素如何影响企业的战略目标和战略规划。通过对这些领域的深入分析，企业能够识别潜在的机会和威胁，从而制定更为有效的战略以应对不断变化的外部环境。这种方法帮助企业从宏观层面把握市场趋势，为决策提供数据支持。

（1）政治环境分析是企业战略规划的重要组成部分。通过对政治稳定性、政府政策、法律法规、环境法规和法律风险的详细分析，企业可以更好地了解市场环境中的风险和机会，从而制定有效的战略应对措施。企业还应持续监控政治和法律环境的变化，以灵活调整战略，保持竞争力并实现长期发展。

（2）经济环境分析通常包括宏观和微观两个方面。宏观经济环境涉及国家层面的经济状况，如人口数量及增长趋势、国民收入、国内生产总值以及这些指标所反映的整体经济发展水平和速度。这些因素有助于评估国家经济的健康状态及其对企业运营的潜在影响。微观经济环境则关注于企业所在的具体区域或目标市场中的消费者行为，如消费者的收入水平、消费偏好、储蓄情况和就业程度等。这些因素直接影响企业的市场规模和未来发展潜力。

（3）社会环境分析包括一个国家居民的教育程度和文化水平、宗教信仰、风俗习惯、价值观念和审美观点。具体而言：文化水平决定了居民的需求层次，影响他们对产品和服务的期望；宗教信仰和风俗习惯可能会使居民对某些活动设限或产生抵制，从而影响市场的可行性；价值观念则直接影响居民对企业目标、活动及其存在的认同感；审美观点决定人们对组织活动的内容、方式及其成果的接受度。构成社会环境的要素包括人口规模、年龄结构、种族结构、收入分布、消费结构和水平、人口流动性等。其中人口规模直接影响着一个国家或地区市场的容量，年龄结构则决定消费品的种类及推广方式。了解这些因素可以帮助企业制定更符合本地市场需求的营销策略，提升市场适应性和客户满意度。

（4）技术环境分析涉及的技术要素不仅仅包括那些引起革命性变化的发明，还包括与企业生产有关的新技术、新工艺、新材料，新的发展趋势以及应用前景。在过去的半个世纪里，最迅速的变化就发生在技术领域，像国内通信科技领域的领军企业华为、小米、腾讯，以及新能源汽车领域的比亚迪和宁德时代，这些高科技公司都在逐渐改变我们的生活方式。

2. 微观环境分析

微观环境分析主要以行业内竞争分析为主，可以采用由迈克尔·波特于20世纪80年代初提出的内部竞争分析五力模型，该分析方法将大量不同的因素汇集在一个简便的模型中，以此分析一个行业的基本竞争态势。五力模型确定了竞争的五种主要来源，即供应商的议价能力、购买者的议价能力、新进入者的威胁、替代品的威胁和同业竞争者的竞争程度。一种可行战略的提出首先应该包括确认并评价这五种力量，不同力量的特性和重要性因行业和公司的不同而变化。

（1）供应商的议价能力。

供应商的议价能力主要体现在对投入要素价格的影响能力及对单位价值质量的控制能力上。这种影响能够显著改变行业中现有企业的盈利能力和产品竞争力。当供应商提供的投入要素在买主产品总成本中占比较高，或对生产过程至关重要甚至直接影响产品质量时，供应商的议价能力会显著提高。换句话说，供应商能够通过提高投入要素的价格或降低质量来增强对买主的影响力，从而对买主的成本结构和市场竞争力产生直接影响。

（2）购买者的议价能力。

购买者主要通过压价与要求提供较高的产品或服务质量的能力来影响行业中现有企业的盈利能力。通常来说，企业普遍追求更高的投资回报率，而消费者则期望以最低的支出获得最佳产品和服务。因此，消费者的需求和行为可能对行业的盈利能力构成威胁。购买者能够施加压力，要求降低价格、提高产品质量或增加服务内容。为了实现这些期望，消费者可能通过促使生产者进行激烈竞争，或者选择不从任何单一生产者处购买商品来影响市场。这种由消费者主导的市场力量迫使企业不断优化成本和提高产品或服务的竞争力，以维持市场份额和盈利能力。

（3）新进入者的威胁。

新进入者在给行业带来新生产能力、新资源的同时，也希望在已被现有企业瓜分完毕的市场中为自己赢得一席之地，这就有可能与现有企业发生原材料与市场份额的竞争，最终导致行业中现有企业盈利水平降低，严重的话还有可能危及这些企业的生存。

（4）替代品的威胁。

同行业或跨行业的企业可能因产品间存在替代关系而形成竞争，这种替代品竞争会对行业中的现有企业战略产生显著影响。具体来说，替代品的竞争压力取决于替代品的价格较低、质量更高，或者用户转换成本较低等因素，这些因素都会增加对现有企业的竞争威胁。为了评估这种竞争压力，企业可以通过分析替代品的销售增长率、生产能力及其盈利扩张情况来量化其影响力。较高的替代品销售增长率和强劲的生产能力往往预示着更大的市场竞争压力，迫使现有企业调整市场战略以应对这种竞争挑战。

（5）同业竞争者的竞争程度。

在大多数行业中，各企业的利益密切相关，整体战略中的竞争战略目标是获得相对竞争对手的优势。因此，这些企业在实施各自战略时不可避免地会出现冲突和对抗，这些冲突和对抗构成了企业间的竞争。这种竞争通常体现在价格调整、广告宣传、产品介绍和售后服务等方面。竞争的强度受到多种因素的影响，包括市场需求、行业进入壁垒、竞争者的资源和能力等。企业必须综合考虑这些因素，以制定有效的竞争战略来应对激烈的市场竞争。

（三）企业自身的目标和资源分析

首先，企业自身的目标必须遵循“SMART原则”，即确保目标是具体（specific）、可测量（measurable）、可实现（achievable）、相关（relevant）、有时限（time-bound）的，且需要明确区分和设定短期目标（例如年度销售目标）和长期目标（例如市场份额目标），以便制定相应的战略和行动计划。其次，在企业自身的资源分析上，企业需要明确自身拥有的有形资源、无形资源以及人力资源，并对资源进行评估，将内外部资源进行优化整合，根据战略目标的重要性和紧迫性对资源进行有效、有计划的配置，形成核心竞争力。

四、目标市场的选择策略

目标市场选择是指企业在对各个细分市场进行评估后，基于吸引力的程度选择进入一个或多个市场的过程。在这一过程中，企业需要对每个细分市场的潜力进行详细分析，以确定哪些市场能够为公司创造最大的顾客价值，并在未来一段时间内保持这一价值。特别是资源有限的企业，它们可能会选择专注于服务一个或少数几个特定的细分市场，以实现资源的最佳配置和最大效益。最终，企业应优先选择那些具有高发展潜力、能够带来长期价值的细分市场。

一个细分市场要成为企业的目标市场，必须满足三个关键条件：

第一，该细分市场需具备足够的规模。这意味着该细分市场必须有足够的需求量或销售量，以确保企业在进入后能够实现盈利。第二，该细分市场应为一个至少部分未被满足的市场，或未被竞争对手完全占据的市场。这表示市场中应存在某种程度的需求缺口或竞争机会。以中高端健身器材市场为例，虽然市场竞争激烈，但针对家庭使用的高科技健身器材可能仍有未被充分开发的机会。第三，企业必须具备进入和占领该细分市场的能力。这包括技术实力、资源配置、市场营销能力等。

企业在确定目标市场范围时通常有五种市场覆盖的方法。

（一）市场集中化

市场集中化模式是一种最简洁的目标市场覆盖策略，企业专注于一个特定的细分市场，仅生产一种产品，服务于一个单一的顾客群体，并采用集中营销的方式。这种模式通常基于几个关键考虑因素：①企业在该细分市场具备特定的专业化优势，能够在竞争中脱颖而出。②该细分市场可能相对缺乏竞争对手，使得企业能够占据市场领导地位。③由于资金和资源有限，企业选择专注于一个细分市场以实现资源的最优配置。④企业可能将这个细分市场作为起点，计划在取得成功后逐步扩展到其他细分市场。此模式允许企业在特定领域内建立强大的市场地位和品牌影响力。

（二）产品专业化

产品专业化模式指企业集中生产一种产品，并向所有顾客销售这种产品。例如，汽车企业向青年、中年和老年消费者销售高端汽车，为不同的顾客提供不同种类的高端汽车产品和服务，而不生产消费者需要的其他档次的汽车。这样，汽车企业在高端汽车产品方面树立很高的声誉，但一旦出现其他品牌的替代品或消费者的偏好发生转移，企业将面临巨大的威胁。

（三）市场专业化

市场专业化模式指企业专注于服务某一特定顾客群体，并努力满足其广泛的需求。例如，一家公司可能专注于为高端健身爱好者提供定制化的训练设备和健康食品。通过专门化，企业能够在细分市场中建立强大的品牌声誉和客户忠诚度。然而，这种策略也存在风险：如果该细分市场的需求趋势产生变化或顾客偏好发生改变，企业将面临较大的市场风险和业务调整压力。

（四）选择专业化

企业采用多细分市场策略，即选择若干个具有吸引力的细分市场进行服务，每个市场对企业的目标和资源配置都有一定的价值，但这些市场之间往往彼此独立，几乎没有关联。例如，一家公司可能同时进入宠物用品市场、户外运动装备市场和高端家居装饰市场。通过这种策略，企业能够分散经营风险。如果某个细分市场因需求下降或竞争加剧而失去吸引力，企业仍能依靠其他市场的盈利来保持整体业务的稳定性和增长。这种策略使企业能够在多个领域获得收益，同时减轻单一市场波动对企业的影响。

（五）市场全面覆盖化

企业在市场覆盖策略中选择全面市场渗透，即针对所有细分市场进行服务，通过提供多样化的产品来满足各种顾客群体的需求。通常，只有具备强大资源和市场能力的大型企业才能有效实施这种策略，例如，华为技术有限公司在智能手机、笔记本电脑和智能手表等多个领域推出了多种产品，以满足不同消费者的需求。通过这种策略，企业能够在广泛的市场中占据领先地位，充分发挥其资源优势，同时降低对单一市场的依赖风险。

五、目标市场的进入方式

企业在选择进入目标市场的策略时，通常有三种主要方式：自主进入、收购进入和合作进入。每种方式都有其独特的优缺点，适用于不同的市场环境和企业条件。

（一）自主进入

自主进入是指企业依靠自身的资源和能力，独立进入目标市场。这种策略通常要求企业具备较强的综合实力和丰富的市场经验。企业需要对目标市场进行深入的调查研究，设计和制造符合市场需求的产品，并通过自身的渠道将其推向市场。这种方式的优点在于控制权高，企业可以对市场策略、品牌形象、产品质量等方面进行全面掌控。此外，通过自主发展，企业可以在目标市场中逐渐积累竞争优势，实现长期盈利。然而，缺点在于具有一定的风险，即自主进入意味着企业需要承担全部的市场风险，如市场需求波动、竞争对手反应、政策变动等。此外，自主进入也可能会分散企业在其他市场的资源和精力，影响整体经营效率。

（二）收购进入

收购进入是指企业通过收购已在目标市场中运营的企业，来实现快速进入市场的目标。这种方式通常适用于企业对目标市场了解不充分，或者自主进入面临较大障碍的情况。这种方式的优点在于通过收购，企业可以迅速获取市场准入权、现有客户群体和品牌认知度，缩短进入时间。收购现有企业可以绕过进入市场时遇到的专利权、规模经济、原材料供应等障碍。然而，缺点在于行业中尤其是在竞争激烈的行业中，合适的收购标的可能稀缺，收购成本较高。

（三）合作进入

合作进入是指企业与其他企业通过合资、战略联盟等方式共同进入目标市场。这种方式能够让合作双方互相借力，共同开拓市场，实现共赢。这种方式的优点在于合作企业可以充分利用各自的优势资源，实现技术、资金、市场渠道的优势互补。企业也可以根据市场需求和企业战略灵活选择合作方式，如生产合作、技术合作、销售合作等。然而，也存在控制权有限、利益冲突和依赖性风险等问题。

（四）综合选择策略

在实际操作中，企业往往会根据市场环境、企业自身条件和战略目标，灵活运用上述几种方式的组合策略。例如，企业可以先通过合作进入市场，了解市场情况后，再逐步通过收购或自主投资扩大市场份额。总的来说，企业进入目标市场的策略选择应充分考虑市场准入难度、竞争环境、企业资源能力以及长期发展规划。在确保战略目标实现的前提下，综合权衡风险和收益，选择最适合企业发展的进入方式。

第三节 市场定位策略

在市场细分和目标市场选择之后，“STP战略”的核心环节——定位，便成了企业提升在目标客户群体中相对优势的关键。市场定位的目的在于创造和强化企业在目标市场中的独特地位，提高公司在目标客户心目中的相对优势。这一过程不仅涉及产品本身的定位，还包括价格、分销和促销等多个方面的综合策略。因此，在确定特定细分市场作为目标市场之后，接下来的关键步骤是探讨如何在该市场中实施有效的市场定位策略。本节内容将详细探讨市场定位策略及其具体的实施方法。

一、市场定位的概念

市场定位（market positioning）是市场营销战略中的一个核心概念，它关乎企业在竞争激烈的市场中如何为自己的产品或服务确立一个独特、有价值且能够吸引目标消费者的位置。市场定位不仅仅是对产品或服务本身属性的描述，更是通过一系列的市场营销策略，在消费者心中构建出特定形象和价值的过程。这一战略的实施旨在使企业的品牌或产品在众多竞争者中脱颖而出，成为目标消费群体的首选。

在市场同质化日益严重的今天，市场定位显得尤为重要。当市场上的竞争者看起来非常相似时，定位问题就显得尤为重要。企业如何通过差异化策略脱颖而出，成为消费者心中的首选，是市场定位策略的核心命题。以麦当劳为例，面对快餐市场的激烈竞争，它巧妙地将自己定位为家庭友好型快餐品牌，通过提供多样化的产品选择与温馨的就餐环境，赢得了大量家庭消费者的青睐，从而在竞争激烈的市场中稳固了自己的地位。这一过程充分展示了市场定位在塑造品牌形象、引导消费决策方面的重要作用。

二、市场定位的步骤

在明确了市场定位的基础之后，企业需进一步细化并制定具体、可行的市场定位策略。这一过程紧密依托于市场细分、目标市场选择、消费者需求与行为分析、竞争环境评估以及企业资源与能力审视的结果，旨在为企业设定一个独特且有利的市场位置，并规划出相应的实施路径。具体来说，有以下几个步骤：

首先，企业需要精准识别并确定产品或服务的差异化因素。这些差异化因素构成了企业区别于竞争对手的独特卖点，可能涵盖产品性能、质量卓越性、价格竞争力、品牌形象塑造以及客户服务体验等多个维度。企业应深入剖析自身产品或服务的独特价值，同时紧密关联目标市场的实际需求与偏好，从中筛选出最具吸引力的差异化因素作为市场定位策略的核心支柱。

其次，企业需要设定明确的市场定位点，即在目标市场中期望占据的特定位置或扮演的独特角色。这一位置或角色应鲜明地彰显企业的差异化优势，并与目标市场的期望紧密对接，形成强烈的共鸣。例如，企业可以定位为“高品质生活的倡导者”“性价比最优的解决方案专家”“个性化定制服务的领航者”等，以此构建鲜明的市场形象。

为了辅助企业更精准地进行市场定位，感知图（perceptual maps）作为一种强大的分析工具应运而生。感知图通过多维空间的方式，直观展示客户细分群体、竞争对手以及企业自身在关键属性维度上的相对位置。它不仅帮助品牌深入理解各细分市场中消费者的认知与偏好模式，还能清晰揭示竞争品牌之间的差异，以及企业自身品牌相对于竞争对手的市场地位。这一信息对于指导企业优化产品开发、强化品牌推广以及制定精准的市场策略具有重要的价值。通过感知图，企业能够更加科学地制定市场定位策略，以在激烈的市场竞争中脱颖而出。

三、市场定位策略的实施

企业在确定具体的市场定位策略时，可以灵活运用多种策略以在竞争激烈的市场中脱颖而出。以下是几种主要定位策略：

（一）避强定位策略

避强定位策略旨在避免与市场上占据主导地位的强大竞争对手正面交锋，选择相对空白或未被充分开发的市场区域、产品品类等作为切入点。这种策略通过寻找并满足那些被忽略的消费者需求，能够迅速建立市场地位。它要求企业具备敏锐的市场洞察力和创新能力，以在产品、价格、渠道或促销等方面创造出与竞争对手不同的差异化优势，从而快速在消费者心中树立起品牌形象并赢得消费者的青睐。

（二）产品定位策略

产品定位策略是确定产品在消费者心中的独特位置，以区别于其他竞争品牌。这可以通过多种方法实现，如促销定位、市场细分定位、营销定位和比附定位。促销定位是指通过促销活动如打折、赠品来吸引消费者，主要针对特定时期的特定消费者群体。市场细分定位是指将市场细分为不同的子市场，选择适合企业的市场进行定位，以满足不同消费者的需求和偏好。营销定位是指分析市场环境，确定产品在消费者心中的独特位置，以提高销售量和促进企业发展。比附定位是指通过与知名度高、美誉度高的品牌比较，借势提高自身品牌的价值和知名度。

（三）差异化定位策略

差异化定位策略要求企业识别并强调自身品牌与竞争对手之间的独特差异，塑造出独特的品牌形象和竞争优势。这种策略注重产品独特性的展现，通过强调品牌特点和优势来满足目标消费者的特定需求和偏好。例如，小罐茶通过强调其高端、手工制作的特性，成功地在茶叶市场中树立了独特的品牌形象。这种差异化策略不仅提升了产品的附加值，还成功树立了其高端茶叶品牌的形象。

（四）目标用户定位策略

目标用户定位策略是根据目标用户的特点和需求来定位产品或服务的方法。这种方法强调深入了解用户的性别、年龄、生活方式和消费习惯，以便为特定的用户群体提供量身定制的产品或服务。这种策略的核心在于对目标市场的深入理解，通过满足特定消费群体的需求，与消费者建立情感连接以提高品牌忠诚度和市场份额。

（五）竞争对手定位策略

竞争对手定位策略要求企业分析研究竞争对手，找到自身的竞争优势和与竞争对手的差异点，并在市场中进行相应的定位和营销。这种策略侧重于与竞争对手的比较，通过突出企业的优势和特点来赢得消费者的信任和认可。例如，瑞幸咖啡注重线上空间的便利性，主打快速便捷的服务，通过线上点单、外卖服务等，与星巴克的线下商务会谈空间形成差异化竞争。通过精准的竞争对手定位和差异化战略，瑞幸咖啡成功地在咖啡市场中找准了自己的品牌定位。

（六）重新定位策略

重新定位策略是企业根据市场环境变化、消费者需求演变以及竞争对手策略调整等因素，对原有市场定位进行重新审视和调整的过程。这种策略旨在确保企业的市场定位始终与市场需求保持同步，从而保持竞争力和增长动力。在重新定位过程中，企业可能需要调整产品组合、改变营销策略、优化渠道布局等，以适应新的市场环境和消费者需求。通过灵活调整市场定位策略，企业可以及时优化或放弃相应策略，避免资源浪费，以重新获得增长与活力。

四、市场定位策略的评估

（一）市场定位策略评估机制的建立

鉴于市场环境的快速变化，企业需建立一套科学、系统且闭环的评估机制，以实现对市场定位策略实施效果的全面监测与评估。市场定位策略评估机制应涵盖数据收集、整理、分析、反馈及优化等各个环节，确保评估过程的准确性、时效性和连续性。具体而言，企业可以通过市场调研、品牌提及率监测、社交媒体互动数据分析等手段，评估品牌在市场中的知名度与影响力。品牌知名度的提升不仅是市场定位成功的直接体现，也是吸引潜在客户、拓展市场份额的基础。同时，企业还应关注市场占有率和客户满意度等关键指标，通过对比销售额、市场份额的增长情况，评估市场定位策略对企业市场竞争力的贡献。客户满意度调查和客户反馈收集更是不可或缺的环节，它们能够帮助企业深入了解客户对产品、服务及市场定位的认可度和满意度，从而及时发现潜在问题，为策略优化提供依据。

（二）市场定位策略的灵活调整

市场环境的变化也要求企业具备动态调整市场定位策略的能力。正如上文提到的重新定位策略，企业应密切关注市场动态和竞争对手策略变化，根据实际情况灵活调整市场定位策略的方向和重点。在此过程中，创新成为企业保持竞争力的关键驱动力。企业应积极探索新的市场定位点和差异化策略，通过产品、服务、品牌形象等方面的创新，引领市场潮流，满足消费者不断变化的需求。同时，企业还应密切关注目标消费群体的变化趋势，根据消费者需求的变化，适时调整市场定位策略，确保企业的产品或服务始终与目标消费者保持紧密联系和深度共鸣。通过灵活调整市场定位策略，企业不仅能够更好地适应市场变化，还能够在竞争中保持领先地位，实现可持续发展。

综上所述，在“STP战略”中，市场定位是至关重要的环节，因为它直接关系到企业如何在目标消费者心中建立独特的品牌形象。因此，企业需要高度重视市场定位策略的制定、实施与评估工作，通过构建科学的评估机制和灵活的调整机制，确保市场定位策略的有效性和适应性，为企业的持续发展奠定坚实的基础。

第四节　数字化时代的营销战略创新

在瞬息万变的数字化时代，营销学作为一门古老而充满活力的管理学科，正经历着前所未有的变革。从生产效率导向的工业时代，到以产品为中心的时期，再到如今以消费者需求为核心的新纪元，营销理论与实践不断与时俱进，自我更新。随着云计算、大数据、移动互联网、人工智能等前沿技术的蓬勃兴起，一个全新的数字营销生态正在形成，为企业带来前所未有的机遇与挑战。

数字化技术的普及，不仅深刻改变了人们的日常生活方式，也彻底重塑了商业运作模式。企业传统的营销边界被打破，市场变得更加透明、动态且难以预测。消费者行为模式的快速变化，使得“以消费者为中心”的理念不再仅仅是一句口号，而是成了企业制定营销策略时必须遵循的黄金法则。在这样的背景下，营销战略的制定不再局限于传统的4P框架，而是需要融入更多数字化、智能化的元素，以实现精准营销、个性化服务和高效的市场响应。

数字化时代的营销战略创新是企业应对市场变化、保持竞争优势的关键所在。它要求企业不仅要具备敏锐的市场洞察力，能够准确把握消费者需求的变化趋势，还要拥有强大的技术支撑，能够运用大数据、人工智能等先进技术手段，深入挖掘数据价值，洞察市场先机。同时，企业还需构建开放、协同的营销生态系统，通过跨界合作、资源共享等方式，实现营销资源的优化配置和高效利用。这不仅是企业保持竞争优势和满足消费者多样化需求的必然选择，更是企业在知识经济时代实现长期可持续发展的关键。

本节将深入探讨数字化时代的营销战略创新，从理论到实践，全面剖析数字化时代如何重塑营销格局，以及企业如何在这一变革中抓住机遇，实现营销战略的转型、升级、创新。本节还将通过案例分析、理论阐述等多种方式，为企业制定符合数字化时代特征的营销战略提供有力支持。

一、智慧营销

智慧营销是一种以消费者行为深入洞察和预测分析为基础，通过大数据和人工智能技术实现营销活动智能化和个性化的现代营销手段。这一概念强调了技术在提高营销效率和转化效率方面的核心作用，目标是提高客户满意度和忠诚度及企业市场竞争力。智慧营销的相关研究和讨论已经涵盖了多个方面，包括人工智能在营销领域的应用、消费者行为的变化、数字营销的发展以及智能营销策略的研究。这一理念不仅体现在传统的营销策略中，还扩展至运用最新技术手段来提升营销效果和顾客满意度。因此，智慧营销已成为营销领域的重要趋势。

智慧营销在数字化时代展现了独有的特征。首先，基于大数据分析和人工智能技术，实现对消费者行为的深入洞察和预测，从而提供个性化的产品和服务；其次，智慧营销通过跨界融合和全渠道覆盖，消除了线上线下的界限，实现了品牌信息的无缝传递和消费者的全方位触达；最后，它强调实时互动和动态优化，确保营销活动能够及时响应市场变化与消费者需求，持续调整策略以提升营销效果和顾客满意度。

（一）经典理论的基石：从4P到4R再到4D的演进

20世纪50年代末，由杰罗姆·麦卡锡提出的经典4P理论，后经菲利普·科特勒发扬光大，奠定了现代市场营销理论的基础。4P理论强调，产品、价格、渠道、促销四大要素的综合运用构成了企业营销活动的核心框架。然而，随着市场环境的日益复杂和消费者需求的多元化，单一以企业为中心的营销思维逐渐显露出局限性。1990年，罗伯特·劳特朋等学者提出的4C理论，是对4P理论的一次重要修正。4C理论以消费者为中心，围绕消费者需求、成本、便利以及沟通四个维度重新构建了市场营销的框架，标志着市场营销从“由内而外”向“由外而内”的转变。进入21世纪，舒尔茨提出的4R理论，则进一步将视角聚焦于企业与顾客之间的关系构建上。4R理论包含关联、反应、关系和回报四个核心要素，强调通过创造顾客需求、提升反应速度、与顾客建立长期互动关系来实现企业的长远利益，为市场营销理论注入新的活力。

近年来，随着数字化时代的到来，为了更好地适应新经济时代的变革，赵占波教授在其著作《智慧营销：4D营销理论及实践》中提出的4D营销理论（见图4–2），为市场营销战略的创新提供了新的视角。4D营销理论涵盖需求、数据、传递和动态四个维度，旨在通过深入了解消费者需求、充分利用大数据和人工智能技术、优化营销信息传递渠道以及建立多对多、立体化的动态沟通机制，实现营销活动的智能化、个性化和精准化。从4P到4C到4R再到4D的发展体现了营销理论随着时代的发展而动态发展。

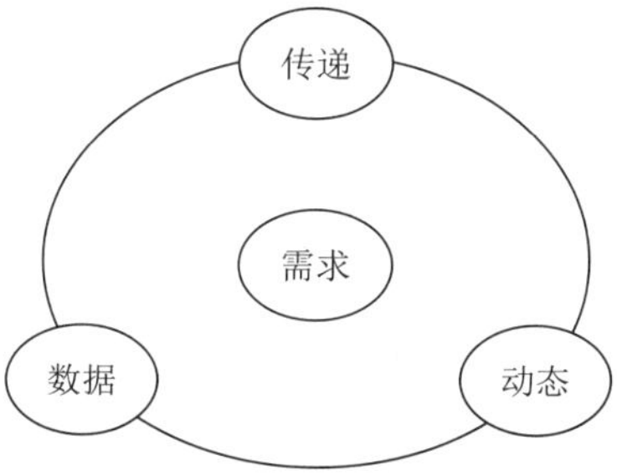

图4–2　4D营销理论

需求作为4D营销理论的起点，强调企业必须以消费者需求为导向，制定符合市场需求的营销策略。数据作为支撑，强调企业需通过大数据分析和人工智能算法，深入挖掘消费者行为模式和需求趋势，为营销策略的制定提供科学依据。传递作为关键，强调企业需通过多元化的营销渠道和个性化的营销手段，将产品价值准确、高效地传递给目标消费者。动态作为保障，强调企业应随着市场环境和消费者行为的变化，不断调整和优化营销策略，保持与市场的同步和竞争力。传递不仅包含了产品的转移，更重要的是表示了一种双向关系，不仅限于企业向消费者传递价值，还包含了消费者向企业反馈信息的传递。而动态则更好地表达了当前互联网背景下的营销活动不再是一对一、点对点的沟通机制，而是多对多、全方位的动态沟通。

（二）以智慧营销：4D营销理论为核心的策略构建

1. 需求

洞察市场，引领需求。智慧营销的首要任务是深入理解并精准把握消费者需求。这要求企业不仅要关注现有市场需求，还要通过趋势预测、消费者行为分析等手段，洞察潜在需求和市场空白。企业可以利用大数据和人工智能技术，对海量数据进行深度挖掘，识别出消费者的真实需求、偏好变化及未来趋势。同时，通过社交媒体、在线调研等方式，收集消费者的直接反馈，为产品创新和服务优化提供有力依据。

2. 数据

驱动决策，精准营销。数据是智慧营销的核心驱动力。企业应建立全面的数据收集、处理和分析体系，实现数据的实时更新和智能分析。通过大数据分析，企业可以揭示消费者行为的内在规律，为营销策略的制定提供科学依据。例如：利用个性化推荐算法，根据消费者的购买历史和浏览行为，为其推送量身定制的产品信息和服务；通过用户画像技术，细分消费者群体，制定差异化的营销策略。此外，企业还应关注数据的安全性和隐私保护，确保合规使用数据资源。

3. 传递

多渠道融合，优化体验。在智慧营销时代，信息传递的效率和体验成为竞争的关键。企业应充分利用各种数字渠道和新兴技术，实现营销信息的精准、高效传递。一方面，通过社交媒体、搜索引擎、电子邮件等线上渠道，实现与消费者的广泛连接和互动；另一方面，结合实体店、体验店等线下场景，打造沉浸式的购物体验。也就是说，通过线上线下融合、多渠道协同的方式，为消费者提供无缝衔接的购物体验。此外，企业还应注重营销信息的创意性和个性化，以吸引消费者的注意力并激发消费者的购买欲望。

4. 动态

灵活应变，持续优化。市场环境和消费者行为的变化日新月异，智慧营销要求企业具备高度的灵活性和应变能力。企业应建立敏捷的决策机制和市场响应体系，及时捕捉市场变化信号并作出相应调整。通过实时数据分析和市场监测，企业可以了解营销活动的效果和消费者反馈，及时调整营销策略和方案。同时，企业还应鼓励创新思维和实验精神，不断尝试新的营销手段和技术应用。通过持续优化和迭代升级，实现营销效果的持续提升和竞争优势的巩固。

在当今数字化时代，企业面临着前所未有的市场机遇与挑战，而智慧营销的4D营销理论为企业提供了一个全面的营销策略框架。企业必须深入洞察消费者需求，利用数据分析揭示市场动向，并通过多渠道策略为消费者提供无缝衔接的购物体验。同时，动态优化使企业能够灵活地应对市场的不断变化，确保营销策略的时效性和有效性。此外，企业需要紧跟行业趋势，采纳最佳实践和创新技术，如人工智能、大数据分析等，以提高市场竞争力，实现可持续的增长和成功。通过这些综合性的措施，企业不仅能够突破现有市场，还能在数字化浪潮中实现品牌的长远发展。

云南白药集团股份有限公司（简称“云南白药”）的数字化营销战略值得探讨。2017年9月6日，云南白药发起气血康气血节公益关爱行动。在本次活动中，云南白药联手CCTV、微博、滴滴、京东，以及同道大叔等各界有影响力的大咖，聚焦职场人群的社会话题，激发职场人对身体气血问题的重视。在此基础上，云南白药抓住白露、教师节和秋分等重要节气与节日，联合滴滴专车、出租车及快车平台精准接触频繁加班的职场人，并对其实施了高频次的曝光，同时为参与活动的职场人提供打车补贴。随后，云南白药的官方微博及多个联合账号共同发布了“24小时篇”“化妆篇”“教师篇”三部短视频，在微博上迅速引发有关气血的热议话题。此次活动围绕三个重要时间节点，自9月4日正式启动至9月24日结束，持续了20天。活动期间，总覆盖人数达8700万人次，总曝光量为4.78亿次，总点击量为1150万次，微博阅读量为2.95亿次，转评赞336万次，视频播放量达7980万次，微博粉丝增加超过10万人，滴滴的领券人数达到71万人。

此外，云南白药还通过与阿里巴巴的合作，利用大数据技术进行精准营销。在官方旗舰店开业的同时，通过深度挖掘品牌特色，将明星粉丝转化为店铺粉丝，实现了品牌的有效沉淀，形成了长期营销优势。2017年云南白药还与《春风十里不如你》的作者冯唐合作，推出春风十里旅行套装，通过深度整合淘宝和优酷的数据，实现了IP价值的深度转化。8月总销量同比增长超过50%，环比增长超过25%。利用大数据营销，云南白药成功提升了品牌知名度和销售额。

通过多种数字营销手段，云南白药建立了与消费者之间的情感连接，吸引了众多消费者，使得这一老牌国货焕发了新的创新活力。品牌营销的核心是消费者，通过大数据和创意的互动，消费者能够不断了解品牌文化和产品属性，从而在多元化内容的引导下与品牌建立联系，进而扩大品牌影响力。云南白药的超级国货形象也因此再度复苏，并在激烈的市场竞争中脱颖而出。

二、精准营销

精准营销（precision marketing），顾名思义，是指在市场细分的基础上，依托现代信息技术手段，如大数据、人工智能等，对特定消费者群体实施个性化的营销策略。精准营销的核心在于通过深入分析消费者行为、兴趣偏好及需求特征，实现营销信息的精准推送，从而提高营销效率，降低营销成本，最大化企业收益。

精准营销为新时代的市场营销提供了新的视角和方法。通过精准营销，企业能够更有效地找到目标消费者的痛点，提高营销活动的效率和效果。随着技术的发展和消费者行为的变化，精准营销将继续演变，为企业提供更多的机遇。

（一）精准营销的特征

精准营销的特征体现在针对性（targeting）、经济性（cost-effectiveness）、个性化服务（personalization）、动态性（dynamicity）以及与消费者的互动性（interactivity）几个方面。这些特征共同构成了精准营销的核心优势，并在数字化时代为企业提供了高效的市场拓展途径。

1. 针对性

针对性是指精准营销能够基于详尽的数据分析，精确识别并定位目标消费者群体，实现点对点的沟通和营销，从而提高营销活动的针对性和有效性。

2. 经济性

经济性是指精准营销通过减少无效的营销活动，优化营销资源的配置，实现成本效益最大化，降低营销成本的同时提高投资回报率。

3. 个性化服务

个性化服务是指通过深入理解消费者的需求和偏好，精准营销能够提供定制化的产品和服务，满足消费者个性化的需求，提高消费者满意度和忠诚度。

4. 动态性

动态性是指随着市场环境和消费者行为的不断变化，精准营销能够实时调整营销策略，保证营销活动的时效性和适应性。

5. 互动性

互动性是指精准营销强调与消费者的双向沟通，通过社交媒体、移动设备等渠道与消费者建立持续的互动关系，收集反馈并及时响应消费者需求。

精准营销作为一种新型营销方式，优势在于能够利用信息技术实现营销活动的精准化和个性化，满足消费者多样化的需求，提高营销效率和营销效果。随着大数据和互联网技术的发展，精准营销的应用领域将越来越广泛，其研究和实践也将持续深化和发展。

（二）精准营销如何构建营销策略

精准营销是一种高效的市场营销策略，它通过深入分析消费者的需求、行为及偏好，将市场细分为具有相似特征的子市场，实现产品或服务的精准定位。这种策略的核心要素包括市场细分、个性化服务、渠道匹配和效果评估，它们相互关联、相互促进，共同构成了企业成功触达消费者并将其转化为目标客户的基石。

在构建精准营销策略时，企业应首先绘制详细的客户画像。这一过程涉及收集客户数据、进行数据清洗与整合，以及运用数据分析工具挖掘客户数据的潜在规律和趋势，最终形成完整的客户画像。用户画像应涵盖客户的基本信息、购买历史、兴趣爱好及需求偏好等，为后续营销策略的制定提供全面的数据支持。这一过程能帮助企业集聚资源于最具潜力的细分市场，从而提高市场响应速度和竞争力。

个性化服务是精准营销的核心。借助大数据分析、人工智能等技术，企业能够深入理解每位潜在客户的个性化需求，从而提供定制化、差异化的产品和服务。这种一对一的营销策略不仅提升了客户的满意度和忠诚度，还促进了品牌与消费者之间更深层次的情感联结。

渠道匹配对于精准营销也至关重要。企业需根据目标群体的特征、消费习惯及信息获取渠道，精心选择并优化营销渠道。无论是社交媒体、电子邮件营销、搜索引擎广告，还是线下活动，都应确保渠道与目标市场的高度契合，以实现营销信息的精准传达和高效转化。

最后，效果评估是精准营销不可或缺的环节。企业应建立科学的评估体系，持续监测营销活动的各项指标，如点击率、转化率、投资回报率（ROI）等，及时调整营销策略和预算分配。通过数据分析，企业可以更加精准地了解营销活动的实际效果，为未来的营销活动提供有力的数据支持和决策依据，从而实现精准投放和持续优化。

（三）小结

随着数字化进程的不断深入，精准营销和智慧营销已经成为现代企业营销策略的核心。智慧营销利用大数据和人工智能技术，进一步深化对消费者行为的洞察，实现营销活动的智能化和个性化。精准营销通过深入分析消费者数据，实现对目标受众的精确识别和定位，从而提高营销效率和效果。这两种策略不仅要求企业对技术有深刻理解，还需要结合实践案例，不断探索和优化营销策略。通过这些策略的实施，企业能够更精确地触达目标消费者，提升营销效能，实现市场的突破和品牌的持续增长。

案例分析

大疆：技术创新与精准市场细分重塑市场格局

大疆是全球领先的无人机及航拍技术公司，总部位于中国深圳。大疆以“未来无所不能”为主旨理念，专注于飞行影像系统，产品被广泛应用于航拍、电影、农业、地产、新闻、消防、救援、能源、遥感测绘和野生动物保护等多个领域。

自2006年成立以来，大疆就以其强大的产品研发实力和独特的产品定位，从天空端的相机这一细分领域着手，相继进入模型机、消费级无人机等市场。大疆通过在技术创新、卓越性能、高可靠性以及用户友好性方面的卓越表现，成功地将生产的无人机产品定位为高端市场的首选。特别是在消费级无人机领域，大疆推出的Mavic Pro等产品以便携性、强大的性能和智能化的飞行模式，确立了在“自拍无人机”市场的领导地位，获得了大量消费者的青睐。此外，大疆推出的Phantom系列、Mavic系列、Spark系列等消费级产品也满足了不同用户的需求。这些消费级无人机产品以高性能、易用性和创新性著称，迅速占领了全球市场。大疆的这一市场定位不仅满足了消费者对高质量航拍的需求，也推动了无人机技术的普及和应用。

除了面向大众的消费级无人机产品，在专业影像拍摄及行业无人机领域，大疆同样表现突出。大疆被广泛应用于新闻报道、赛事直播、综艺摄影等场景，此外，大疆还进入了农植保无人机市场，为农业病虫害防治和国家粮食安全提供了保障。例如，据新华社报道，2024年，大疆联合伊春森工带岭林业局有限责任公司推动科技生产力与森林资源保护深度融合，将无人机应用于森林防火、野生动植物保护和道路安全等日常巡查和监测工作中，实现“人机协同、空地互补”森林资源数字化巡护模式，有效提升了巡检效能。

因此，无论是消费级市场还是工业级市场，大疆在专业影像拍摄及行业无人机领域的表现，以及在农植保无人机市场的成功，充分展示了大疆在不同市场细分和定位方面取得的卓越成果。通过不断的技术创新和市场拓展，大疆不仅巩固了其在全球无人机市场的领导地位，也为其他行业提供了高效、智能的解决方案，推动了无人机技术的广泛应用和发展。这些市场的成功进入，也显示了大疆在不同细分市场的强大竞争力和适应能力。

除了精准的市场细分和定位，大疆还采用了精细化的市场营销策略。公司通过分析平台数据、市场调研和用户反馈，将全球市场划分为不同的层级，并针对每个层级制订相应的推广计划。例如：在北美市场，大疆的策略重点是促进实际销售和成交转化；而在欧洲市场，面对已经占据市场的本土竞争品牌，大疆则更加注重品牌的推广和扩大用户群体的覆盖面。通过这种差异化的市场定位和营销策略，大疆不仅在消费级无人机市场上巩固了其领导地位，而且在全球范围内提升了品牌的知名度和影响力。这种策略使得大疆能够有效地满足不同市场的需求，同时为产品的全球化铺平了道路。

大疆的市场定位，一开始是进入消费级无人机市场，后续成功拓展到了专业影像拍摄及行业无人机等多个细分市场。这种目标用户导向的、多元化的市场定位策略，使得大疆在不同的市场环境中保持竞争力，并持续推动公司的成长和发展。

【案例思考】

1. 在专业航拍、农业植保、测绘等不同应用领域，大疆如何基于客户需求和使用场景的差异进行市场细分？

2. 从年龄、收入、兴趣爱好等维度，大疆是如何细分消费级无人机产品的目标客户群体的？各细分群体的消费特点和购买动机是什么？

3. 大疆基于自身技术优势和产品特点，选择了哪些细分市场作为目标市场？为什么这些细分市场对大疆具有吸引力？

本章小结

“STP战略”中，依据多种因素将市场划分为细分子市场，核心原则是保障细分的有效性，通过不同细分类型和流程帮助企业更好地了解顾客。目标市场选择在细分基础上确定重点市场，对企业的定位、营销效果、风险控制、资源利用和市场机会把握等至关重要，并通过综合评估和多种策略来实现。市场定位则是在消费者心中构建独特形象和价值，包括识别差异、设定定位点等步骤以及多种策略，还需建立评估和调整机制。

数字化时代带来营销战略创新。智慧营销借助大数据和人工智能等现代信息技术手段实现智能化和个性化，经历理论演进并可依此构建策略。精准营销依托信息技术对特定消费者群体实施个性化策略。本章通过案例展示了这些理论和策略在实际营销活动中的应用和重要性。

|第五章|

产品和服务策略

本章讨论了产品层次的基本含义，分析了产品的不同类型、特征以及产品组合，通过解释产品生命周期的概念和各阶段的营销策略，详细介绍了企业新产品开发的程序、采用及扩散过程。此外，本章还讲述了服务产品的特性及其流程设计，强调了顾客参与和价值共创的重要性。通过本章学习，应当掌握以下内容:

- 产品的完整概念及营销意义
- 产品生命周期规律与营销策略
- 新产品开发周期与推广
- 服务特征与服务营销

导入案例

立白在发展初期就面临宝洁、联合利华等对手的强势竞争。公司采取从农村市场起步，逐步向城市扩张的策略，在洗涤用品市场逐步站稳脚跟。随着公司的不断发展，立白越来越意识到拥有品牌和工厂的重要性，并通过娱乐营销和赞助综艺节目，扩大品牌曝光率，迅速提升品牌知名度。

随着市场接受度的提升和受众的普及，立白根据消费者的不同需求积极扩展产品线，推出了针对不同衣物的专用产品，如立白精致衣物护理洗衣液、手洗易漂去油王洗衣液及婴幼儿专用洗衣液。尤其是立白的彩奇系列，专注于餐饮清洁消毒，赢得了消费者的广泛好评。为了迎合年轻群体的诉求，立白坚持加大研发投入，持续改进产品配方，在2022年和2023年推出了一系列环保产品，包括植物基洗衣液，以回应消费者对绿色环保的需求。

在市场逐渐成熟的背景下，立白通过会员计划和品牌忠诚度建设维持市场份额，提供积分奖励和定制化服务，增强消费者忠诚度。与知名设计师合作的立白大师香氛洗衣液也吸引了年轻消费者的关注。2022年，立白加强了在短视频平台上的营销，通过抖音、快手等渠道的创意视频，提升了品牌时尚感和消费者互动性。

面对经济下行，立白并未停滞不前，而是通过产品更新和市场策略调整应对挑战，并积极拓展海外市场，将产品出口到东南亚和欧美地区，实现品牌国际化。2022年和2023年，立白在东南亚市场的销售额持续增长，尤其是在越南和菲律宾等地取得了显著的销售提升。成立30年来，立白推出了众多创新产品，涵盖织物洗护、餐具清洁、口腔护理、个人护理等多个品类，包括立白、立白大师香氛、立白Liby等品牌，引领中国家庭洗护场景升级。

第一节　产品及产品组合

一、产品的概念和分类

（一）产品概念与产品层次

在现代市场营销学中，产品概念涵盖广泛。产品一般是指能够通过交换提供给市场的，能满足消费者或用户某种需要和欲望的有形物品和无形服务。有形物品包括产品实体及其品质、款式、特色、品牌和包装等；无形服务包括可以给顾客的心理满足感、信任感，各种售后支持和服务保证等。

根据满足顾客价值的不同，可以将产品划分为核心产品、形式产品、期望产品、延伸产品、潜在产品五个层次（见图5–1）。由内向外，每个层次不断增加更多的顾客价值，构成了顾客价值层级。

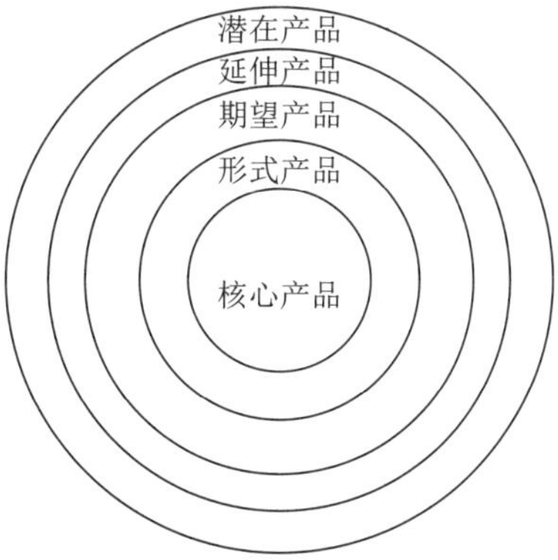

图5–1　产品的五个层次

1. 核心产品

核心产品是顾客购买时所期望的基本利益或服务。例如，传统手机的核心产品是语音通话功能，而智能手机的核心产品则增加了视频通话、上网购物等功能。商家应将自己视为“利益的提供者”，专注于满足顾客的基本需求。

2. 形式产品

形式产品是核心产品得以实现的具体形式，包含品质、式样、特征、商标及包装等。例如，手机的核心功能需要通过信号收发装置、屏幕、话筒等具体组件来实现。

即使是服务型产品，也有其形式上的表现。商家应不断完善产品形式，以更好地满足顾客需求。

3. 期望产品

期望产品是顾客对产品附加属性的期望。例如，智能手机用户希望产品信号强、续航久、操作流畅等。商家应理解并满足顾客的这些基本期望。

4. 延伸产品

延伸产品包含附加在产品上的利益和服务，如产品说明书、售后服务、技术支持等。许多企业通过这些延伸服务来提升竞争力。以手机为例，厂商除提供基本的售后维修服务外，还会提供如免费贴膜、碎屏保障等增值服务，以增加商品的吸引力。

5. 潜在产品

潜在产品是产品未来可能发展出的形态或功能。例如，智能手机市场中的折叠屏手机就是从潜在产品逐步发展成主流产品的典型案例。企业应通过不断创新，寻找新的方式来满足顾客，从而与竞争对手区分开来。

这些层次反映了顾客需求导向的现代营销观念——产品不仅仅是物品本身，而是一个综合的顾客价值体现。产品整体概念的内涵和外延都是以消费者需求为标准、由消费者需求来决定的。可以说，产品整体概念建立在“产品=顾客价值”的等式基础之上。

（二）产品的分类

按照不同的分类标准可以将产品划分为不同类别，通常可以基于耐用性和是否有形、用途将产品进行分类。基于产品类别的不同，每一类产品都有与之对应的营销策略。

1. 耐用性和是否有形

按耐用性和是否有形进行分类，通常可以将产品分为非耐用品、耐用品、服务等几种类别。

非耐用品指经常被购买的有形产品，通常有一种或几种用途，如个护产品、软饮料等。由于具有其高频次的消费特征，企业应构建尽可能多的销售渠道，让消费者可以更加方便地购买。

耐用品指使用年限较长、价值较高的有形产品，通常有多种用途，例如冰箱、彩电、机械设备等。耐用品通常需要更多的销售渠道和服务人员，以及更多的卖方保障。

服务指为出售而提供的活动、利益或满足，例如理发和修理。服务的特点是无形、不可分、易变和不可储存。一般来说，它需要更多的质量控制、供应商信用以及适用性。

2. 用途

（1）消费品。

根据购买者的习惯和特点，一般将消费品分为便利品、选购品、特殊品和非渴求品四种。

便利品指消费者花费很少精力进行选择、频繁即时购买的产品，如日常购买的牙膏、纸巾、糖果等。

选购品指消费者在选购过程中，对适用性、质量、价格和式样等方面要进行认真权衡比较的产品，如家具、服装、汽车等。

特殊品指有独一无二的特征或品牌识别，并且有足够数量的消费者愿意为之付出特别的购买努力的产品，如轿车、西服等。特殊品不需要与竞争对手进行理性的比较，更多的是品牌调性要与消费者相匹配。

非渴求品指消费者不了解或即便了解也不想购买的产品，如烟雾报警器、人寿保险、墓地等。非渴求品需要企业付出诸如广告和人员推销等大量营销努力。

（2）工业品。

工业品按照其相关成本和进入生产过程的方式可分为原材料和零部件、资本项目、补给品及商业服务。

原材料和零部件是指直接进入产品生产过程的物品。原材料是指未经加工或只经过初步加工的物质。零部件则是指已经加工完成，可直接用于组装产品的部件。

资本项目是指帮助研制和生产最终产品的长期、持久的商品。它包括装备和设备两类。装备包括建筑（工厂、办公室）和重型设备（发电机、钻床、计算机主机和电梯）等，设备包括轻便的工厂设备和工具（手动工具、载重卡车）以及办公设备（个人电脑、桌子）等。

补给品是指不构成最终产品的那类物品，比如打印纸、铅笔等。补给品分为维护和修理用品（如油漆、钉子和扫帚）、运营补给品（如润滑剂、煤、纸和笔）。补给品相当于工业领域的便利品，顾客人数众多、区域分散且产品单价低，一般都是通过中间商进行销售。

商业服务包括维护和修理服务（如擦窗户、修理复印机）、商业顾问服务（如法律、管理咨询和广告）。维护和修理服务通常以签约的形式，由小型生产商提供或由原始设备制造商供应；商业顾问服务的购买通常以供应商的声誉和员工为基础。

二、产品组合

（一）产品组合的概念

产品组合是指一个企业提供给市场的全部产品线和产品项目的组合或结构，即企业的业务经营范围。企业为了实现营销目标，充分有效地满足目标市场的需求，必须设计一个优化的产品组合。

产品组合由各种各样的产品线组成，每条产品线又由许多产品项目构成。例如，小米公司的产品组合可以分为手机产品线、平板电脑产品线、笔记本电脑产品线、智能家居产品线、汽车产品线等。

1. 产品项目

企业在其产品目录上列出的每一个产品，都是单个产品项目。它是产品大类中各种不同品种、规格、质量的特定产品。例如，小米14属于一个产品项目。

2. 产品线

产品线是指密切相关的、满足同类需求的一组产品项目。这些产品项目具有功能相似、用户相同、分销渠道统一、消费上相连带等特点。例如，小米手机和红米手机属于同一产品线。

（二）产品组合的维度

产品组合的维度涉及产品组合的宽度、产品组合的长度、产品组合的深度、产品组合的关联度等相关概念。

1. 产品组合的宽度

产品组合的宽度是指企业所拥有的产品线数量。产品线越多，说明产品组合的宽度越广。它反映了一个企业市场服务面的宽窄程度和投资风险的分散能力。例如，小米公司拥有7条产品线（手机、平板电脑、笔记本电脑、智能穿戴设备、智能电视和显示屏、智能家居、新能源汽车），表明其宽度为7。

2. 产品组合的长度

产品组合的长度是指公司所拥有的产品项目的总数。例如，如果某公司总共有20个产品项目，那么其产品组合的长度为20。用总长度除以产品线的数量，能得到产品线的平均长度。

3. 产品组合的深度

产品组合的深度是指每条产品线上的产品项目数，即每条产品线有多少个花色、品种和规格。它反映了企业在同类细分市场中满足顾客不同需求的程度。例如，小米企业手机产品线含小米数字、MIX、Civi系列与红米K、Note、数字系列，共6项，那么其产品组合的深度为6。

4. 产品组合的关联度

产品组合的关联度（或者一致性）是指各产品线之间在最终用途、生产条件、销售渠道以及其他方面相互关联的程度。其关联越密切，说明企业各产品线之间越具有一致性；反之，则缺乏一致性。例如，小米手机和小米平板电脑之间的关联度比小米手机和小米汽车之间的关联度高。

（三）产品组合的决策

1. 产品线和产品项目分析

（1）产品线销售额和利润分析。

产品线销售额和利润分析着重于评估不同产品项目在产品线中的表现。例如，在图5-2一条包含五个产品项目的产品线中，产品项目1贡献了产品线50%的销售额和30%的利润，产品项目2则分别贡献了30%。如果这些主力产品项目受到竞争威胁，那么产品线的整体销售额和利润将大幅下滑，因此高度依赖少数产品项目的产品线是脆弱的。公司应加强对这些产品项目的保护，同时发展前景良好的产品项目。对于销售额和利润仅占5%的产品项目5，如果缺乏增长潜力，则需要淘汰。

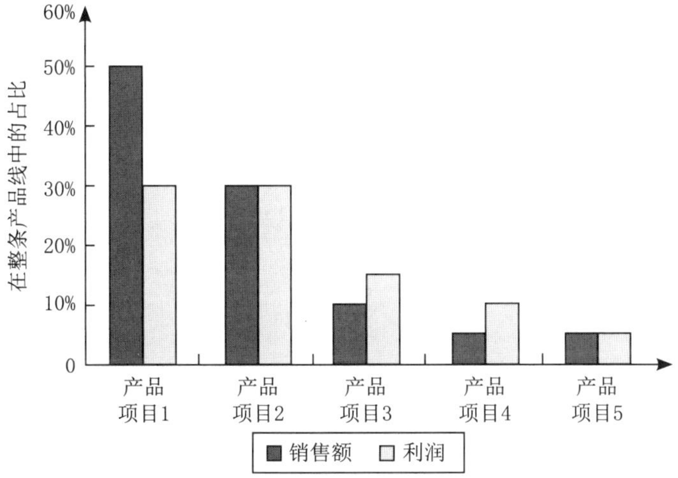

图5-2　产品线销售额和利润分析

（2）产品项目市场地位分析。

产品项目市场地位需要考虑如何与竞争对手的产品项目进行对比。以显示面板市场为例，产品属性可以通过分辨率和刷新率划分，如1080p、2K、4K分辨率和60HZ、120HZ、144HZ、165HZ刷新率。通过这些维度，可以绘制产品地图，以可视化分析市场竞争情况。

图5-3展示了X公司和竞争对手A、B、C、D的产品定位。其中，竞争对手A专注于高刷新率（165HZ）和中等分辨率（2K）的产品，而竞争对手B则提供不同分辨率和刷新率的产品。X公司在高刷新率（144HZ）、中等分辨率（2K）领域没有直接竞争对手，这表明可能存在市场机会。此外，图5-3还揭示了细分市场的机会，如高分辨率、低刷新率的产品，这类需求尚未被满足，X公司可以考虑进入这一市场。

通过产品地图，公司不仅能够识别当前市场的竞争对手，还能发现细分市场。例如，图5-3中显示了影音屏、性价比游戏屏和全能屏三大细分市场，X公司在影音屏领域定位良好，但在其他细分市场有待拓展。

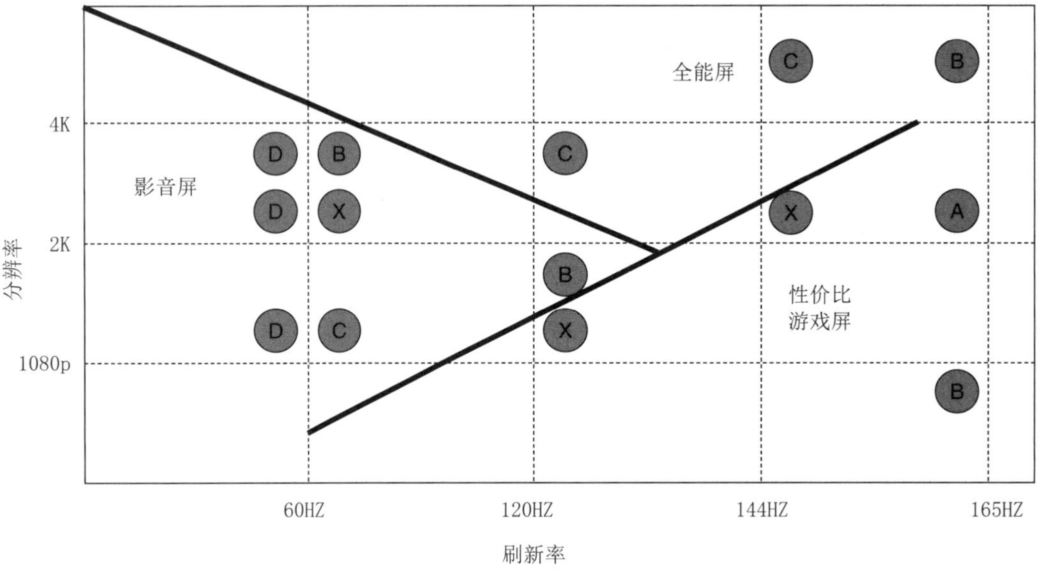

图5-3　显示面板的产品地图

2. 产品线决策

（1）产品线延伸。

产品线延伸是指全部或部分地改变原有产品的市场定位，具体有向下延伸、向上延伸和双向延伸三种实现方式。

向下延伸：在高档产品线增加低档产品项目。这一决策一般出现在以下情形：销售额增长慢或资源利用不充分时向下延展；初入高档市场后增加中低档产品以扩大市场占有率；借高档品牌吸引低购买力消费者；补全产品线空白。

向上延伸：在原有的产品线增加高档产品项目。这种策略适用于以下情形：高档产品市场具有较大的成长潜力和较高利润率；企业的技术、设备和营销能力已具备进入高档市场的条件；企业要重新进行产品线定位。例如蒙牛在2005年率先推出了高端奶产品“特仑苏”，迅速占领了国内高端牛奶市场。

双向延伸：原定位于中档产品市场的企业掌握了市场优势以后，向产品线上下两个方向延伸。例如锦江酒店采用双向延伸的方式进行产品线延伸，将酒店划分为主打高端市场的希尔顿酒店、主打中端市场的维也纳酒店、主打低端市场的7天酒店。

（2）产品线填补。

产品线填补是指在原有产品品类的基础上新增不同类目的产品，如沙发厂商在皮质软沙发的基础上新增木质沙发产品。产品线填补的动机包括获得利润的增长，满足那些抱怨因产品线内产品不全面而损失销售额的经销商，利用过剩的产能，试图成为领先的全产品线的公司，封锁缺口以防竞争对手入侵。

（3）产品线更新。

产品线更新决策聚焦于科技应用，以提高生产效率。面对生产方式落后的局面，企业需进行现代化改造，如中芯国际升级处理器、华为鸿蒙持续迭代软件，以适应市场的快速变化。

（4）产品线特色化。

产品线经理在产品线中可以抓典型——选择一个或少数产品项目进行特色化处理。例如华为 Mate 系列会专门设置RS型号，用于高端设计，还会与一些高端品牌进行联名，从而起到“王冠上的珠宝”的宣传效果，提升整条产品线的形象。

第二节　产品生命周期与营销决策

一、产品生命周期的概念及其阶段划分

（一）产品生命周期阶段划分

产品生命周期是指产品从进入市场到退出市场的周期性变化过程，一般分为四个阶段：引入期（也称导入期或介绍期）；成长期；成熟期；衰退期。如图5–4 所示。

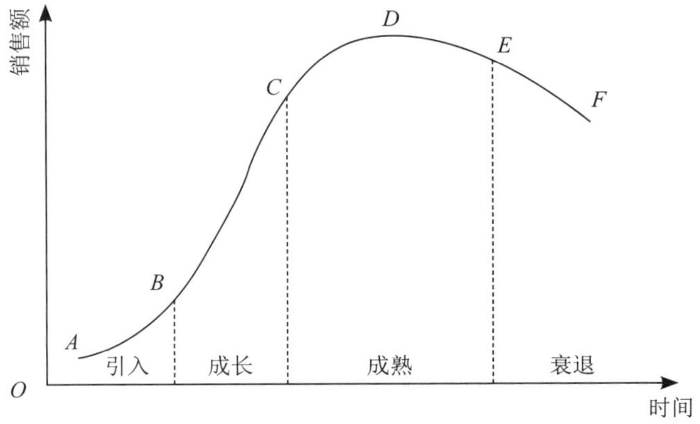

图5–4　产品生命周期曲线

1. 引入期

新产品投入市场便进入了引入期。此时顾客对产品还不了解，除少数追求新奇的顾客外，很少人购买该产品。在此阶段，产品生产批量小、制造成本高、广告费用大、产品销售价格偏高，因此销售量极为有限，企业通常不能获利。

2. 成长期

当产品销售取得成功之后，便进入了成长期。这是需求增长阶段，需求量和销售额迅速上升，生产成本大幅下降，利润迅速增长。

3. 成熟期

经过成长期之后，随着购买产品的人数增多，市场需求趋于饱和，产品便进入了成熟期。此时，销售增长速度变缓，直至下降。由于竞争的加剧，广告费用再度提高，利润下降。

4. 衰退期

随着科技的发展、新产品和替代品的出现以及消费习惯的改变，产品的销售量和利润持续下降，从而进入了衰退期。此时成本较高的企业就会由于无利可图而陆续停止生产，该类产品的生命周期也就陆续结束，直至完全撤出市场。

（二）产品生命周期的其他形态

产品生命周期是一种理论，在现实经济生活中，并不是所有产品的生命历程都完全符合这种理论形态。除上述正态分布曲线外，还有以下几种形态。

1. 再循环形态

再循环形态指产品销售进入衰退期后，由于种种因素的作用而重新兴起，进入第二个成长阶段（见图5–5）。这种再循环形态生命周期是市场需求变化或厂商投入更多的促销费用的结果，如医药产品常展现此特性。

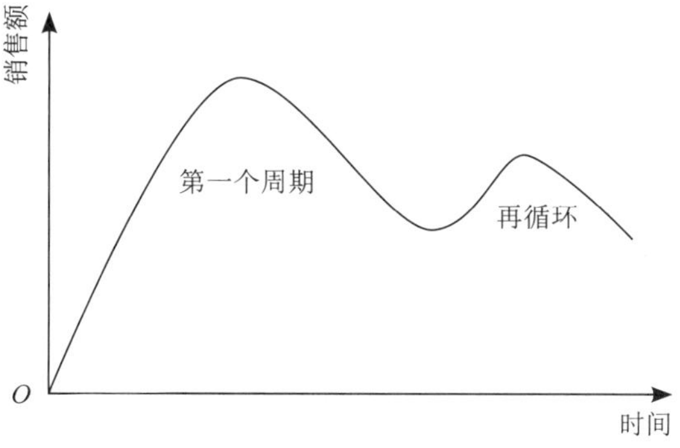

图5–5　产品生命周期再循环形态

2. 多循环形态

多循环形态也称“扇形”运动曲线或波浪形循环形态，是在产品进入成熟期以后，厂商通过制定和实施正确的营销策略，使产品销售量不断达到新的高潮。图5–6表示了这种循环形态。

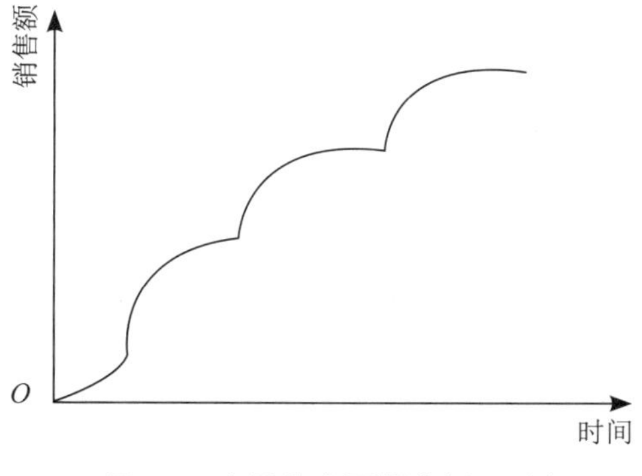

图5–6　产品生命周期多循环形态

3. 非连续循环形态

大多数时髦商品的生命周期为非连续循环形态。这些产品一上市即热销，而后很快在市场上销声匿迹（见图5–7）。厂商既无必要也不愿意做延长其成熟期的任何努力，而是等待下一周期的来临。

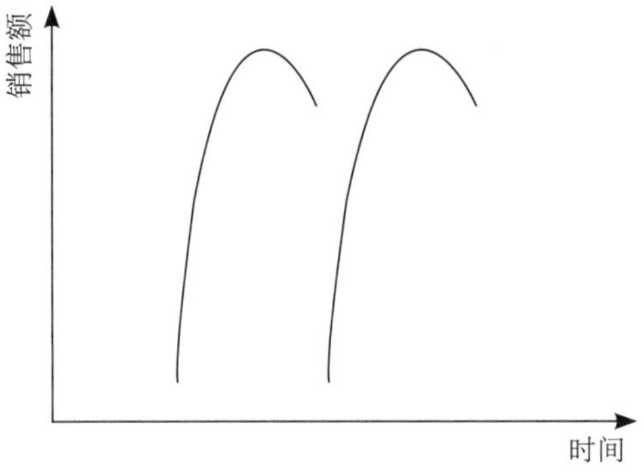

图5–7　产品生命周期非连续循环形态

二、产品生命周期的各阶段特征与营销策略

（一）引入期的特点与营销策略

1. 引入期的市场特点

（1）消费者对该产品不了解，大部分顾客不愿放弃或改变自己以往的消费行为，因此产品的销售量小，而单位产品成本相应较高。

（2）尚未建立理想的营销渠道和高效率的分配模式。

（3）价格决策难以确立，高价可能会限制购买，低价可能难以收回成本。

（4）广告费用和其他营销费用开支较大。

（5）产品技术、性能还不够完善。

（6）利润较少，甚至出现经营亏损，企业承担的市场风险最大。

但这个阶段市场竞争者较少，企业若建立有效的营销系统，即可将新产品快速推进成长期，进入市场发展阶段。

2. 引入期的营销策略

根据上述特点，引入期一般有四种可供选择的营销策略（见图5–8）。

（1）快速掠取策略。高价格高促销，旨在迅速获取高利润并回收投资。适用于需求潜力大、顾客求新且愿付高价、竞争激烈的市场。

（2）缓慢掠取策略。高价格低促销，旨在利用高价获高利。适用于小规模、低竞争、用户对产品无过多疑虑的市场。

（3）快速渗透策略。低价格高促销，旨在迅速占领市场。适用于大容量、价格敏感、竞争激烈且成本随销量下降的市场。

（4）缓慢渗透策略。低价格低促销，低价是为了促使市场迅速地接受新产品，低促销是为了实现更多的净利。适用于大市场、用户已了解产品且对价格敏感的情境。

价格水平＼促销水平	高	低
高	快速掠取策略	缓慢掠取策略
低	快速渗透策略	缓慢渗透策略

图5-8　引入期可选择的营销策略

（二）成长期的特点与营销策略

1. 成长期的市场特点

（1）消费者对新产品已经熟悉，销售量增长很快。

（2）大批竞争者加入，市场竞争加剧。

（3）产品已定型，技术工艺比较成熟。

（4）建立了比较理想的营销渠道。

（5）市场价格趋于下降。

（6）为适应竞争和市场扩张的需要，企业的促销费用水平基本稳定或略有提高，但占销售额的比例下降。

（7）由于促销费用更多分摊到销量上，单位生产成本迅速下降，企业利润迅速上升。

2. 成长期的营销策略

核心是尽可能延长产品的成长期。具体可以采取以下策略：

（1）根据用户需求和其他市场信息，不断提高产品质量，努力发展产品的新款式、新型号，增加产品的新用途。

（2）加强促销环节，树立强有力的产品形象。促销策略的重心应从建立产品知名度转移到树立产品形象上面，主要目标是建立品牌偏好，争取新的顾客。

（3）重新评价渠道、选择决策，巩固原有销售渠道，增加新的销售渠道，开拓新的市场。

（4）选择适当的时机调整价格，以争取更多顾客。

（5）企业采用市场扩张策略增强竞争力，营销成本增加，面临高市场占有率或高利润率抉择。从短期看，利润下降，但强化了市场地位，扩大了市场占有率；从长远看，高市场占有率更有利于企业发展。

（三）成熟期的特点与营销策略

1. 成熟期的市场特点

可将成熟期细分为三个时期，各时期特点如下：

（1）成长成熟期。此时期各销售渠道基本呈饱和状态，销售增长率缓慢上升，还有少数后续的购买者继续进入市场。

（2）稳定成熟期。由于市场饱和、消费平稳、产品销售稳定，销售增长率一般只与购买者人数相关，如无新购买者则销售增长率停滞或下降。

（3）衰退成熟期。销售水平显著下降，原有用户的兴趣已开始转向其他产品和替代品。全行业产品出现过剩现象，竞争加剧，一些缺乏竞争能力的企业将渐渐被取代，新加入的竞争者较少。竞争者各有自己特定的目标顾客，市场份额变动不大，突破比较困难。

2. 成熟期的营销策略

鉴于上述情况，成熟期有三种营销策略可供选择，市场改良策略、产品改良策略和营销组合改良策略。

（1）市场改良策略，也称市场多元化策略，即开发新市场，寻求新用户。这时公司可以使用以下三种策略：努力使用户更频繁地使用该产品，例如有些洗发水的包装上标明适合每天使用；努力使用户在每次使用时增加该产品的使用量，如有些洗发水厂商暗示每次清洗时使用两次比一次更有效；努力发现该产品的各种新用途。

（2）产品改良策略，也称产品再推出，是指改进产品品质或服务后再投放市场。产品改良策略注重质量改进、特点改进及样式改进。质量改进如华为麒麟SoC芯片性能的不断飞跃，从麒麟910系列到9000系列，展现了技术领先；特点改进如移动通信服务的多样化，虽易模仿，但能快速响应市场；样式改进则如时尚界频繁推出新款式，吸引消费者眼球。若产品性能为核心竞争力，企业应持续追求高性能优势，如华为在芯片与操作系统上的持续升级，从EMUI到HarmonyOS，使其保持行业领先地位。

（3）营销组合改良策略是指通过改变定价、销售渠道及促销方式来延长产品成熟期。

（四）衰退期的特点与营销策略

1. 衰退期的市场特点

（1）产品销售量由缓慢下降变为迅速下降，消费者的兴趣已完全转移。

（2）价格已下降到最低水平。

（3）多数企业无利可图，被迫退出市场。

（4）留在市场上的企业逐渐减少产品附带服务、削减促销预算，以维持最低水平的经营。

2.衰退期的营销策略

衰退期的营销策略主要包括：

（1）集中策略。把资源集中使用在最有利的细分市场、最有效的销售渠道和最易销售的品种、款式上。简言之，缩短战线，以最有利的市场赢得尽可能多的利润。

（2）维持策略。保持原有的细分市场和营销组合策略，把销售维持在一个低水平上。等到适当时机，便停止该产品的经营，退出市场。

（3）榨取策略。大幅降低销售费用，如将广告费用削减为零、大幅精减推销人员等，虽然销售量可能因此迅速下降，但是可以增加眼前利润。

如果企业决定停止经营衰退期的产品，应在立即停止还是逐步停止这个问题上慎重决策，并处理好善后事宜，使企业有秩序地转向新产品经营。

第三节　新产品开发与扩散

一、新产品开发的概念及种类

市场营销学中，一种产品只要在功能或形态上得到改进，与原有产品产生差异，并为顾客带来新的利益，就可视为新产品。具体包括以下六种基本类型（见图5-9）：

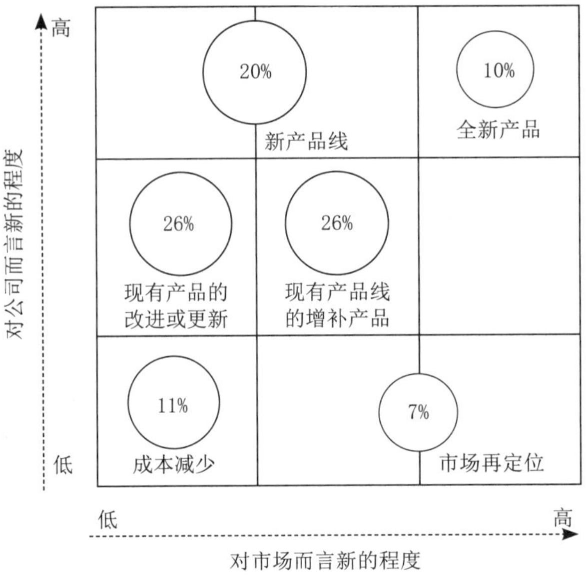

图5-9　新产品类型

（1）全新产品，即通过新一代科技革命创造的整体更新产品。

（2）新产品线，即企业首次进入一个新市场的产品线。

（3）现有产品线的增补产品，即企业通过增加新产品或服务来扩展现有产品线。

（4）现有产品的改进或更新，即对现有产品性能改进或注入较多的新价值。

（5）市场再定位，即进入新的目标市场或改变原有产品市场定位而推出新产品。

（6）成本减少，即以较低成本推出同样性能的新产品。

新产品开发的实质是推出上述具有不同内涵与外延的新产品。对大多数企业来说，是改进现有产品而非创造全新产品。

二、新产品开发

为了提高新产品开发的成功率，必须建立科学的新产品开发管理程序。不同行业的生产条件与产品项目不同，管理程序也有所差异，但一般企业研制新产品的管理程序大致如图5-10所示。

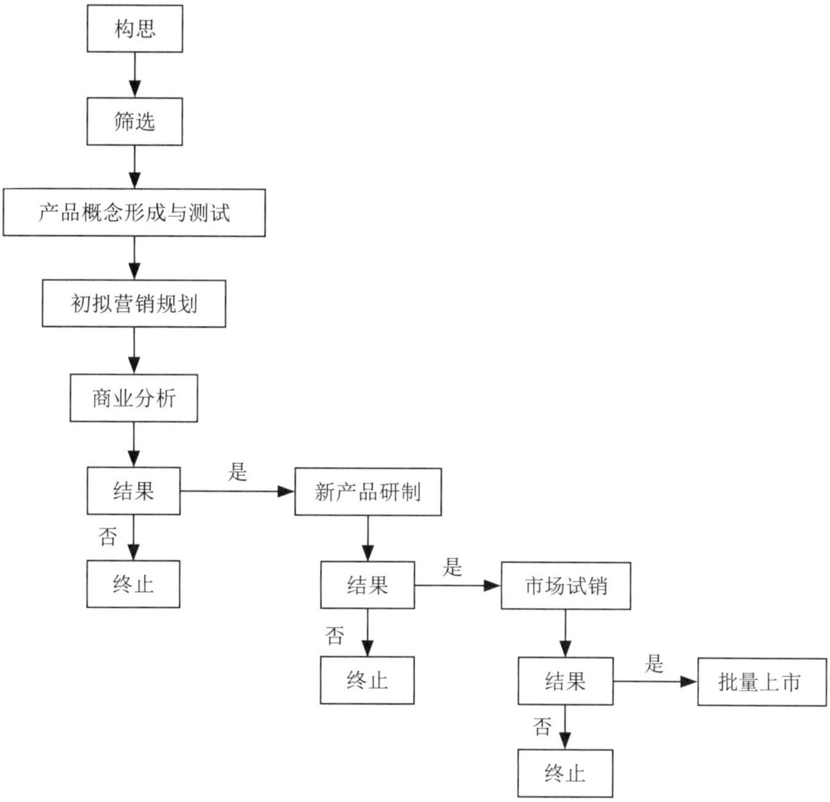

图5-10　新产品开发的程序

（一）构思

在产品构思阶段，营销部门主要负责寻找、激励和优化产品构思。管理层是构思的主要来源，其他来源包括发明家、研究机构和营销公司。以字节跳动为例，公司赋予员工每周一定比例的自主时间进行个人项目，这种自由氛围促进了新创意的产生，使其持续推出创新产品。

营销人员寻找和收集新产品构思的主要方法有：

（1）产品属性排列法。将现有产品的属性一一排列出来，然后探讨，尝试改良每一种属性的方法，在此基础上形成新的产品创意。

（2）强行关系法。先列举若干不同的产品，然后把某一产品与另一产品或几种产品强行结合起来，产生一种新的构思。比如，组合家具的最初构想就是把衣柜、写字台、装饰柜的不同特点及不同用途相结合，设计出既美观又实用的组合型家具。

（3）多角度分析法。首先将产品的重要因素抽象出来，然后具体地分析每一种特性，再形成新的创意。例如，洗衣粉最重要的属性是其溶解的水温、去污力、使用方法和包装，公司可根据这些因素的不同标准，提出不同的产品创意。

（4）聚会激励创新法。将若干名有见解的专业人员或发明家集合在一起（一般以不超过10人为宜），提出若干问题并给予时间准备，使其在会上畅所欲言，彼此激励，相互启发，提出种种设想和建议，经分析归纳，形成新产品构思。

（5）征集意见法。产品设计人员通过问卷调查、召开座谈会等方式了解消费者的需求，征求科技人员的意见，询问技术发明人、专利代理人、大学或企业的实验室人员、广告代理商等的意见，并且坚持经常进行，形成制度。

（二）筛选

筛选的主要目的是选出那些符合本企业发展目标和长远利益，并与企业资源相协调的产品构思，摒弃那些可行性小或获利较少的产品构思。筛选应考虑如下条件：

（1）市场成功的条件。包括产品的潜在市场成长率，竞争程度及前景，企业能否获得较高的收益。

（2）企业内部条件。主要衡量企业的人、财、物资源，以及企业的技术条件及管理水平是否适合生产这种产品。

（3）销售条件。企业现有的销售结构是否适合销售这种产品。

（4）利润收益条件。产品是否符合企业的营销目标，其获利水平及新产品对企业原有产品销售的影响。

筛选新产品可通过新产品构思评审表进行。表5-1是一份比较典型的新产品构思评审表。

表5-1 新产品构思评审表

新产品成功的必要条件	权重（A）	企业能力水平（B）											得分数（$A \times B$）
		0	0.1	0.2	0.3	0.4	0.5	0.6	0.7	0.8	0.9	1.0	
公司信誉	0.20							★					
市场营销	0.20										★		
研究与开发	0.20								★				
人员	0.15							★					
财务	0.10										★		
生产	0.05									★			
销售地点	0.05				★								
采购与供应	0.05										★		
总计	1.00												

（三）产品概念形成与测试

在新产品构思确定后，企业需进一步明确并发展产品概念。产品概念指的是已经具体化的产品构思，一般通过文字、图像或模型清晰表达产品的潜在形象。一个构思可以转化为多个产品概念，每个产品概念都需定位并进行市场竞争分析，从中优选出最具潜力的产品。

如在设计空气净化产品时，企业需明确目标消费者（如家庭、大型公共场所等），并确定产品的主要功能（如制造新鲜空气、杀菌、吸尘等）。对这些内容进行组合，可得到以下几个新产品概念。

概念1：一种家庭空气净化器，为家庭室内保持清新的空气而准备。

概念2：一种专门为保持火车、汽车、轮船及飞机内部空气清新而制的空气净化器。

概念3：一种供大型公共场所使用的中央空气净化器。

概念4：一种专供医院使用的空气净化器，主要功能在于杀菌。

在优选过程中，企业应考虑市场潜力、投资回报率、销售增长率和生产能力等因素。企业通常会通过问卷方式向目标消费者群体测试产品概念，了解其对产品的需求、与竞争产品的比较以及购买意愿。例如比亚迪在推出“汉”系列之前，进行了广泛的消费者调研，涵盖外观、内饰和智能功能等方面，以确保产品符合目标用户的偏好。

（四）初拟营销规划

选定产品概念后，企业应制订详尽的初步营销计划，涵盖目标市场特征、短期销售预期及市场定位，明确产品价格、分销渠道与首年营销预算。同时，规划还需展望长期（3～5年）的销售额、投资回报率及市场营销组合策略，以灵活应对市场变化。

（五）商业分析

商业分析是指从经济效益方面分析新产品概念是否符合企业目标。此环节旨在评估新产品概念的经济可行性，通过预测销售额、精细核算成本与利润来实现。基于类似产品市场数据与竞争分析，运用运筹学决策理论模拟不同销量下的盈利率，以科学评估市场潜力与风险。尤其是在面向全球市场时，需考虑更广泛的顾客群体与市场环境。

（六）新产品研制

商业分析通过后，进入研发阶段，企业需将新产品概念转化为产品模型或样品，并同步设计包装与品牌。此过程不仅需要资金与技术支持，更需通过实体化验证产品概念，及时发现问题并优化设计，确保新产品在技术与市场上的双重可行性。最终产品模型需完全符合概念预设的所有特性。

（七）市场试销

新产品试销应对以下问题做出决策。

（1）试销市场。试销市场应是企业目标市场的缩影。

（2）试销时间。试销时间的长短一般应根据该产品的平均重复购买率而定，再购率高的新产品，试销的时间应当长一些。因为只有重复购买才能真正说明消费者喜欢新产品。

（3）试销中所要取得的资料。一般应了解首次购买情况（试用率）和重复购买情况（再购率）。

（4）试销的费用开支。

（5）试销的营销策略及试销成功后应进一步采取的战略行动。

（八）批量上市

新产品试销成功后，就可以正式批量生产，全面推向市场。这时，企业要投入大量成本，但新产品投放市场的初期往往利润微小，甚至亏损。因此，企业在此阶段应对产品投放市场的时机与区域、目标市场的选择和最初的营销组合等方面进行慎重决策。

三、新产品采用与扩散

（一）消费者采用新产品

消费者对新产品的采用过程，客观上存在着一定的规律性。美国学者罗吉斯调查了数百人接受新产品的实例，总结归纳出了消费者接受新产品的程序和一般规律。他认为消费者接受新产品一般表现为以下五个重要阶段：

（1）认知。

这是消费者获得新产品信息的初始阶段。新产品信息情报的主要来源是广告，或者其他间接的渠道，如商品说明书、技术资料等。消费者在此阶段获得的信息还不够系统，只是一般性了解。

（2）兴趣。

这是指消费者不仅认识了新产品，而且产生了兴趣。在此阶段，消费者会积极地寻找有关资料进行对比分析，研究新产品的具体功能、用途、使用等问题。如果消费者满意，将会产生初步的购买动机。

（3）评价。

这一阶段，消费者主要权衡采用新产品的边际价值，如采用新产品获得的利益和可能承担的风险，从而对新产品的吸引力做出判断。

（4）试用。

这是指消费者开始小规模、少量地试用新产品。通过试用，消费者评价自己对新产品的认识及购买决策的正确性。企业应尽量降低失误率，详细介绍产品的性质、使用和保养方法。

（5）采用。

消费者通过试用得到了理想的效果，放弃了原有的产品，完全接受新产品，并开始正式购买、重复购买。

（二）新产品特征与市场扩散

新产品的特征与其市场扩散间存在一定的关联。新产品的特征主要包括新产品的相对优点、适应性、简易性、明确性等。

（1）新产品的相对优点。新产品的相对优点越多，在诸如功能、可靠性、便利性、新颖性等方面相比原有产品优越性越显著，市场接受得就越快。

（2）新产品的适应性。创新产品必须与目标市场的消费习惯以及人们的产品价值观相吻合。当创新产品与目标市场消费习惯、社会心理、产品价值观相适应或较为接近时，有利于市场扩散；反之，则不利于市场扩散。

（3）新产品的简易性。这是要求新产品设计、整体结构、使用维修、保养方法必须与目标市场的认知程度相适应。一般而言，只有新产品的结构和使用方法简单易懂，才有利于新产品的推广扩散，消费品尤其如此。

（4）新产品的明确性。这是指新产品的性质或优点是否容易被人们观察和描述，是否容易被说明和示范。凡信息传播便捷、易于认知的产品，其市场扩散速度一般都比较快。

第四节　服务产品与服务蓝图

一、服务产品的概念及分类

（一）服务产品的概念

服务产品是指不具有实体，而以各种劳务形式表现出来的无形产品。服务产品简称服务，其发展经历了以下过程：

自20世纪60年代起，市场营销学开始了对服务的关注。营销学者往往把服务作为一种产品来对待，以区别于经济学界的研究。

1960年，美国市场营销协会最先给服务下了一个定义："服务是用于出售或者是与产品连带出售的活动、利益或满足感。"

1990年，国际标准化组织把服务定义为"为满足顾客的需要，供方与顾客接触的活动和供方内部活动所产生的结果"。

菲利普·科特勒将服务定义为一方能够向另一方提供的任何本质上是无形的活动或作业，并且其结果不会导致任何所有权的产生。它的生产可能与实际产品有关，也可能无关。

虽然不同研究者、不同机构对服务的定义有所区别，但从本质上看，他们认为服务是以满足消费者的需要为目的、以人的活动为基础，为消费者提供满足的过程。

（二）服务产品的分类

服务产品可以根据其与有形产品的结合程度以及服务的性质来划分。

（1）纯粹的有形产品。产品中几乎不含服务成分，如肥皂、牙膏或盐等。

（2）附有服务的有形产品。有形产品与附加服务相结合，通过附加服务增加产品吸引力，如家电产品、电子产品、汽车等，都附有保修或特定的顾客服务合同。通常，越是高科技的产品，越是需要高质量的附加服务。

（3）混合供应物。服务与有形产品比重各占一半，如在餐厅吃饭、健身房健身等，消费者不仅享受食物、使用器械（有形产品），还享受环境、服务等（无形服务）。

（4）附有少量有形产品的服务。像酒店主要是为顾客提供住宿服务，但也会提供洗漱用品、床上用品等有形产品。

（5）纯粹的服务。主要是一种无形的服务，如理发店、心理咨询、家政服务等。

贝瑞和普拉苏拉曼认为，在产品的核心利益来源中，如果有形的成分比无形的成分多，那么这个产品就可以看作一种“商品”（指有形产品）；如果无形的成分比有形的成分多，那么这个产品就可以看作一种“服务”。

2024年，随着高温天气的持续，“清凉经济”快速发展，带动了旅游、餐饮等相关领域的消费。海底捞广东区域的门店抓住这一机会，推出了一系列新产品和服务体验，以满足消费者的清凉饮食需求和夜间休闲娱乐需求。

在产品方面，海底捞推出了区域限定的清凉美食。例如，广州门店的“嘿！拼锅”芭乐青提味果冻，口感清新解暑；深圳门店的香芒椰椰饮品，结合了杧果和椰子的热带风味。此外，海底捞还在广东区域推出了全国新品“雷山酸汤锅”，以酸辣口感迎合消费者的味蕾，同时搭配酸辣薄切牛肉和鱼虾双全河鲜拼盘等新品，让人食欲大增，而与火锅相搭配的“三重柚香冰饮”更是夏日解暑的绝佳选择。

在服务创新方面，海底捞通过打造餐后休闲区、提供汉服体验等方式增强顾客的消费体验。例如，佛山IPARK店设置了免费茶饮、桌游等设施，让顾客在用餐后继续享受休闲时光。部分门店还提供汉服打卡和簪花体验，营造国潮氛围。此外，一些门店通过立体空调、冰毛巾、绿豆汤和自助冰激凌等服务，进一步提升了清凉体验。

通过持续创新和服务提升，海底捞发展出了一种与中国本土文化紧密结合的管理模式，以贴心服务赢得了广泛的消费者认可，使得“好服务”成为海底捞的重要标签之一。

二、服务产品的特性

服务产品相较于实体产品，具有独特的四大特性：无形性、可变性、不可分离性和易逝性。这些特性对服务产品的设计、营销和交付方式产生了深远影响。

1. 无形性

无形性又称“不可感知性”，是服务最主要的特征。它意味着服务以活动而非实体形式存在，难以感知和描述。顾客在购买前无法确切了解服务内容，需依赖信息搜寻、多方意见和自身体验来决策。此外，服务的效果通常不能立即显现，顾客在一段时间后才能察觉。例如，汽车经过维修服务后，车主无法立即判断修理的效果。这使得服务的无形性更加显著。

2. 可变性

可变性又称“差异性”，是指服务无法做到标准化，很难像有形产品一样用统一的质量标准来衡量，带给顾客的时效、顾客感知的质量都可能会因时、因人、因地而存在差异。所以，服务是可变的。

3. 不可分离性

服务的不可分离性意味着服务的生产与消费同时进行，服务价值在这一过程中产生。这就要求顾客积极参与服务生产。因为顾客的参与是服务完成的关键，所以在管理过程中需将顾客的参与纳入考量，以确保服务的有效性和质量。例如，只有顾客在场时，理发师才能完成理发的服务；病人必须向医生陈述病情，接受医生的检查，医生才能做出正确诊断，对症下药。

4. 易逝性

易逝性也称为“不可存储性”，指服务产品无法保留、转售及退还的特性。由于服务具有无形性和不可分离性，所以它无法像有形产品那样储存，未被消费的服务会造成机会损失。例如，车、船的空座位无法被保存，未使用即损失，但这种损失主要表现为机会成本和设备折旧。

三、服务蓝图及其设计

（一）服务蓝图的概念

服务蓝图是一种详细描绘服务系统的工具，展示了服务过程、顾客接触点、顾客与员工的角色，以及服务的可见要素。它通过将服务合理分块，逐步描述每个过程的步骤、任务执行的方法和顾客能感受到的有形展示。

（二）服务蓝图的构成

服务蓝图需要重点标示和界定的接触点内容包括：

（1）有形展示。由于服务本身无形，顾客常通过有形线索来评价服务。例如，海底捞的有形展示包括店内装饰、卫生环境、服务员服饰和菜单图片等。这些展示影响顾客在消费前、消费中和消费后的服务感知。

（2）顾客行为。指顾客在购买、消费和评价服务时的步骤和互动。例如，在海底捞，顾客的行为包括点餐、用餐和结账等环节。

（3）服务人员行为：包括前台和后台员工的行为。前台行为是顾客可见的服务步骤，如迎宾、配餐和环境清扫等；后台行为则是支持前台服务的步骤，如原料采购、食物加工和餐具清洁等。

（4）支持过程。企业内部的支持性服务，如人员培训、点餐系统和结账系统等，确保服务顺利进行。

这些服务行为通过三条水平分界线隔开。

（1）互动分界线：标示顾客与服务组织的直接互动点。

（2）可视分界线：区分顾客可见和不可见的服务行为，明确哪些服务是公开的，哪些是后台操作。

（3）内部互动分界线：区分服务人员的工作和支持性活动，是服务外部与内部的界限。

图5-11展示了海底捞的服务蓝图。

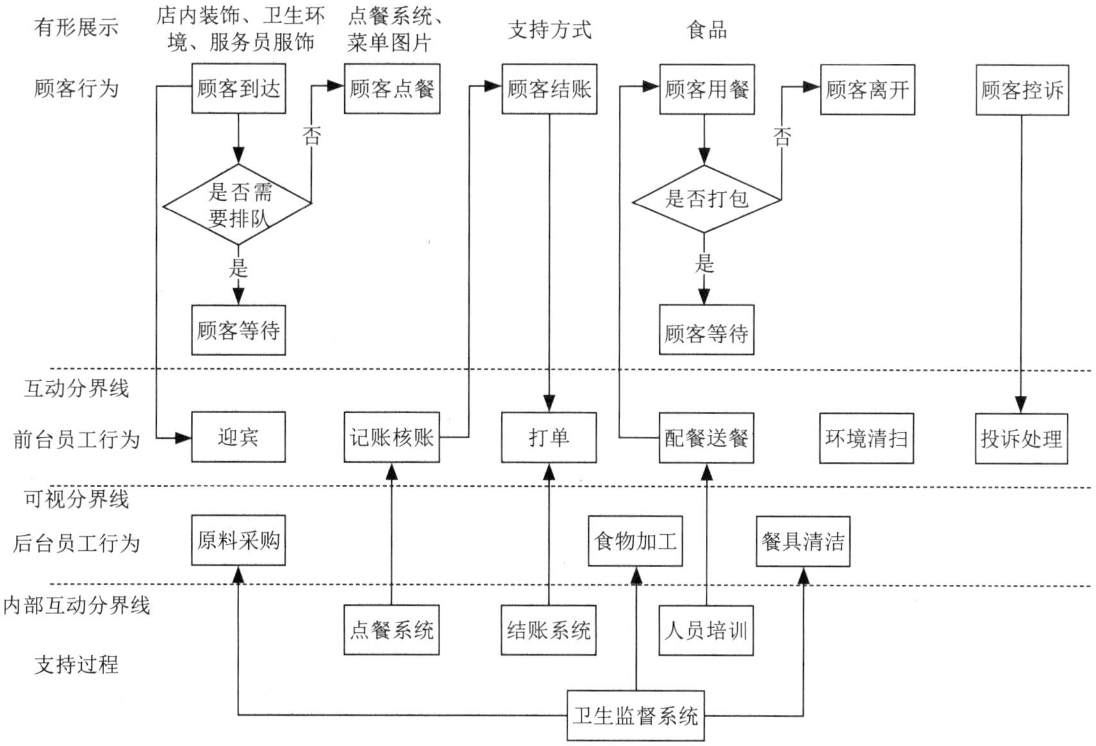

图5-11　海底捞服务蓝图

（三）服务蓝图的设计

构建服务蓝图是一项复杂的工作，需要整合多方资源来协作完成，并遵循一定的步骤。一般步骤如图5-12所示。

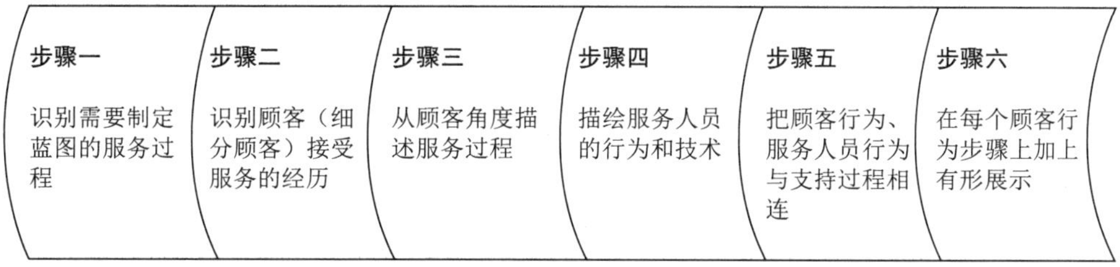

图5-12　构建服务蓝图的步骤

步骤一：识别需要制定蓝图的服务过程。

首先，确定需要绘制蓝图的服务过程。蓝图可以从整体或细节层面进行开发，具体取决于问题的严重性和服务的复杂程度。例如，物流公司可以为整个配送服务绘制蓝图，或针对“货物分拣”和“装货”等特定环节开发详细子蓝图，以解决“瓶颈”问题。

步骤二：识别顾客（细分顾客）接受服务的经历。

识别并细分顾客在服务过程中的体验是制定蓝图的重要环节。针对不同细分市场开发特定的蓝图，能够更好地满足顾客的需求。如果顾客体验因细分市场而有所不同，那么绘制单独的蓝图会更具针对性和操作性。

步骤三：从顾客角度描述服务过程。

从顾客视角描绘服务过程，有助于识别顾客在购物、消费和评价服务中的具体行为和选择，避免关注对顾客无影响的内部步骤，确保服务蓝图反映顾客实际体验。例如，顾客可能认为理发服务的起点是电话预约，而理发师可能忽视这一点。因此，从顾客视角绘制蓝图尤为重要。

步骤四：描绘服务人员的行为和技术。

绘制互动分界线和可视分界线，明确前台和后台服务活动。结合顾客和服务人员的观点，描绘服务流程。如果涉及技术传递服务，需要在蓝图中明确技术活动的位置和作用。当服务过程中既有人员互动又有技术支持时，蓝图应区分“可见的员工活动”和“可见的技术活动”，以便清晰理解服务过程。

步骤五：把顾客行为、服务人员行为与支持过程相连。

通过画出内部互动分界线，识别服务人员行为与支持过程之间的联系。这样既可以揭示内部行为对顾客的直接或间接影响，又可以增强服务过程的透明度和重要性。

步骤六：在每个顾客行为步骤上加上有形展示。

最后，在蓝图上添加顾客能看到的有形展示，描述顾客在每个步骤中的实际体验。包括照片、幻灯片和录像在内的形象化工具，可以帮助分析有形物质的影响，并确保服务定位与整体战略的一致性。

案例分析

科大讯飞：用智能语音破解市场成功的密码

科大讯飞（iFLYTEK）作为中国领先的人工智能企业，其产品和服务涵盖了从语音识别到自然语言处理的广泛领域。自1999年成立以来，科大讯飞在智能语音科技领域不断创新和扩展，其成功的市场策略可以为其他企业提供有益的借鉴。

科大讯飞在产品生命周期管理中展现出高超的策略。从2017年开始，科大讯飞的语音识别技术经历了从引入到成长的关键阶段。最初，科大讯飞推出"讯飞输入法"和"讯飞听见"等产品进入市场。这些产品迅速被用户接受，并通过积极的营销策略取得了较高的市场份额。特别是"讯飞输入法"，凭借其准确的拼音识别和智能联想功能，在移动设备上获得了广泛的应用。科大讯飞在产品成熟阶段，通过不断的技术升级和功能扩展，维持了市场竞争力。比如，2020年推出的"讯飞听见2.0版"，不仅提升了语音识别的准确率，还增加了多语种支持，进一步扩大了用户基础。

在新产品开发与市场扩散方面，科大讯飞展现了其强大的创新能力和市场敏锐性。2021年，科大讯飞推出了讯飞翻译机，这是一款支持多语言即时翻译的设备。这款产品的推出源于科大讯飞对用户需求的深刻理解及对全球化趋势的精准把握。科大讯飞通过与各大国际展会合作，广泛展示该翻译机的技术优势，并在多个国家设立了销售和服务网络，以加速市场扩散。此外，科大讯飞还通过在线平台和社交媒体进行广泛宣传，利用数字营销策略提高产品的知名度和市场渗透率。

科大讯飞在顾客参与和价值共创方面也取得了显著成效。科大讯飞设立了用户反馈机制，通过社区论坛、在线调查等方式收集用户意见。例如，在开发"讯飞语音合成系统"时，科大讯飞积极听取用户对语音自然度和情感表达的反馈，并根据这些意见不断改进产品的语音合成技术。这种顾客参与不仅提升了产品质量，还增强了用户的忠诚度。科大讯飞还定期举办开发者大会，邀请开发者和合作伙伴参与技术讨论和应用开发，进一步推动了技术的应用创新和市场拓展。

在智能时代的产品和服务创新方面，科大讯飞的表现尤为突出。科大讯飞推出的讯飞智能音响和讯飞教育解决方案都体现了前沿的人工智能技术应用。讯飞智能音响利用先进的语音识别和自然语言处理技术提供语音助手服务，不仅可以进行日常对话，还能控制智能家居设备；讯飞教育解决方案则通过人工智能技术提供个性化学习和智能评测服务，帮助学生和教师提高教学效果。特别是在2020年新冠疫情期间，科大讯飞推出的在线教育平台大大便利了远程教学，得到了广泛的好评。

这些成功的市场策略使科大讯飞在智能语音和人工智能领域取得了领先地位，不仅提升了自身的市场竞争力，推动了行业的创新发展，也为全球用户提供了智能化的科技体验。

【案例思考】

1. 科大讯飞如何通过产品生命周期管理策略来维持其核心产品的市场竞争力？

2. 在新产品开发过程中，科大讯飞采用了哪些策略来加速产品的市场扩散？

3. 科大讯飞如何利用顾客反馈和价值共创来提升产品的质量和用户满意度？

本章小结

在激烈的市场竞争中，产品开发与生产不仅是企业生命力的核心，也为品牌建立和市场份额提供了基础。产品策略和服务策略相互补充，构成了企业成功的关键。

产品分为有形物品和无形服务，可按满足顾客价值的不同划分为五个层次：核心、形式、期望、延伸和潜在产品。产品还可根据耐用性和是否有形、用途划分为非耐用品、耐用品、服务，或消费品和工业品。

企业的产品组合包括所有产品线及产品项目。产品线决策涉及延伸、填补、更新和特色化。产品生命周期则分为四个阶段：引入期、成长期、成熟期和衰退期。每一阶段的营销策略应灵活调整，以应对市场变化。

新产品开发过程涵盖构思、筛选、产品概念形成与测试、初拟营销规划、商业分析、新产品研制、市场试销和批量上市。人们对新产品的接受程度存在差异，企业应根据市场反应优化策略。

服务作为无形的活动，具有无形性、可变性、不可分离性和易逝性。

|第六章|

品牌管理

品牌是企业实现差异化的重要战略，是联结企业和消费者的情感桥梁。品牌建设是一个长期且复杂的过程，从塑造品牌、运营品牌到维护品牌，企业需要持续不断地投入资源和努力以提升品牌资产，确保品牌之树长青。通过本章的学习，我们应理解或掌握如下内容：

- 理解品牌的内涵
- 区分品牌与产品的差异
- 理解品牌存在的价值与意义
- 理解品牌资产的内容
- 了解数字时代塑造品牌的路径

导入案例

2025年上映的《哪吒之魔童闹海》（《哪吒2》）票房突破百亿，成为现象级话题。《哪吒2》以破百亿票房的成绩刷新了全球动画电影市场格局，其成功不仅是内容制作的胜利，更是品牌定位与传播策略的典范。

《哪吒2》的成功离不开差异化的品牌定位。哪吒是中国传统神话中的经典人物，最早出现在《封神演义》等古典文学作品中，其形象多以桀骜的神童形象为主。然而，在很长一段时间里，哪吒的文化影响力局限于传统戏曲、动画片（如1979年上海美术电影制片厂出品的《哪吒闹海》）等相对小众的领域，并未形成强大的商业品牌价值。此次哪吒IP的品牌定位核心在于对传统形象的颠覆与重构。传统哪吒形象以“神童”为核心；而《哪吒2》将其重构为“魔童”，通过“我命由我不由天”的反抗精神，精准切中“Z世代”追求个性与自由的价值观。影片通过“若前方无路，我便踏出一条路”等台词，将角色塑造为现代青年的精神图腾，既保留传统文化符号，又赋予其普世意义。

《哪吒2》的成功还离不开精准的整合营销策略，激发用户主动参与。例如：通过短视频平台（如抖音）释放高燃片段、表情包及仿妆挑战，激发用户参与二次创作，形成“自来水效应”，播放量超数十亿次；通过与库迪咖啡联名，推出AR动态杯套，用户扫码生成“踩风火轮喝咖啡”的虚拟形象，通过社交分享实现裂变传播；通过短视频平台释放魔性预告片和表情包，利用“国潮”话题引发讨论。

《哪吒2》还通过线上线下联动，构建了全域联动的沉浸式体验。例如：通过线上社交媒体（如微博）引爆参与度和关注度；打造线下场景体验，在成都建造“元宇宙陈塘关”和哪吒主题灯光秀，与用户全域互动，同时将IP符号转化为城市文旅经济引擎。

第一节　品牌及其内涵

一、品牌概述

品牌作为一项经济活动，最初是用来区分某个生产者（如手工业者）与其他生产者的产品的工具或手段。这个“区分”的功能，迄今已经延续了好多个世纪。事实上，“品牌”一词最早源于古斯堪的纳维亚语“brandr”，意为“烧烙”。尽管当今世界，人们的生产生活方式和古斯堪的纳维亚时代有了很大的区别，然而，品牌最基本的功能——标记、区分、识别等，仍然发挥着不可替代的作用。

根据美国营销学会的定义，品牌是一个名称、专有术语、标记、符号、设计，或这些元素的组合，意在用来识别一家销售商或一群销售商的商品和服务，并用来与竞争者的商品和服务相区分。因此，当企业在为其新产品创建名称、标识、符号时，就是在创建品牌。

然而，从事实际工作的营销经理们在提到品牌所蕴含的意思时，要比上述美国营销学会给出的定义更为丰富。他们认为，品牌是市场上为上述商品或服务所实际创造的知晓度、声誉、显著度等。因此，美国营销学会和营销经理们对“品牌”一词的界定存在区别。前者所界定的品牌通常是“小品牌”的含义（即狭义的品牌），而后者所指的品牌通常是“大品牌”的含义（即广义的品牌）。

一提到品牌，人们很容易就会提出疑问：“品牌和产品有何区别？”从市场营销的角度看，产品是市场上任何可以吸引人们注意，人们想要得到、使用、消费以满足其某种需求和欲望的东西。产品可以是实体产品（如麦片、洗发水、电脑、手机或汽车等），也可以是服务（如航空旅行、酒店、餐厅、比赛等）、购物场所（如超市、网店等）。非营利性组织也可以满足人们的需求和欲望，人们因认同慈善组织的理念和品行而向其捐赠。产品可以是地点。例如，旅游目的地就是旅游者费尽心思想要去一睹风采和体验的对象；而城市、州（省）、国家就是人们进行留学、投资、移民定居时需要反复考察、评估的客体，此时它们就是产品。产品还可以是思想（如政治或社会理念、科学观点、管理思想等）或创意（设计师、导演等都是在出售创意）。本书旨在研究一般意义上的品牌。因此，本书采纳含义宽泛的产品界定。

哈佛商学院教授Ted Levitt指出：新的竞争不在工厂所制造出来的产品之间，而在产品走出工厂之后，公司为产品所追加的各种顾客所看重的活动之间。这些活动以包装、售后服务、广告、顾客咨询建议、融资、配送、仓储等形式展现出来。品牌远比产品的内涵丰富，因为品牌能够从更多维度将满足顾客相同需求的产品相互区别开来。让产品相互之间产生区别或差异的品牌维度可以是理性的、有形的，这种理性的、有形的维度与品牌的产品绩效相关。让产品相互之间产生区别或差异的品牌维度还可以是象征性的、情感性的、无形的，这种象征性的、情感性的、无形的维度与品牌所代表的意义相关。

二、品牌元素

根据美国营销学会的定义，创建一个品牌的关键在于选择品牌名称、标识、符号、包装或其他特征，它们有助于识别产品并将其与其他产品区别开来。用来识别并区分品牌的这些不同要素，我们称之为品牌元素。

以品牌命名为例，其命名的方式方法也是多样的。同样是科技类品牌，华为将手机产品命名为华为和荣耀，蕴含中国儒家积极进取的价值观；大疆对产品品牌命名的方式则倾向于用清新的中国文字展示品牌的科技感，如“悟”系列（Inspire）、“精灵”系列（Phantom）、“晓”系列（Spark）等。同样是互联网企业，百度、京东重点打造企业品牌，旗下各业务都使用统一的企业品牌名称（如京东电商、京东物流）；阿里、腾讯则不同，企业品牌和旗下业务采用不同的品牌名称（如阿里旗下的天猫、淘宝等知名品牌，分别代表B2C、C2C的电商平台，支付宝代表支付品牌；腾讯将PC时代的社交平台命名为QQ，将移动手机时代的社交平台命名为微信）。

品牌名称本身的来源也各不相同。有的品牌名称取自中国的人名，如谭木匠、周黑鸭均含有创始人的姓氏；而青岛啤酒、山城啤酒等品牌名称则与城市名或地名有关。还有的品牌名称取自动物的名字，如雕牌、报喜鸟、七匹狼等；更多的品牌名称取于自然，如大峡谷（纯净水）、农夫山泉（纯净水）、佰草集、蓝月亮（洗涤用品）等。

有些品牌名称本身带有产品含义，如农夫山泉、五粮液、衡水老白干等。有的品牌名称暗示着产品的重要属性和利益，例如百度暗示了其搜索的业务与功能定位，今日头条暗示了其及时的互联网信息传播，立白洗衣粉、超能洗衣粉都暗示了其去污力强的洗涤属性。从拉丁语构成的品牌名来看，雷克萨斯汽车（Lexus）带有奢侈之意，奔腾微处理器（Pentium micropressor）含有高速运转之意，空中客车（Airbus）含有宽敞、舒适之意。

不仅品牌名称使用人名、地名、物名以及象征物等，其他品牌元素（如标识、符号）也会运用这些来表示。总之，在创建品牌时，无论要运用多少个品牌元素来识别产品或服务，都要知道它们各自代表什么属性或寓意。品牌元素要执行有效，基本要求是不与当地市场的文化存在冲突，余下的就要依赖科学且有规律的营销活动去强化这些有形元素在消费者心目中的显著度并赋予其意义了。

三、品牌的价值

品牌为何如此重要？品牌究竟有什么功效使其对营销者来说显得如此重要？品牌对消费者又有何特殊的价值？在此，我们从两个视角来揭示品牌的价值。

（一）品牌对消费者的价值

同“产品”这个术语的定义一样，本书对“消费者”（consumer）一词的范畴界定也采取广义视角，认为消费者代指个人及组织在内的各类顾客。对消费者而言，品牌提供了诸多重要功能。

第一，消费者通过品牌能确定产品及其生产商的来源，追责到具体的生产商或经销商。在无品牌时代，顾客无法追溯产品的制造者或分销商，因此当产品出现质量问题时，无法找到责任人。品牌的出现提高了消费者购买和消费产品的安全感，减少了消费者购买和消费产品的风险。

第二，品牌降低了消费者的产品信息搜索成本。如果消费者能辨认某个品牌并对其有一定了解，那么，他们在做出产品的购买决策时，就不必为之耗费额外的心机思来想去或收集、处理加工太多的信息。因此，从经济角度来看，品牌降低了消费者的产品信息搜索成本。凭着对品牌的既有了解（包括产品质量、产品特征等），消费者可以对品牌一些尚不了解、并不熟悉的方面做出合理推断和预期。

第三，品牌是对消费者的承诺和情感纽带。这是品牌所蕴含的深远意义。可以将品牌与消费者之间的关系视为某种承诺或约定。消费者对品牌委以信任，报以忠诚，这暗示着他们内心相信：品牌会按某种得体的方式行事，会一以贯之地借由有效的产品性能表现，以及合理的定价、促销、分销等，来为他们提供效用。当消费者意识到购买品牌所能获得的价值及利益时，只要能从使用产品中获得满足感，他们就很可能会持续地购买下去。

第四，品牌对消费者具有身份象征意义。和上述消费者与品牌间的情感纽带类似，品牌对消费者而言具有象征性价值，而并非只传递纯功能利益。品牌的象征作用，让消费者从购买、消费品牌中投射自我形象。品牌因与某些特定类型的人联系在一起，所以能反映出不同的价值观或人格特质。消费这类产品成为消费者与他人甚至与自己沟通、表达的一种手段，即品牌表明他们是什么类型的人，或者表明他们想成为什么类型的人。与此类似，对某些人而言，有些品牌甚至发挥了某种宗教性质的作用，取代了某些宗教活动，有助于强化消费者的自我价值。例如，某些品牌在推出新品时，很注重找到那些对品牌充满极致宗教般热诚的极客（Geek）用户，重视他们对新产品有关技术、功能等方面的意见，并在产品开发设计过程中采纳他们的意见，与他们及时沟通产品投放的信息。这些核心用户立即成为新品的粉丝，并在新品在市场不断成长的过程中，成为产品“传教士”和“铁粉”。从这个角度来说，品牌的文化影响力是深远的。近些年，品牌理论界激起了研究消费者文化和品牌之间相互作用关系的极大兴趣。

（二）品牌对企业的价值

品牌对企业具有众多功能和作用，能够为企业带来一系列的价值。具体来说有以下几点：

第一，品牌的识别作用。这是品牌为企业提供的基础功能。品牌使得企业能更简便地进行产品处置或追查，如品牌有助于组织库存、物流、会计记录等。品牌也使得企业能对其产品的独特属性、特征等寻求法律保护。例如，宝洁（中国）自从来到中国市场，就一直将市场巡视和打假作为其重要的工作内容，这对于维持整个公司形象，以及单个品牌的内涵和市场份额都具有不可替代的意义。品牌享有知识专利权，这为品牌拥有者赋予了法律权利。品牌所有的有形元素均可以受到法律保护。例如品牌名称可通过商标注册获得法律保护，产品的生产工艺流程可通过专利予以保护，产品包装可通过版权和设计得以保护。总之，品牌享有的这些知识专利权可确保企业放心地投资品牌，并从品牌宝贵的无形资产中获利。

第二，品牌的差异化作用。企业对品牌的投资可以赋予企业产品独特的联想和含义，从而使之区别于其他产品。品牌能释放一定水平的质量信号，使对其满意的消费者更容易再次选择这种产品。这种品牌忠诚度为市场上对企业产品的需求提供了可预见性和安全性，构筑了进入壁垒，使其他企业的产品难以进入这个市场。

第三，品牌是联结企业和消费者的情感桥梁。某种程度上，产品生产工艺流程以及产品设计都更易模仿。然而，个体及组织购买者因品牌经年累月的营销活动和自身使用产品而在心目中留下的持久印象却是难以被复制的。例如，儿时大白兔奶糖给我们留下的美好回忆，第一次乘坐中国高铁或中国国际航空飞机的美好体验，等等。这些情感都不会即时消失，而是会长久驻留在消费者的心间。这种品牌带给消费者或顾客心智的正面反应，恰是企业最为牢固的竞争资本，值得精心维护。品牌所拥有的这种看不到的无形资产，与技术专利、工厂、办公场所等有形资产，对企业具有同等重要甚至更为重要的意义。

总之，对于企业来说，品牌是一份难以估量的资产，它能影响消费者行为，能进行买卖交易，能为可持续的未来收益提供保障。

第二节　品牌资产与品牌知识网络模型

一、品牌资产

品牌资产（brand equity）是20世纪80年代出现的最流行和最为重要的市场营销概念之一。品牌资产提升了品牌在营销战略中的重要性认知，同时为管理和研究提供了聚焦点。然而，品牌资产因其众多不同的使用目的而产生了各种不同的定义，从而给学术界和经理人造成不少的困惑。迄今，对于品牌资产如何概念化操作和评估，尚未形成一致的观点。

品牌化就是所有对产品和服务赋予品牌资产的公司营销活动。尽管人们对品牌资产有众多不同的观点或看法，但大多数专业人士都同意品牌资产包括因品牌而带来的独特的市场营销效应。也就是说，品牌资产解释了为何品牌化的产品或服务与没有品牌化的产品或服务两者之间会产生差异化的营销结果。明星用品拍卖，就是品牌化带来的鲜活例子，同样一件普通的产品，只要明星使用过，就能拍卖出高价格。品牌化是为了创造差异化，企业的品牌经理人创造品牌差异化的方式和途径是多种多样的。

以顾客为本的品牌资产从消费者的角度出发，这里的“消费者”可以是个人、组织，甚至是潜在顾客。任何成功的营销，其核心永远是了解顾客（或组织）的需要（needs）与欲望（wants），从而通过设计相应的产品或服务来满足他们。需要强调的是，营销者总是面临着两大根本问题：不同的品牌对消费者而言意味着什么？消费者的品牌知识究竟会如何影响他们对营销活动的反应？

以顾客为本的品牌资产模型得以成立的前提是，品牌的影响力来自消费者在日常生活中对该品牌的所见、所闻、所知与所感。换言之，品牌的影响力蕴藏在顾客的大脑与心灵中。对营销者而言，建立强势品牌的挑战在于，如何让消费者在享受产品与服务、体验营销活动的同时，能够有所感、有所悟，让该品牌与特定的想法、感觉、图像、信念、感受、观点和经历紧密联系在一起。

本书正式将以顾客为本的品牌资产定义为：顾客品牌知识所导致的对营销活动的差异化反应。如果某一品牌拥有积极的以顾客为本的品牌资产，那么顾客会对那些带有该品牌标识的产品或营销活动给予更加积极的回应（与不标识该品牌或标识某个虚拟品牌相比）；顾客会更容易接受该品牌的延伸，并对价格的上升不那么敏感；广告投入削减的不良影响可以被抑制；顾客会更加愿意在新的分销渠道中找到该品牌。相反，如果消费者对某品牌的营销活动反应并不积极（与不标识该品牌或标识某个虚拟品牌相比），那么该品牌具有消极的以顾客为本的品牌资产。

以顾客为本的品牌资产的定义有三个重要组成部分：差异化反应、品牌知识和顾客对营销活动的反应。首先，品牌资产缘起于顾客的差异化反应。如果没有差异产生，那么该品牌产品与普通的产品或该产品的同类产品就没有本质区别。这样的话，竞争最有可能在价格的维度上展开。其次，差异化反应来源于消费者的品牌知识，也就是他们在生活中对品牌的所见、所闻、所知与所感。因此，虽然企业的营销活动可以发挥重要作用，但是品牌资产最终还是蕴藏在消费者的大脑与心灵中。最后，顾客的差异化反应在诸如对品牌的认知、偏好等与品牌营销相关的诸多行为中都有所体现（如品牌选择、对广告的回想、对营销活动的反应、对品牌延伸的接受程度等）。

阐明以顾客为本的品牌资产最简单的方法是进行产品取样和比较测试。例如在一次食品测试中，一组顾客在知道品牌名的情况下品尝产品，另一组顾客则在不知道品牌名的情况下品尝产品。即使两组产品完全一样，但两组顾客因事先是否得知品牌名而导致得出的结论完全不一样。这样的品牌效应在市场中也会出现。例如，日立公司与通用电气曾经在英国合资持有一家电视生产工厂，除了品牌名，该工厂为两家公司生产的电视机是完全一样的。在进行销售时，日立公司的电视机卖得比通用电气的电视机贵75美元。然而，尽管价格不占优势，但日立公司电视机的销量是通用电气公司的两倍。

二、品牌知识网络模型

消费者对于标明品牌和未标明品牌的相同产品给出了不同的评价，原因是品牌知识从某种程度上改变了消费者对于产品的认知（品牌知识可能来源于过去的经历、品牌营销活动、品牌口碑等）。以上的测试结果几乎适用于任何产品，这有力证明了消费者对于产品性能的感知依赖于与该产品相伴的品牌。换句话说，因为它们的品牌，衣服好像变得更合身了，汽车好像更容易驾驶了，银行里排队的时间似乎变短了。根据以顾客为本的品牌资产理论，品牌知识是创造品牌资产的关键，其创造了最终带来品牌资产的差异化效应。基于此，营销者需要找到一种表达方式，呈现出品牌知识究竟是如何在消费者的脑海中展现的。

联想网络记忆模型（associative network memory model）认为，记忆是由节点和相关的链环组成的。节点代表储存的信息或概念，链环则代表节点之间的联想强度。任何类型的信息，如语言性的、抽象的、文字性的，都可以被存储在记忆网络中。

利用联想网络记忆模型，可将品牌知识设想为记忆中的一个品牌节点，以及一系列与之相关的链环。品牌知识有两个组成部分：品牌知晓度（brand awareness）和品牌形象（brand image）。品牌知晓度与记忆中品牌节点的强度有关，其反映了消费者在不同情况下辨认该品牌的能力。这是建立品牌资产的必要条件，却非充分条件。

其他因素（如品牌形象等）也会参与其中。品牌形象一直被视为市场营销中的重要概念。虽然营销者尚未就如何测量品牌形象形成统一的观点，但一个被营销者普遍接受的观点是，与联想网络记忆模型相似，品牌形象是顾客对品牌的认知，其被反映为消费者脑海中的品牌联想。换言之，品牌联想是那些与品牌节点相关联的其他信息节点，蕴含着品牌在消费者心中的含义。品牌联想有着诸多不同形式，它们或反映产品特征，或反映与产品本身特点无关的内容。例如，当被问及“说到华为，你会想起什么”时，你会如何回应？答案或许是“功能强大”“家国情怀”“5G”“信息技术”等联想。依托于创新的技术、强大的性能以及积极的消费者反馈，华为得以构建起丰满、充实的品牌形象。其他品牌同样会承载一系列的品牌联想。例如，麦当劳致力于在消费者脑海中建立起产品与“美味”“快乐”“亲子”之间的纽带。麦当劳的品牌形象同样包括“金拱门”“便捷”“麦当劳叔叔”“甜筒”，以及相对不那么积极的“油炸”“快餐”等因素。又如特斯拉汽车塑造“未来感”，小米手机强调“性价比高”等品牌形象。有时消费者甚至会利用直觉来进行决策，直接选择其最熟悉或最知晓的品牌。其出发点就是：既然这是最出名的，那么购买的人应该是最多的，我的选择应该也不会错。

（一）建立品牌知晓度

如何创建品牌知晓度？抽象来讲，创建品牌知晓度就是通过不断地展示品牌而提高人们对该品牌的熟悉度。简言之，企业需要不断给品牌提供在消费者面前“露脸”的机会。消费者通过看、听、想等方式与品牌接触得越多，品牌在其记忆中便越深刻。在现实生活中，诸如广告与促销、赞助和大型活动营销、公关活动、户外广告等一系列可以促进消费者对品牌元素（品牌名、商标、标志、品牌特点、包装或标语等）进行体验的活动都可以提升消费者对这些品牌元素的知晓度和熟悉度。通常来说，诸多品牌元素中可被强化的内容越多，品牌知晓度就越容易建立。如果品牌的诸多元素都能够被丰富、立体、直观地展现出来，那么品牌再认效果就越好。例如，除了品牌名，英特尔公司还通过“内置英特尔”（intel inside）标识、独特的标志、有名而特殊的电视广告曲来提升品牌知晓度。所以，任何一个品牌元素都可以成为顾客的记忆点。重复可以深化品牌再认，但品牌回忆就需要在记忆中建立起品牌与对应产品品类或购买线索之间的联系。标语或广告中的短歌曲往往可以辅助建立上述纽带，它不仅可以在品牌与线索之间构建联系，还可以促进积极的品牌形象的构建。此外，诸如品牌标识、符号、特征、包装等其他品牌要素也可以帮助消费者进行品牌回忆。

品牌与其所属的品类的匹配方式（如通过广告）决定了品牌的品类联想强度，如一提及格力品牌，我们就知道它生产的产品属于空调这个品类。对于那些已经拥有强有力的品类联想的品牌（如王老吉品牌、娃哈哈品牌）而言，其品牌回忆与品牌再认之间或许差异甚微——消费者一旦想到该品类便会想到这一品牌。然而，如果身处竞争极其激烈的市场，或品牌为某一品类的新进入者时，强调品牌同品类之间的联系便变得至关重要。因为品类的范畴比品牌的范畴大，消费者往往先考虑购买某个品类的产品，然后再考虑该品类中的品牌。如果品牌无法与特定品类建立联系，那么品牌就很难在消费者进行品类选择时进入他们的考虑范畴。此外，在品牌延伸、并购重组等情境下，品牌的产品意涵可能会发生改变，此时建立起品牌与品类或其他线索之间的强有力联系会变得越发重要（有时品牌进行盲目扩张，以至于消费者无从得知该品牌到底生产什么产品）。许多营销者还希望通过轰动性的广告、匪夷所思的主题建立起品牌知晓度。这些方式存在的问题是其并不能在品牌与品类之间建立起强有力的纽带——产品没有被明显突出。对品牌过分、极端的宣传可能会误导消费者的判断，从而失去构建长期品牌价值的基础。

（二）提升品牌形象

通过对品牌的持续展示（有利于品牌再认）、在品牌与相关品类或其他线索之间建立强有力的品类联想，可以建立起品牌知晓度。这也是构建品牌资产的第一步。在建立起一定的品牌知晓度后，营销者可以将更多的精力转移到打造品牌形象上。建立积极的品牌形象需要营销者通过营销活动来将品牌与强有力的、偏好的、独特的品牌联想进行联系。这样的品牌联想可以是品牌属性或品牌利益。品牌属性是指那些赋予了产品或服务以特征的描述性功能，品牌利益则指的是消费者附加在产品或服务属性之上的个人价值观及意涵。

消费者通过不同的方式形成关于品牌属性与品牌利益的联想。但顾客为本的品牌资产概念本身无意于去区分品牌联想的来源及其表现方式，它更在意的是品牌联想的强度、积极性和独特性。这便意味着消费者可以通过除营销活动以外的一系列方式来建立品牌联想，如直接体验、上网浏览、从其他商业或中立媒介中获取信息、通过口碑了解品牌，以及消费者自身根据品牌信息进行推断或臆测（基于对品牌名、公司、国家、分销渠道或特殊人物、地点、事件等信息进行判断）。可以这么说，品牌联想的打造既有企业有意为之的成分（且为主要成分），也有无法受企业掌控的额外信息的影响。

营销者需要意识到这些信息渠道的重要性，既要尽全力将信息渠道管理到位，也需要在设计营销传播战略时将它们纳入考虑范围。新式茶饮品牌“喜茶”便是一个很好的例子。对喜茶而言，在“网红经济”时代，从海报上的广告语，到门店的装潢、灯光、地砖，再到杯盖的形状、吸管的材质，每一个细节都代表着与消费者以及潜在消费者的互动。到店的顾客可能因为门店的装潢而选择二次光顾，发在微信朋友圈里的一张奶盖照片、一张门店自拍照或许就可以吸引潜在消费者的光顾，更不用说无数自媒体评论文章对消费者决策的影响。

一言以蔽之，要想构建顾客的差异化反应并最终建立以顾客为本的品牌资产，营销者需要确保品牌联想不只是积极性的，还要是独特的、不为其他品牌所享有的。独特的品牌联想可以促进消费者选择该品牌。选择具有积极性的、独特的品牌联想时，营销者需要仔细对消费者和竞争环境进行分析，以确定品牌的最优定位战略。以下将围绕品牌联想的强度、积极性和独特性展开详细论述，以便进一步阐明如何建设品牌形象。

1. 品牌联想的强度

顾客将产品信息与其品牌知识联系的程度越深，与之产生的品牌联想程度便越深。例如：提及海尔，你会想到什么产品？提及王老吉，你又会想到什么产品？不出意外的话，答案会是冰箱与凉茶。这个例子说明了海尔与王老吉这两个品牌在消费者的心中已经建立起了强有力的品类联想。除了品牌的品类联想，品牌还可以跟非常多的内容建立联想，比如品牌跟产地的联系，品牌跟某个个体的联系，等等。但不管品牌跟哪个对象建立联系，都可以考察该联系的强度。以下两个因素可以强化这种联想：一是个人相关性；二是品牌对外所呈现信息的连续一致性。

（1）个人相关性。信息与个人越相关，个体就越有动力去加工信息。与品牌的直接接触可以创造出最强大的品牌属性与品牌利益联想。在消费者进行了合理解读后，这些直接经历将会对消费者的决策产生巨大影响。对于饭店、娱乐场所、银行、个人服务等行业来说，口碑至关重要。海底捞、李锦记、星巴克等品牌便是典型案例，它们在没有进行密集型广告活动的情况下，仍然打造出了丰富的品牌形象。

（2）品牌对外所呈现信息的连续一致性。大体而言，受到公司影响的信息源（如广告等）建立的品牌联想往往是最脆弱的，也是最易被改变的。为了克服这一障碍，营销传播项目往往会利用创新的传播方式，促使消费者在与品牌相关的信息上进行深入思考，并将其与已有的品牌知识相联系（将新的品牌知识与已有的品牌知识建立联系，从而获得更深的记忆）。营销传播活动反复地与消费者进行互动，并确保这些回忆性的线索可以随时向消费者们进行传播。

2. 品牌联想的积极性

对于营销者而言，建立积极的品牌联想指的就是让消费者相信该品牌具备那些可以满足其需要和欲望的品牌属性和品牌利益，让消费者对品牌建立积极的整体认识。消费者不会将所有的品牌联想都视作同等重要，也不会将所有的品牌联想都视作积极的，亦不会在不同的购买情境下都对它们一视同仁。品牌联想可能会根据所处情形、语境的改变，以及消费者购买决策目标的不同而变化。在极端情况下，一种情形下的积极联想到了另一种情形可能就变为消极联想了。以顺丰速运为例，消费者或许会想到“快速”“可靠”“方便”“高价格”等因素。如果消费者需要寄送重要的商务急件，那么“快速”和“可靠”便显得尤为重要；而对于一名准备发货的网店店主而言，服务价格更低的其他快递品牌或许是更好的选择。

3. 品牌联想的独特性

品牌定位的本质在于让品牌形成具有可持续性的竞争优势以及“独特的销售主张”，给予消费者要购买此产品的原因。营销者可以通过同竞争对手进行对比、间接提示等方式展现该品牌的独到之处。这既可能基于与产品表现相关的品牌属性或品牌利益，也可能基于和产品表现无关的品牌属性或品牌利益。虽然独特的品牌联想之于品牌成功而言至关重要，然而除非该品牌没有任何竞争对手，否则它很可能会与其他品牌共享一些品牌联想。这种共享的品牌联想有利于明确品类成员，同时定义与其他产品和服务之间的竞争边界。同一品类的产品与服务往往共享一系列的品牌联想，包括适用于品类中任何品牌的某些特定信念、对于品类中所有品牌的共有态度等。这些信念可能包括与表现相关的属性认知、与产品或服务表现非直接相关的描述性特征（如产品颜色等）。

消费者可能会考虑那些同一品类中所有品牌都具备的典型性和重要性的品牌属性与品牌利益，也可能会考虑某一具体品牌具有的典范性、代表性的品牌属性和品牌利益。例如，如果消费者希望获得一双能够辅助运动，舒适、耐用的跑鞋，那么他们可能会优先考虑知名跑鞋品牌。同样地，如果消费者期望电商平台提供清晰的检索界面、丰富的商品品类、合理的购物选择、安全的购物渠道、出色的售后服务、严格的隐私条例等服务，那么他们或许会优先考虑成熟的电商平台。

由于品牌与产品所属品类紧密相连，某些品类联想可能同样适用于该品类中的品牌，它们可以是具体的关于品牌的信念，亦可以是对品牌的整体态度。例如，如果消费者认为任何由房产中介进行代理出售的房子的价格都高得出奇，房产中介只为了自己的利益考虑，那么消费者便会对由房产中介进行代理出售的任何一套房都产生负面想法与消极态度。二手车网购品牌“瓜子二手车”曾经打出“没有中间商赚差价”的口号来吸引用户，其背后的逻辑也是利用了消费者对中间商这个群体的负面刻板印象。因此，几乎在所有情况下，某些产品的品类联想会为该品类中的所有品牌所共享。值得注意的是，由产品品类引发的品牌联想的强度是决定品牌知晓度的关键因素。

第三节　品牌架构

许多企业拥有多个品牌，即品牌组合，每个品牌又有各自的品牌愿景。根据宝洁官网的资料，2024年宝洁公司大中华区共涉及婴儿护理、织物护理、女性护理、男士理容、秀发护理、居家护理、口腔护理、个人健康护理及皮肤和个人护理9个产品品类，其中秀发护理品牌就有澳丝、发之食谱、海飞丝、Herbal Essence、潘婷、飘柔6个。品牌架构，即企业对多个品牌采取的组织结构，是一项十分重要的决策内容。

由于品牌对股东价值具有重大影响，所以品牌决策具有重要的战略意义。企业应当仔细考虑品牌的目标市场、品牌愿景和品牌联想，避免品牌给企业带来不利的影响。同时，企业应当慎重计划品牌的增加（自建或收购品牌）和削减。此外，企业还应当考虑公司品牌、产品系列的品牌和单个产品品牌之间的相互关系，并使品牌组合随着市场的变化而变化。例如百威英博根据顾客对啤酒喜好的变化，将它的品牌组合从低端变为高端，酒精度数从较高变为较低。

一、多品牌战略

多品牌战略，又称品牌家族战略，是指企业对自己的众多产品使用多个品牌。企业希望顾客不仅忠诚于某个产品品牌，也忠诚于公司品牌。与之相反，使用单一品牌战略的企业强调对若干产品或产品线使用一个统一的大品牌，如消费者知道的雅马哈产品有电子乐器（键盘乐器和吉他）、传统乐器（钢琴）、家用音响产品、电脑周边产品、摩托车等。

近年来，宝洁和欧莱雅这类多品牌公司出现了强调母公司品牌的一种趋势。这样做，企业可以调集全部公司价值支持它的品牌。譬如，欧莱雅集团旗下拥有赫莲娜、兰蔻、巴黎卡诗、植村秀、巴黎欧莱雅、科颜氏、理肤泉、圣罗兰、美宝莲纽约、3CE等多个品牌，覆盖从高端到平价的不同细分市场；百度公司拥有百度搜索、百度网盘、百度贴吧、百度地图等多个产品。

企业采用多品牌战略可以通过不同品牌覆盖不同细分市场，满足不同消费群体的多样化需求，提高市场占有率。将鸡蛋放在不同的篮子中，还可以降低公司的投资风险。一个产品品牌的失败或危机不会溢出或影响其他品牌和市场。不同的产品品牌为公司的整体战略提供了灵活性和适应性，面对不同的细分市场，不同产品品牌可以采取不同的策略。但是，经营多个品牌需要大量的人力、财力和物力投入。如果企业资源有限，可能会导致每个品牌都无法得到足够的支持和推广，从而影响品牌的发展和市场竞争力。如果不同品牌之间缺乏明确的市场定位和区分，可能会导致品牌之间的内部竞争，从而消耗企业的资源和市场份额。多品牌战略要求企业有能力同时管理多个品牌，这涉及复杂的品牌规划、市场定位、产品开发和营销策略。如果管理不善，可能会导致品牌形象混乱和市场机会丧失。在多品牌战略下，每个品牌都需要有清晰的市场定位和目标消费群体。如果市场定位不明确，可能会导致消费者对品牌的认知模糊，从而影响品牌忠诚度和市场份额。如果每个品牌都需要独立的市场推广和广告宣传，可能会导致营销成本的大幅增加。

吉利控股集团作为中国最大的民营汽车集团，自1997年进入汽车制造领域后，通过多品牌战略实现了从经济型轿车到高端智能电动车的全市场覆盖。截至2024年，吉利控股集团旗下拥有吉利（GEELY）、领克（LYNK & CO）、极氪（ZEEKR）、极星（Polestar）等七大自主品牌，形成了覆盖5万～150万元价格带的品牌矩阵，2023年全球总销量突破230万辆，其中新能源车占比达45%。吉利根据价格、技术路线（纯电/混动/燃油）、消费场景（家用/性能/商务）三维切割细分市场，推出了不同的品牌。

经济型品牌：吉利品牌主攻8万～20万元大众市场，2024年推出银河系列混动车型，搭载雷神电混8848技术，百公里油耗降至2.8L。高端产品：推出极氪品牌，聚焦30万～80万元豪华电动汽车市场，009光辉版上市五个月实现交付破千。领克品牌定位20万～40万元中高端市场，依托CMA架构开发“欧洲战略车型”，2024年在西欧市场占有率提升至1.7%。

吉利打造SEA浩瀚、CMA超级母体等四大架构平台，实现了70%零部件通用化。例如极氪001与极星4共享SEA架构，研发成本降低了40%，且通过差异化设计（极氪强调性能操控，极星主打环保美学）形成品牌区隔。此外，各品牌设立独立公司运营，极氪2024年Q1研发投入占比达12%，远超行业5%的平均水平；领克建立欧洲创新中心，本地化团队占比超60%；吉利品牌依托4.0智慧工厂，实现了定制化车型7天交付。

2024年1—5月，极氪销量同比激增112%，毛利率提升至15.2%；领克欧洲用户中35岁以下占比达58%。在品牌协同方面，2024年推出“吉利生态链”会员体系，实现跨品牌用户权益互通，转化率达23%。但极氪与极星在40万～50万元价格带产生内耗，2023年两品牌重叠市场客户争夺率达37%。

二、品牌延伸

品牌延伸是指企业用已有品牌推出新产品。企业将一个已经存在的品牌用到不同的新产品或新市场中，例如小米，最开始推出小米手机，然后推出小米电视、空调等一系列产品。品牌延伸降低了品牌的推广成本，可以用较少的投入获得更多收益。利用已有品牌的新产品可以自动获得品牌知名度，不过在此之前，企业必须考虑两方面问题：潜在的机会和挑战以及品牌联想迁移。

首先，潜在的机会和挑战。企业必须回答以下问题：新市场是否存在足够的潜在需求？企业是否具有足够的实力去应对竞争？企业是否可以利用现有的分销渠道进入这个新市场？企业是否具有满足新市场潜在需求的能力？企业是否已经拥有生产所需的原材料和其他生产投入？企业是否具备其他成功所必需的能力？

其次，关于品牌联想的迁移问题。从产品特征和概念来看，顾客认为原来的品牌形式（类别）与新的产品形式（类别）之间是否一致？顾客对核心产品的品牌形象和联想是什么？这些联想能够转移到新的产品上吗？顾客对新产品的联想会如何反向转移到核心产品的品牌联想上？公司品牌或统一品牌是如何与这些联想关联起来的？

如果不具备品牌延伸的条件或战略执行偏离，那么品牌延伸可能失败。品牌延伸失败的原因可能有以下几方面：品牌和延伸产品之间的联系不明显；品牌拥有独特的形象和联想，它们无法转移；新的产品形式或类别存在一个强大的竞争对手；延伸产品定位混乱或者与品牌不一致；延伸产品的质量不符合顾客对这个品牌的期望。

品牌延伸的一个严重问题是品牌稀释。它不仅可能导致品牌延伸失败，还可能导致企业品牌资产减少，所有产品销量下降。有些老品牌拥有忠实的顾客，可以存在很多年，但这样的品牌只是一些特例。营销战场上遍布品牌残骸，它们曾经都是昂贵而著名的品牌。随着市场变更，较弱势的品牌就可能会失去经济性。

云南白药是中国百年中药品牌，创立于1902年，以治疗跌打损伤的止血粉闻名。2004年，面对传统中药市场增长放缓的挑战，云南白药突破行业边界，推出云南白药牙膏，正式进军日化领域。这一战略不仅打破了消费者对“药企=药品”的固有认知，更开创了中药跨界消费品的先河。截至2024年，云南白药牙膏市场份额达23.8%，连续十年稳居中国牙膏市场本土品牌第一。

云南白药精准提取“止血愈伤”的品牌基因，将其转化为牙膏的“修复牙龈出血”功能卖点，并通过临床试验证明了产品对口腔溃疡、牙龈出血的有效性，延续了药品级信任背书。这种功能关联性突破了传统牙膏的清洁定位，开辟了“口腔护理+治疗”新赛道。云南白药牙膏采用主副品牌策略（“云南白药+牙膏”），既保留了母品牌的专业形象，又通过品类名称明确了产品属性。云南白药牙膏包装采用标志性白色与红色相结合的设计，延续药品的简洁设计语言，同时加入时尚元素以提升消费触达力。初期选择药店渠道铺货，强化“药企出品”的专业性；待市场认知建立后，逐步渗透商超、电商等大众渠道。2021年数据显示，其线上销售额占比已提升至35%，实现全渠道覆盖。

该延伸使企业营收结构发生了根本性转变。日化板块收入从2004年的0.3亿元增长至2024年的69.3亿元，占总营收比重超30%。但快速扩张也带来了挑战。2020年推出的洗发水系列因功能定位模糊，市场反响平平，反映出跨品类延伸中技术关联度不足的风险。

第四节　数字时代塑造品牌的途径

数字时代消费者，特别是年轻消费者的生活逐渐数字化。品牌需要紧随其后，保持与数字居民的契合度。数字时代还改变了品牌资产的创建环境，企业需要与消费者共创品牌资产。人工智能技术赋予了品牌人格化特征，实现了品牌与数字居民之间的互动，建立了数字品牌关系。

数字时代企业该如何塑造和管理品牌呢？

一、洞察“数字居民”

企业需要更深刻地洞察数字时代的消费者。数字时代的消费者也被称为“数字居民”。“数字居民”（digital natives）这个概念最早由营销顾问和作家马克·普伦斯基在2001年提出。数字居民通常用来描述那些出生于20世纪末或21世纪的人群，他们是从小就生活在数字技术环境中的一代人，对数字技术的熟悉和依赖程度远远超过之前的任何一代。

数字居民从小就接触电脑、互联网、智能手机和其他数字设备。对他们来说，使用这些技术就像使用铅笔和纸张一样自然。不同于他们的父辈，数字居民习惯于从互联网中快速获取和处理大量信息，他们倾向于通过搜索引擎和社交媒体来获取新闻和知识。他们习惯于同时处理多项任务，例如在上网冲浪的同时听音乐、发短信或做作业。

数字居民频繁地使用社交媒体平台进行沟通和分享，这些平台是他们日常生活的一部分。他们不仅是数字内容的消费者，也是创造者，例如在社交媒体平台上创作和分享文字、图片或视频内容。他们也更倾向于使用在线资源和工具进行学习和工作，例如远程协作和在线教育。虚拟或游戏世界的身份也是数字居民存在的重要维度。

数字居民的生活方式逐渐数字化，他们的购物主要通过网络完成。《第53次中国互联网络发展状况统计报告》数据显示，截至2023年12月，我国网络购物用户规模达到9.15亿人，较2022年12月增长6967万人，占网民整体的83.8%。《互联网助力数字消费发展蓝皮书》数据显示，2023年，我国网上零售额达15.42万亿元人民币，同比增长11%，连续11年成为全球第一大网络零售市场。在线旅游、在线文娱和在线餐饮销售额对网络零售增长的贡献率显著，其中在线旅游销售额增长237.5%，在线文娱销售额增长102.2%，在线餐饮销售额增长29.1%。

二、巧用数字传播媒介和智能技术

巧用社交媒体，可以提升品牌在数字世界的可见性和可达性。数字时代，媒体环境发生巨变，信息的创造和传播快速双向，品牌和消费者双向互动。数字居民不仅会在社交媒体上与品牌进行互动，还会在社交媒体上分享、传播品牌体验。除此之外，社交媒体还具有“扩音器效应”，可以放大个体用户的影响力。社交媒体是数字世界的重要载体之一，使得创建品牌资产的环境发生巨大变化，传统的商业品牌不再是社会化媒体环境中的主角。尽管越来越多的品牌活动转移到互联网，但在品牌化进程中，消费者在交易过程中的权力地位也在提升。公众会认为，社交媒体是为用户创造的，而不是为品牌创造的。这些分歧反映了消费者群体的异质性，部分消费者适应社交媒体中品牌的商业活动，而另一部分消费者拒绝品牌 “入侵” 社交空间。对于复杂的社交媒体环境，企业必须和消费者共创品牌故事。由于消费者与品牌通过社交媒体构成了一个可以轻易分享品牌经历的动态网络，消费者正在成为品牌故事的主要创作者。提升消费者参与水平、共创品牌价值成为新的品牌创建策略。

抖音是很受欢迎的短视频社交平台，其推荐算法会根据用户的观看历史和互动行为为其推送个性化的视频内容，而用户可以通过点赞、评论、分享和打赏等方式与主播、其他用户进行互动。它凭借精准的推荐算法和优质的内容创作者，迅速走红全球，成为短视频品类的代表。抖音及抖音直播也成了品牌传播及产品销售的重要数字渠道。

在数字空间中，品牌需要和数字居民进行积极、主动的沟通与交流，提高品牌与顾客之间的契合程度。因此，品牌需要新的数字身份，具备高度人格化特征（如对话能力），与数字居民保持亲近关系。人工智能技术的发展赋予品牌进入数字空间的能力。目前AI为品牌带来两方面的创新——智能客服与智能助手。智能客服旨在为顾客解决交易过程中的问题，常常“住在”移动应用中。随着人工智能技术的发展，客户服务的要求发生了变化。人工客服不仅成本过高，而且无法提供适应数字空间的不间断服务。因此，传统客服向智能客服升级转型是必然趋势。目前，我国拥有整体规模高达4000亿元的客服市场，其中智能客服市场将达到500亿～800亿元。目前，智能客服已经不仅局限于提高服务效率，还塑造“善解人意”的体验，并被赋予了相应的品牌形象，使其成为数字空间的品牌代表，如淘宝的“阿里小蜜”、京东的“JIMI”、滴滴的“小滴”等。智能助手旨在为顾客解决在产品使用过程中遇到的困难，常常“住在”智能硬件中。

智能助手通过语音与人进行交流，可以帮助用户完成任务，或者为用户提供娱乐内容。除此之外，智能助手还被赋予了人物性格和情感能力，为用户提供个性化服务。智能助手可以长时间陪伴用户，与用户建立亲密的“朋友”关系。诸多国内外知名品牌都将智能助手作为品牌虚拟大使。例如，苹果的Siri、亚马逊的Alexa、微软的Cortana、百度的小度、阿里的AliGenie等。

综上所述，面对社交媒体中的数字居民，企业需要利用社交媒体和人工智能技术，打造品牌数字身份，与消费者共创品牌价值。

三、品牌渠道协同管理

随着数字时代线上渠道的权重越来越高，线上渠道和线下渠道的协同成为数字时代品牌塑造的一大挑战。有些企业的线上渠道和线下渠道是割裂的，线上渠道的产品和价格都不同于线下渠道。数字时代，为了让顾客的购物体验更流畅，品牌企业应整合线上渠道和线下渠道的顾客数据和痕迹数据，包括购买历史、偏好、浏览记录和互动数据等，并将这些数据存储在数据共享后台，以便营销部门更好地洞察理解顾客行为和个性化购物旅程。根据这些数据，品牌企业可以为目标消费者设计一个整合的顾客旅程，降低消费者的时间成本和信息成本，整体提升消费者的购物体验，从而提升消费者对品牌的忠诚度。

线上App不仅是一种销售渠道，更是一种宣传和推广工具，可通过线上优惠和活动引导顾客到线下体验和购买，同时利用线上数据为实体店选址和建设提供参考，如服装品牌优衣库通过线上App和天猫旗舰店引导用户前往实体店购物，实现了线上与线下的互动。耐克通过整合线上电商平台与线下体验店，如NIKE by You个性化定制服务，让消费者在线设计鞋子后，可以选择在门店试穿或直接购买。这种线上线下一体化的购物体验加深了品牌与消费者的互动，提升了购买转化率。

咖啡品牌星巴克通过线上App提供预约下单、到店自提等服务，提升了顾客的购物体验，节省了顾客的等待时间，增强了顾客的黏性和忠诚度。此外，星巴克App还为顾客提供了定制产品的功能，顾客可以在线上选择不同的配料和口味，譬如糖分、冷热等。星巴克还通过App推送定制化通知，及时告知顾客最新的促销活动和新产品，保持顾客对品牌的兴趣；而顾客可以通过App参与到星巴克的社区活动中，如环保活动、艺术展览等。星巴克通过将线上App信息推广、线上下单、线下产品和活动体验结合起来，协同管理，不仅提高了顾客购物的便利性和满意度，还增强了顾客与品牌之间的情感联系，从而提升了顾客的黏性和忠诚度。

案例分析

完美日记的品牌成长之路

近年来，我国美妆行业蓬勃发展，涌现了一些有影响力的国产美妆品牌，完美日记就是在大湾区培育和发展起来的年轻美妆品牌。2017年完美日记创立于广州，它专注于对美的探索和表达，倡导年青一代不被外界标签束缚，努力突破自我，遇见更优秀的自己。2019年“双11”，完美日记成为11年来首个登上彩妆榜首的国货品牌。仅仅三年时间，完美日记就从新生品牌变成了美妆行业的国货之光，线上销售额超过国际品牌欧莱雅。2020年11月，完美日记在美国纽交所成功上市，成为最年轻的美妆上市公司。完美日记是如何突破国际美妆大品牌的压制，在短时间内使品牌知名度迅速提升并获得相关消费者认可的呢?

品牌定位：大牌平替

天猫美妆消费人群趋势报告显示，“95后”“00后”是美妆核心消费群体。这类群体以大学生和职场新人为主，他们有更强的自我表达欲望，喜欢自我突破，对国货有积极的认知。这批年轻人正处于接触彩妆的阶段，但消费能力有限。这批消费者喜欢刷抖音、小红书和B站，传统的营销手段难以触达他们，他们需要高质低价的大牌平替产品。

完美日记定位于生活态度品牌，品牌核心价值围绕“时尚、分享”，倡导“平凡中彰显个性、个性中寻求变换”。完美日记选择了大牌同款的代工厂为产品质量背书，减少了研发和终端等环节，渠道缩短，效率提高。完美日记的产品加上亲民的价格，很快成为消费者心中的“大牌平替”。

差异化的社交媒体内容营销

2017年，完美日记在天猫店刚上线时，销量不佳。随后，完美日记选择在微博、抖音、B站和小红书做试错式投入，发现每个平台的特点不同，B站以二次元为主，抖音以生活为主，微博以推广为主，小红书以年轻女性的生活分享为主。其中，小红书的页面可以直接展示彩妆效果，对文字内容要求低，平台用户更喜欢自然地表达生活，适合以彩妆为主的品牌；而微信公众号适合需要用文字描述产品功效的护肤品品牌。

于是完美日记将小红书作为重点渠道，采用“金字塔”策略，将明星种草、KOL引导和KOC分享结合起来，三种力量协同汇集成小红书UGC，高效率地提升完美日记的知名度和美誉度，引发消费者的购买热潮。

第三方平台的流量成本越来越高，完美日记在微信平台打造了私域的社群。通过公域流量获取用户之后，完美日记将用户引流到微信私域，精细运营和管理私域用户，提升用户留存率。完美日记搭建了“微信公众号+朋友圈+微信群+小程序”的销售闭环。微信群内有固定群友发布各种优惠券、直播活动、抽奖活动和用户调研活动等，建立了全周期的客户关系管理体系，实现了私域营销转化的生态闭环。

完美日记的品牌困局

在品牌探索初期，完美日记通过社交媒体特别是小红书引流种草，采用“内容带动产品，产品即为内容”的模式，使品牌知名度大幅提升。完美日记品牌知名度高速提升的背后离不开完美日记的品牌战略。在品牌成长初期，完美日记从时尚圈切入并借助小红书平台快速地提升品牌声量；同时广泛布局社会化媒体，根据渠道定位定制营销目标与内容。在品牌爆发阶段，完美日记通过跨界联名、联合头部KOL 打造爆款单品。在品牌持续增长期，完美日记在微信生态下打造私域增长新格局，建立紧密连接的社群，结合促销活动，对用户进行反复触达，以实现裂变。在打造私域流量的同时，完美日记还广泛布局线下门店，使得品牌可见度提升，实现线上与线下的融合。

完美日记发展到一定阶段后，品牌面临着多个方面的困局。首先，完美日记的品牌高端化突破不利。完美日记最初的高性价比定位不利于品牌的长期发展，需要完成高端化升级。因此，完美日记在品牌的视觉标识上做了升级，发表了新版的logo。品牌理念是“美不设限”，与年轻人的价值观高度契合。其次，完美日记邀请明星影后周迅担任品牌形象大使。周迅在资深年龄段的女性消费者中有着较高的影响力。但是，原来年轻的目标女性消费者对新的代言人及新的logo的接受度不是特别高。最后，完美日记的流量成本越来越高，影响了品牌竞争力。完美日记核心渠道小红书的粉丝量在2021年达峰后，便呈现下降趋势。从创立至今，完美日记的营销费用比一直高于40%，比欧莱雅等同业竞争者的营销费用都高，流量成本让品牌面临越来越大的成本负担。

【案例思考】

1. 面临获客成本高以及流量成本高的困境，完美日记如何突破，找到新的用户增长点？

2. 完美日记的品牌形象面临什么挑战？如何突破该挑战？

本章小结

品牌是企业实现差异化的重要战略，是联结企业和消费者的情感桥梁。品牌建设是一个长期且复杂的过程，从塑造品牌、运营品牌到维护品牌，企业需要持续不断地投入资源和努力，以提升品牌资产。

品牌是一个名称、专有术语、标记、符号、设计，或这些元素的组合，意在用来识别一家销售商或一群销售商的商品与服务，并用来与竞争者的商品和服务相区分。广义的品牌包括所有与商品或服务相关的品牌联想；狭义的品牌通过品牌元素展示出来，它包括品牌名称、标识、符号、包装、品牌口号、形象代表（数字化身）等。

品牌的内涵比产品的内涵更加丰富，因为品牌能够从更多维度将同质化的产品区别开来。产品是具体的、理性的、有形的；而品牌是抽象与具体、感性与理性、有形和无形的结合。

品牌资产是顾客因所拥有的品牌知识而对营销活动产生的差异化反应。这些差异化反应包括更高的价格溢价、情感信任、品牌认同和行为忠诚等。

|第七章|

定价策略

定价是企业营销组合中的重要组成部分，是复杂且具有挑战性的经营决策。企业通过定价吸引消费者，促成购买并最终获取利润。要想制定有效的定价策略，需要掌握基本的定价思路，理解顾客感知价格的规律。定价既涉及新产品定价，也包括之后根据市场变化对产品进行价格调整。通过本章学习，应掌握以下内容：

- 三种定价方式
- 顾客的价格感知心理
- 新产品定价以及价格弹性
- 定价创新的思路与商业应用

导入案例

2022年年初，面对消费者对价格日益敏感的市场环境，奈雪的茶进行了全面的价格调整。为了应对竞争对手的降价压力并拓展新市场，奈雪的茶宣布旗下经典产品降价10元，推出单价为9～19元的“轻松系列”。例如，将原先29元的“霸气葡萄”调整为“轻松葡萄”，价格由29元调整为19元。此外，奈雪的茶还承诺每月推出一款低价新品，将主力产品价格带调整为14～25元，首次提供价格在20元以下的鲜果茶。

有趣的是，在2022年2月，中式茶饮品牌喜茶也曾宣告在产品配方、用料和品质都不改变的前提下，对部分产品的售价进行调整。其中，两款降价幅度最大的饮料单价分别从29元和32元降至19元、22元。同年，喜茶还通过官方微信、微博正式宣告，当年所有产品不会涨价，并且当年也不会再推出29元以上的新品。

这次调整使奈雪的茶日均订单量增加，销量上升，获得了消费者的积极反馈。然而，财务数据揭示出一个复杂局面——尽管销量增长，但是奈雪的茶总收入与2021年相比几乎持平，甚至轻微下降0.1%。这显示价格调整虽提升了销量和顾客吸引力，但未转化为收入增长。

第一节　三种定价方式及价格的信号作用

哈佛商学院教授雷蒙德·科里曾说：“定价是真理的时刻——所有营销活动都汇聚到定价决策。”作为市场营销组合工具中最具弹性的工具，定价直接影响企业的财务绩效。正确的定价策略可以帮助企业获得竞争优势，并最终实现可持续发展。

简单来说，定价就是企业为其产品或服务设定价格的过程。这一过程涉及对战略目标、成本、市场需求、竞争环境以及其他外部因素的综合考量。企业可根据自身所处的环境、战略目标与业务特点，采用不同的定价原则与导向。主要有三种定价方式：基于成本定价、基于竞争定价和基于价值定价。

一、基于成本定价

基于成本定价（cost-based pricing），也称成本导向定价法，基本思路是以产品成本费用或投资额为基础，以实现利润为目标制定出符合企业利润要求的产品价格。此方法以产品为导向，需要企业在充分考量产品的生产、分销和营销等所涉及的所有成本后再加上公司所面临的风险制定适当的产品价格。

基于成本定价的思路是，制定一个至少能在一定销量基础上覆盖总成本、实现一定利润目标的定价。基于成本定价的第一步是估计成本。

（一）估计成本

在微观经济学中，一般将总成本分为固定成本和变动成本。固定成本是指在一定时间内不随产量变化的成本，例如租金、保险费、折旧费、管理人员工资等；变动成本是指随着产量的增减而按比例变化的成本，例如原材料、直接人工、包装材料成本等。

生产过程中的各种固定和变动成本相加，由此构成了产品生产的总成本。需要注意的是，在估计成本时，一般以一个SKU（stock-keeping unit，库存单位）为单位，计算出单位产品的成本。在总成本中，变动成本与生产量直接相关，本身就以每单位来衡量；而固定成本则需要根据预期销量“均摊”到每单位产品上。因此，产品的单位成本的计算公式是：

$$\text{单位成本}=\frac{\text{固定成本}}{\text{预期销量}}+\text{单位变动成本}$$

假设奶茶店店主想要基于成本定价的思路对奶茶进行定价，第一步需估计每杯奶茶的成本。奶茶店的固定成本包括房屋租金、水电开支、员工成本（假设员工成本为固定成本，不随产量变化）、资产折旧、广告推广费用等；而奶茶店的变动成本主要是材料成本，包括原材料和包装成本。

假设一间奶茶店每月的房租和水电费为80000元，人员费用为30000元，机器折旧费用为10000元，一杯奶茶的变动成本为6元。

由于产品的单位成本的计算会涉及预期销量，假设奶茶店预计每月售出12000杯饮料，则每杯奶茶的单位成本为（80000+30000+10000）/12000+6，即 16元。

成本导向定价的第二步是计算价格，包括成本加成定价法和盈亏平衡定价法两种思路。

（二）计算价格

1.成本加成定价法

成本加成定价法是最简单的定价方法，是通过在产品单位成本的基础上附加一个标准的加成。计算公式为：产品价格=单位成本×（1+预期利润率）。

以奶茶价格计算为例，假设预期利润率设定为20%，在该利润率水平下，每杯饮料定价应该为16×（1+20%），即定价为19.2元。

2.盈亏平衡定价法

盈亏平衡定价法是指设定一个能使生产和营销产品的成本达到收支平衡，或者预设目标回报的价格。其定价一般建立在盈亏平衡图的基础上，根据图中展现不同销量情况下总成本和总收益的情况进行定价。

根据以上列出的相关固定和变动成本，产品的总成本函数为y=120000+6x。假设奶茶的价格定为30元每杯，总收入函数为y=30x，盈亏平衡情况如图7-1所示。

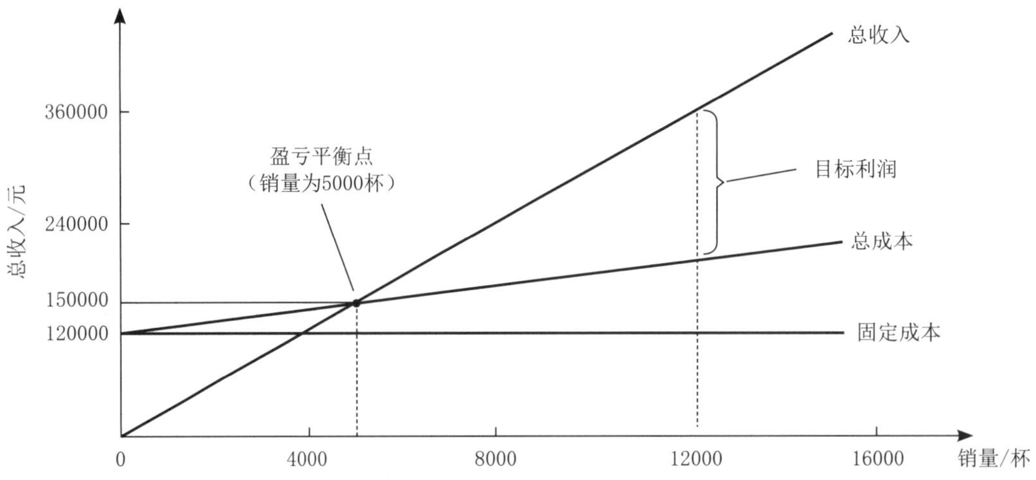

图7-1 奶茶店的盈亏平衡情况

图7-1反映的是，当奶茶定价在30元时，不同销量下的总利润的变化。在图7-1中，总收入函数和总成本函数的交汇点（5000杯）即是“盈亏平衡点”，意味着奶茶店需要销售5000杯奶茶，才能完全覆盖成本，达到不亏不盈的状态。

除从盈亏平衡图中得知盈亏平衡点外，也可以通过公式计算盈亏平衡点：

$$盈亏平衡点销量=\frac{固定成本}{单位产品价格-单位产品变动成本-单位产品营业税金及附加}$$

对照盈亏平衡图和计算公式，对比不同价格水平所要达到的盈亏平衡销量，可以发现规律：产品的价格越高，盈亏平衡点就越低。换言之，产品价格越高，公司就越能够用更少的产品销量来覆盖成本。

当销量跨过盈亏平衡点继续增长时，便有利可图。假设想要获得168000元的利润，根据计算公式：利润=总收入-总成本=（价格-单位变动成本）×销售量-固定成本，奶茶店需销售12000杯奶茶。

（三）基于成本定价的分析

成本导向定价法的优点在于简单明了，方便企业掌控盈利水平；缺点在于只从企业自身出发，没有考虑市场竞争与需求。主要适用于以下情况：

（1）需要并且能够提前估算成本的行业，如建筑行业。

（2）估算自身的成本比评估市场需求更为简单的行业，如计算制作一张办公桌的成本比准确预测办公桌的市场需求更容易，所以家具制造商使用成本加成定价法更为高效。

在整个制造行业中，大多数企业都采取成本加成定价法。例如，在汽车制造业中，如果多数厂商都选择在生产成本基础上加上相似的利润率来定价，那么市场上同级别车型的价格会比较接近，这使得各家企业之间不容易出现激烈的价格战。因为大家都遵循类似的定价逻辑，所以价格差异更多体现在品牌影响力和服务质量上。

尽管一些企业不采用基于成本定价的方式，但其定价一定程度上也考虑了成本的因素。以奈雪的茶为例，在2022年降价之前，奈雪的茶优化了通过共建茶园果园、入股茶饮原料供应商和精细化运营，降低了原材料成本；还通过打造从产地—门店—仓库数字化供应链系统，以及制茶和排班的自动化，有效降低了人员费用。

二、基于竞争定价

基于竞争定价（competition-based pricing），也称随行就市定价法（going-rate pricing），是指公司在产品定价时很大程度上参考竞争对手的战略、成本、定价和产品服务等情况。这种方法主要关注市场上的动态价格以及竞争对手的行为来定价，而不仅仅依据成本或价值来定价。

基于竞争定价的方法通常适用于那些产品差异化不大、市场竞争激烈的行业，也可用于成本变化或难以衡量，或需求波动，抑或竞争反应不确定的市场情境。但任何产品的定价，都受制于产品的定价目标，基于竞争定价也不例外。作为基于竞争定价的产品，价格目标有三种可选的方式。

（一）以低于竞争者的价格出售产品

采用此定价策略的企业往往出于进攻或预防的目的。

进攻目的：当企业采用进攻性的定价时，其目标是以价格为手段，打击竞争对手，也就是俗称的“价格战”。有些企业甚至采用仅比成本稍高的定价，使竞争者无法继续经营而自动退出竞争，然后再提高价格，形成垄断。但这种倾销办法不利于营造平等有序的市场环境，在许多国家中是不被允许的。

企业企图通过较大的市场占有率来获得更多的利润回报，但现实真的会如预期般吗?

从财务角度来说，降价的方式虽简单易操作，但其只不过是以较低的边际收益换取短期的竞争优势。实际上，除非公司在行业上拥有成本控制和价格制定的绝对话语权，否则，把降价作为竞争手段是得不偿失的。只有当产品价格不再与其价值相符时，降价才是合理的。而对于大部分的企业来说，采取产品差异化、广告宣传、优化分销渠道等营销手段反而会给企业带来更长久的利益。

在中国电子商务市场中，京东就是一个很好的例子。京东最初以电子产品价格优势闻名，通过提供比实体店更低的价格来吸引顾客。然而，随着市场的成熟和技术的发展，京东意识到单纯依靠价格战并不能保证长期的竞争优势。因此，京东开始转向提供更高质量的服务和用户体验，比如快速的物流配送、优质的客户服务以及丰富的商品种类。通过这些差异化服务，京东不仅提高了客户满意度，还增强了品牌的忠诚度，从而在激烈的电商竞争中站稳了脚跟。

预防目的：企业还可能出于预防性目的采取一个较低定价。预防性产品定价一般用于产品上市之初。为了防止竞争者介入，有些企业会把产品价格定得较低，减少市场引力（指市场对企业生产特定产品的吸引能力），从而避免出现剧烈的竞争。

（二）以与竞争者相同的价格出售产品

此定价策略属于防御性产品定价，一般是在竞争者采取价格攻势后，企业为了应付竞争，被动地服从或保持与竞争者一致的价格。

（三）以高于竞争者的价格出售产品

当企业在行业或地理区域内处于垄断地位，或拥有独特的竞争优势时，如提供优质产品、卓越服务和拥有强大的品牌影响力或领先的技术等，往往会采用高于竞争者的价格。

（四）基于竞争定价的分析

尽管基于竞争的定价策略对于企业保持市场竞争力至关重要，并且能够帮助企业在激烈的市场竞争环境中找到立足之地，但仅仅依赖于竞争对手的价格信号并不总能反映出产品或服务的真实价值所在，企业还应当关注顾客如何看待其所提供的价值，因为最终是顾客愿意支付的价格决定了企业的收益。因此，在考虑了市场上的竞争态势之后，企业还需要深入探讨顾客如何感知产品的价值，更好地满足顾客需求，从而为企业创造更高的利润空间。

三、基于价值定价

从生产者视角看，价格是购买一件产品或服务所收取的费用。但当我们转换到消费者视角时，会发现价格体现了消费者为了从产品或服务的购买和消费中获得好处而付出的价值总和。对消费者而言，价格不仅仅是一个数字，而是所获得价值的总和。

精品咖啡馆没有选择与咖啡连锁店竞争价格，而是通过环境陈设、营造美好体验和生活方式提高竞争力；健身房提供个性化健身方案，并配以专业营养师一对一指导，尽管费用远高于普通健身房，但那些追求高效锻炼的人们仍愿意为这种量身定制的服务买单；非遗设计师推出蕴含文化的手工艺品，由于其稀缺性和艺术价值受到追捧……可见，尽管商家对产品和服务的定价高于其成本，但消费者仍愿意为了体验和氛围、定制化解决方案、文化蕴意感觉“值得”，进而为之买单。

因此，基于价值定价（value-based pricing），即从消费者角度出发的定价方式，认为产品定价应该基于消费者认为产品能够给他们带来的效用和满足感。其中，产品的价值借由产品的品质、功能、品牌形象、服务等方面来实现。消费者会根据其所感知到的产品价值支付相应的费用。基于顾客感知价值定价可进一步分为性价比定价法和附加价值定价法两种方式。

（一）性价比定价法

性价比定价法（cost-to-benefit pricing）是指为顾客提供优质的产品和服务，同时索取一个合理的价格。海底捞是一家以服务著称的火锅连锁餐厅。它不仅提供美味的食物，还提供了一流的服务体验，包括免费的美甲、按摩椅、等待区的小吃等。这种高水平的服务质量使得顾客愿意为其支付比普通火锅店更高的价格。

通常来说，性价比定价法更适用于成本驱动市场、高度竞争市场、大宗商品或标准化产品、成熟市场中的低端产品和存在新进入者或市场份额争夺这几种情况。

（二）附加价值定价法

附加价值定价法（value-based pricing）是指产品或服务含有额外的属性特征，使之差异化于竞争对手，同时收取一个比较高的价格。大疆是全球领先的无人机制造商之一，其产品不仅有优秀的飞行性能，而且配备了高清摄像、稳定云台等先进技术，同时提供了出色的产品设计、优质的用户体验、强有力的品牌认知和完善的生态系统，这成功为其产品和服务增加了显著的附加价值，也使得大疆能够在市场上维持较高的定价，并且仍然受到消费者的广泛欢迎。

附加价值定价法更多应用于高端市场、服务密集型行业、品牌影响力强的产品、创新和技术领先型产品和个性化定制产品等场景。

以上两种定价策略无外乎是同种思路：以消费者对产品的价值感知为起点，定一个相对较低或是相对较高的价格。同时，价格也会反过来影响到消费者对产品价值的感知。

四、价格的信号作用

人们常将价格作为线索来判断产品质量，即消费者倾向于认为价格更高的产品更优质。俗语“一分钱，一分货”“便宜无好货”便体现了这种启发式的运用。尤其是在人们认为“市场是有效的”情况下，这种判断更为明显。

（一）价格的声望效应

声望效应（prestige effect）又称形象定价，是指用较高的价格作为身份和社会威望的标志，可以为消费者提供额外的社会心理效用。一些企业采取声望定价，将产品的价格设定在一个较高的水平，以此来传达产品具有更好的品质、更卓越的性能或者更高的社会地位象征。

声望定价常见于奢侈品或者希望营造高端形象的品牌（如茅台酒），以及与自我形象相关的品类（如香水、豪车和名牌服装）。这种策略的核心是利用消费者对于价格和品质之间关联的认知。

声望效应的成功取决于消费者对品牌的认知以及市场上品牌定位的一致性。只有当消费者相信高价等于高质量或高社会地位时，才会欣然接受高端品牌所带来的“品牌溢价”，并对高价格感到“理所当然”，从而为此付出更多的钱。因此，声望定价常常与强大的品牌形象、市场营销活动以及产品或服务的独特性和稀缺性相结合。

红旗汽车自成立以来就与中国的历史紧密相连，且红旗汽车的设计元素常常融入中国传统文化的符号，这赋予了红旗汽车极高的象征意义和社会地位。随着时间的推移，红旗汽车在保留其高端豪华形象的同时，也逐渐向普通消费者市场拓展，但仍保持了高品质和独特设计，继续强化其作为兼具国家象征与社会认同的高端品牌的地位，因此消费者也愿意通过拥有红旗汽车来象征较高的社会地位。

（二）价格的安慰剂效应

研究发现，价格不仅作用于产品感知层面，更作用于消费体验。斯坦福大学Baba等学者在健身房开展了一个实验。他们在健身开始前，分别给予不同的健身者价格为2.89美元（高价）和0.89美元（低价）功能饮料。在健身结束后，他们询问健身者的锻炼强度和疲劳程度。结果发现，相比于获得低价饮料的健身者，获得高价饮料的健身者汇报健身强度更大，但疲惫感却更低[①]。

还有类似例证，同样一瓶葡萄酒，标价越高，品酒师越觉得它口感丰富、更醇香；在运动装备行业，尽管技术规格相同，但高价跑鞋能让人感觉跑得更快。

以上现象揭示了价格的安慰剂效应。基于此，这种策略也被灵活运用于奢侈品销售、高端医疗保健等行业的品牌营销中。合理地运用价格的安慰剂效应可以为顾客和企业带来“双赢”——提升客户满意度，为客户创造更好的消费体验；同时，通过设定较高的价格，企业也可以获得更高的利润率。

但是，我们应辩证认识这种定价策略。尽管高价商品往往能提升消费者的体验和满意度，但作为消费者，仍要尽可能保持理性消费的态度，根据实际需求和产品特性做出选择，避免仅因价格而陷入不必要的开支。对于企业而言，则需要坚持诚信定价和透明沟通，确保产品的真实价值与价格相符，从而赢得消费者的长期信赖。

---

① Shiv，Baba，Ziv Carmon，and Dan Ariely .（2005） Placebo Effects of Marketing Actions: Consumers May Get What They Pay For. Journal of Marketing Research，42 （4），PP383-393.

第二节　新产品定价与价格弹性、价格差异化

一、新产品定价

企业和产品经理经常面临新产品定价决策，考虑新产品以一个怎样的价格进入市场？如何取得利润最大化？新产品定价主要有两种策略。

（一）撇脂定价

撇脂定价（skimming pricing）是一种通常用于产品生命周期初期阶段的新产品定价策略。它通过设定较高的产品价格，以便在竞争对手进入市场之前尽可能多地从市场中“撇取”利润。

1. 优缺点分析

撇脂定价策略的优点包括：

（1）支撑后续投入。设定较高的初始价格可以帮助企业在短期内获得较大的利润，在发展初期有效回收研发和其他前期投入的成本，能够获得稳定的现金流来支持后续产品的开发与市场开拓。

（2）市场洞察。了解市场对其产品的接受程度。

（3）塑造形象。高价通常会被联想至高质量，有助于树立高端的品牌形象。

（4）市场细分。通过高定价来区分不同收入水平的消费者群体，更好地满足各个细分市场的需求。

（5）灵活调整。高价格也能作为竞争缓冲，使竞争者难以轻易进入市场，后期也能随着产品成熟和竞争加剧，灵活降低价格，吸引更广泛的客户群体。

奈雪的茶在进入市场时就采用了撇脂定价策略，以较高的茶饮和烘焙食品单价进入市场，曾推出88元一杯的“霸气猫山王”等高价季节性限定产品，意图打造年轻人高端茶饮的品牌定位，以高品质的茶饮和休闲体验来吸引顾客。尽管某些产品价格较高，但奈雪的茶仍然收获了一批忠实顾客，这也从侧面表明了撇脂定价策略在进入市场初期时取得了一定成效。初期的高价策略也为奈雪的茶后期在激烈市场竞争中寻求品牌发展时留有较大的降价空间，能够适应更广泛的消费群体和市场变化。

虽然撇脂定价策略有着许多潜在的好处，但也存在着一些挑战。它可能会限制市场份额的增长速度，或当定价过高时会导致消费者反感。

例如，锤子科技推出的高端智能手机尽管在设计和用户体验方面有一定的创新，

但由于定价过高，难以在竞争激烈的手机市场中获得消费者的认可，未能吸引到足够多的消费者。高成本和低销量导致其资金链断裂，最终也以停产告终。

因此，在实施撇脂定价策略时，需要仔细评估市场条件、消费者偏好以及竞争格局，确保该策略的有效性和可持续性。

2. 适用情况

撇脂定价策略通常适用于以下几种情况：

（1）新产品或技术创新。当产品具有显著的技术优势或创新特性时，消费者可能愿意为此支付更高的价格。

（2）有限的市场供应。当市场上的竞争较小或者产品具有稀缺性时，企业可以通过撇脂定价策略获取更高的利润。

（3）品牌忠诚度高。对于拥有强大品牌忠诚度的产品，消费者可能更倾向于支付溢价。

（4）早期采用者的市场。对于那些追求最新技术或趋势的消费者而言，他们往往愿意为新颖的产品支付更高的价格。

（二）渗透定价

渗透定价（penetration pricing）指的是企业在新产品或服务推出时采用较低的价格，以吸引更多的消费者并迅速扩大市场份额。渗透定价的特点可以概括为通过设定较低的初始价格来实现高市场渗透率。从长期视角出发，企业采用渗透定价策略可以利用规模效应降低成本并保持价格灵活性，以适应市场变化。

1. 优缺点分析

企业在选择采用渗透定价策略时，往往有以下几种优点：

（1）快速占领市场。通过较低的价格吸引顾客，快速建立起品牌知名度和市场地位。

（2）阻止竞争对手。较低的价格可以阻止潜在的竞争对手进入市场，因为新进入者很难与低价竞争。

（3）提高销量。通过低价吸引更多的顾客，提高产品的销量。

（4）成本领先优势。通过规模经济降低单位成本，使企业能够承受较低的定价。

（5）培养顾客忠诚度。早期的低价策略可以培养顾客的忠诚度，即使未来价格上调，顾客也可能继续支持该品牌。

但采用低价渗透策略并不是完美的，企业也应认识到其可能带来的风险。

（1）品牌形象。低价可能会损害品牌形象，一些顾客可能会认为价格低意味着质量差，从而不愿意购买。例如，拼多多虽在下沉市场中占据重要地位，但初期的低价策略确实会让消费者产生质量上的担忧。

（2）利润承压。低价格可能导致企业在初期阶段只有较低的利润率，甚至面临亏损的风险。

（3）市场饱和。如果市场已经达到饱和状态，那么低价策略可能无法有效吸引新的消费者。

（4）引发价格战。低价策略可能会引发价格战，导致整个行业的利润空间被压缩。

2. 适用条件

要想成功实施渗透定价策略，通常需满足多个关键条件：

（1）成本优势。企业自身必须具备成本优势，确保在较低价格水平下仍能实现盈利。这是实施渗透定价策略的基础，只有有效控制成本，才能在低价竞争中维持运营。

（2）消费者价格敏感度。目标市场的消费者需对价格高度敏感，这类消费者更倾向于选择低价产品。如此，企业的低价策略才能有效吸引消费者，打开市场。

（3）规模化生产能力。企业要能够借助规模化生产实现成本节约。随着销量增加，单位成本随之降低，从而在扩大市场份额的同时，保证利润空间。

（4）避免价格战。市场环境需避免陷入价格战，即不存在其他竞争对手采取类似的低价策略。否则，过度的价格竞争会压缩利润，使渗透定价策略难以持续。

（5）保证产品质量。尽管产品或服务在初期以低价进入市场，但质量绝不能打折扣。低质量产品会损害品牌形象，只有保证质量，消费者才会相信随着品牌发展，产品价值也会相应提升。

诸多企业利用渗透定价策略实现了企业的发展。例如，2001年，吉利汽车推出了“新自由人”车型，将中国轿车价格拉低至10万元人民币以下，成功降低了消费者购买汽车的心理门槛，吉利汽车也因此迅速提升了销量和市场份额；电商平台拼多多在入市初期就通过团购模式提供极具竞争力的价格，并辅以社交属性，让拼多多迅速成为中国电商市场的一股重要力量。

小米也是采用低价渗透策略的又一成功案例。小米手机推出时以极高的性价比著称。小米的首款手机定价仅为1999元，而当时同配置的其他品牌手机普遍在3000元以上。这是由于小米通过与供应商建立长期合作关系，有效降低了生产成本，并将所节约的成本让利给消费者，从而实现了远低于竞争对手的价格。这种定价策略帮助小米迅速在中国手机市场占据一席之地，并获得了大量忠实的粉丝，提升了企业长期的盈利能力。随着时间的推移，小米不仅扩大了智能手机的市场份额，还将市场扩展到了其他电子产品领域，如智能家居设备等，逐渐提升了品牌形象和产品的平均售价。

新产品上市后，企业还需要根据市场的变化对价格进行调整。接下来，本节将进一步探讨如何通过价格弹性测试，科学地衡量顾客对价格变动的反应。通过对不同价格点的精细测试，商家能够更加准确地把握市场的脉搏，了解消费者在面对价格调整时的态度变化，以期在保证顾客满意度的同时，实现企业利润的最大化。

二、价格弹性

价格弹性是指商品或服务的需求量对其价格变化的反应程度。价格弹性测试通常用来衡量价格变化对需求量的影响。这对于定价策略尤为重要，企业可以以此制定出最优的定价策略，以确保既能吸引顾客又能保持盈利。该工具特别适用于那些需要频繁调整价格的产品或服务（如生鲜食品、酒店住宿等）。其中，价格弹性曲线可以分为以下几种类型（见图7–2）。

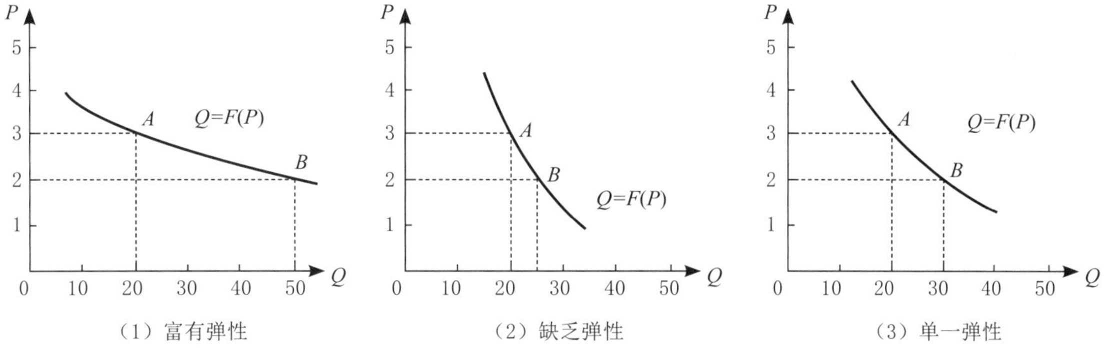

图7–2　价格弹性曲线

（1）富有弹性，价格弹性大于1：表示需求对价格很敏感，价格的小幅下降会导致需求量大幅上升。

（2）缺乏弹性，价格弹性小于1：表示需求对价格不太敏感，价格变化对需求量的影响较小。

（3）单一弹性，价格弹性等于1：表示需求量的变化比例与价格变化的比例相同。

如果价格弹性较高（绝对值较大），则说明消费者对价格敏感，企业可能需要采取更谨慎的价格策略；如果价格弹性较低（绝对值较小），则说明消费者不太关心价格变化，企业可能有更大的空间来调整价格。

前面案例导入中提到，2022年3月初，奈雪的茶宣布旗下经典产品降价10元，其中“霸气葡萄”的价格由原来的29元下调至19元。假设销量由原来的12000杯提升至20000杯，产品经理想要了解该款饮料的价格弹性是多少，本次降价能否刺激更多的消费者购买“霸气葡萄”，销量增加的幅度是多少？这时可通过计算价格弹性来解决疑问（见图7–3）。

$$价格变动百分比=\frac{29-19}{29}\times 100\%=34.48\%$$

$$需求量变动百分比=\frac{20000-12000}{12000}\times 100\%=66.67\%$$

$$价格弹性=\frac{需求量变动百分比}{价格变动百分比}=\frac{66.67\%}{34.48\%}\approx 1.93$$

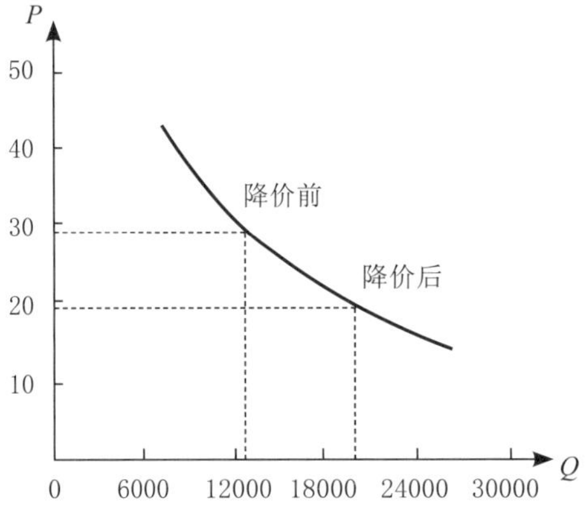

图7-3 “霸气葡萄”价格弹性曲线

根据以上计算和图7-3，“霸气葡萄”价格弹性为1.93，大于1，表明当价格下调34.48%时，需求量提升66.67%。这说明消费者对饮品价格变化比较敏感。在这个例子中，如果奈雪的茶产品经理决定提高价格以增加收入，那么他们需要考虑可能会损失一部分销量。在考虑最大化利润时，需要权衡价格变化对销量的影响。

假设产品经理想进一步了解，如何定价能够使本次促销活动实现盈利最大化。我们可以通过收入—需求函数进行大致的测算。为了简化计算，我们假设需求函数为线性函数，计算过程如下：

条件：固定成本120000元；变动成本6元；且假设当价格P_1为30元时，销售量Q_1为12000杯；当价格P_2为30元时，销售量Q_2为20000杯。

需求函数：$Q=a-bP$（其中a，b为常数项），代入相关数据后，可得$Q=36000-800P$。

收入函数：$TR=P\times Q=P\times(36000-800P)=36000P-800P_2$。

成本函数：TC=固定成本+变动成本$\times Q=120000+6Q=336000-4800P$。

利润函数：$\theta=TR-TC=-800P_2+40800P-336000$。

为了求出利润最大化的价格，需要对利润—价格函数进行求导。

$F(\theta)=-1600P+40800$，令$F(\theta)=0$，则$P=25.5$，$Q=15600$，$\theta=185400$。

根据计算结果，我们可知，要使得利润最大化，可以将“霸气葡萄”的价格定为

25.5元，此时的销售量为15600杯，所得利润是185400元。

三、定价差异化

前文讲到了如何根据利润—价格函数找到最大化利润的价格，但这真的就是企业所能达到的最大利润了吗？并不是。以上的讨论仅仅是基于统一价格的情境下的最大利润。图7–4左边展示了“霸气葡萄”基于统一价格的情境下的利润情况，为了简化计算，我们将固定成本去除，黑色矩形代表的就是“霸气葡萄”的利润。

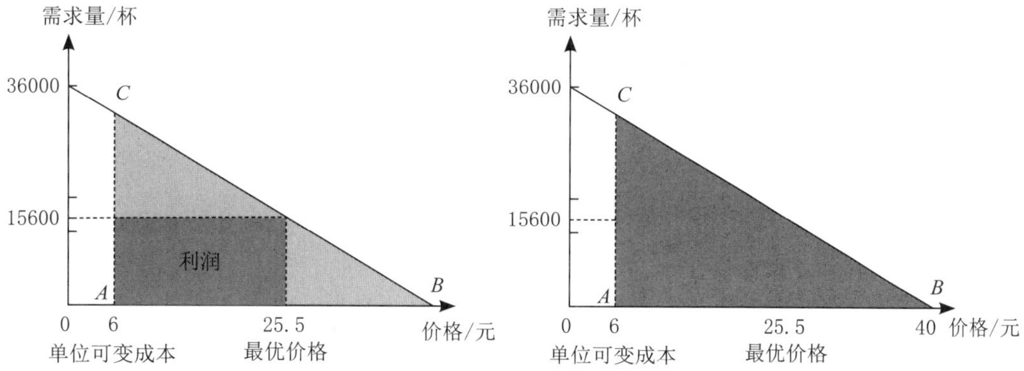

图7–4　“霸气葡萄”统一价格的利润和价格差异化的潜在利润

从图7–4中可知，即使将统一价格设定为最大化利润的价格，也只能挖掘出市场潜在利润的一部分。而图7–4的右边展示了“霸气葡萄”完整的潜在利润空间，其对应的是有A、B、C三个点为顶点的三角形的全部面积，远远大于左边黑色矩形的面积。这意味着即使一家公司将价格设定在最优的统一价格上，它仍然剩余一大部分潜在的利润未被开发。这该如何解释呢？

不同顾客对顾客同一件商品的价值感知不同，有些顾客愿意支付比最优统一价格更高的价格，例如有些顾客愿意支付35元，甚至是40元。但在统一价格的情况下，即使有人愿意支付更高的价格，企业也只会收取消费者统一的价格。那么，图7–4左上方浅色三角形就代表了因统一定价未能向高支付意愿顾客收取更高价格而损失的潜在利润（即未被转化的消费者剩余）。

同理，有些顾客可能对产品的价格预期会高于单位变动成本但低于最优价格，如果企业仍按照统一价格去售卖，那这些顾客就会放弃对商品的购买，此时企业就失去了一部分的潜在顾客。图7–4左下方的浅色三角形就是企业因为统一价格所失去的潜在利润。

因此，为了得到实际意义上的利润最大化，让利润矩形向利润三角形过渡，企业可以尝试采用差异化定价策略。

企业通常会对不同的细分客户、销售渠道、产品、销售时间进行差异化定价。旅游行业常常会使用差异化定价策略，如景区会给本地居民、学生、老年人等特定群体提供折扣票价；不同的销售渠道，票价也会不同，美团、携程等一些团购、旅游平台会通过发放折扣券、代金券的方式吸引顾客，价格往往会比官方售票网站低；一些涉及项目较多的景区，会将门票和景区具体项目分开售卖，对缆车、观光车、游船等项目设定不同的价格，让顾客根据自身的选择进行购买；当然，景区也会根据人流量的多少，根据时间区分淡季和旺季的价格。

价格定制化也是体现差异化定价的重要方式，即企业为了区分不同层次的产品或服务而设定不同的价格等级，通过不同的价格水平来吸引不同消费能力的客户群体。这主要基于经济学中的“消费者剩余”和“价格歧视”理论。消费者剩余是指消费者愿意支付的价格与实际支付价格之间的差额；价格歧视则是指企业根据消费者的不同支付意愿和需求弹性，对同一产品或服务制定不同的价格。

价格定制化往往是通过设定价格栅栏实现的。价格栅栏是指通过设置各种条件或限制，将消费者分隔成不同的群体，从而满足消费者个性化需求，实现利润最大化。一般来说，价格栅栏包括与产品质量有关的价格栅栏和与产品质量无关的价格栅栏两大类。

1. 与产品质量有关的价格栅栏

一些企业会将基本产品、便利设施和服务水平等作为切入点设置价格栅栏。

从基本产品出发，通过提供不同配置或质量的产品，以满足不同消费者的需求。例如，航空公司会通过设置航班级别（经济舱/商务舱）区分票价；酒店会根据房间的大小、配置设定不同价格；电影院也会根据座位设置不同等级的价格。

从便利设施出发，附加服务或设施可以作为差异化定价的基础。例如，一些酒店提供免费早餐或健身房，以吸引对这些服务有需求的消费者。

从服务水平出发，不同的服务水平或个性化服务可以作为差异化定价的依据。例如，在一些私人管家、私人银行等服务中往往要收取更高的费用，而这些费用是普通消费者无法负担的。

2. 与产品质量无关的价格栅栏

与产品质量无关的价格栅栏可以通过交易特征、消费特征以及购买者特征来实现。

（1）交易特征是指企业通过设置不同的交易条件来影响消费者的购买决策。例如，提前购买享折扣可以鼓励消费者提前预订，从而提高企业的收入预测和资源利用效率。

（2）消费特征是指企业通过分析消费者的消费行为和习惯，制定更符合消费者需求的定价策略。例如，餐厅在六点之前提供特价餐，既可以吸引本能够早到的顾客提前就餐，也可以避免高峰期的过度拥挤。

（3）购买者特征是指通过了解购买者的不同特征，企业可以更精准地定位目标市场。例如，根据地理位置、年龄、性别等人口统计信息，企业可以制定不同的营销策略和定价策略。

第三节　定价创新

定价创新是指企业通过引入新的定价思路、策略或技术，实现差异化定价并提升盈利能力的过程。随着市场竞争的加剧，企业在传统定价方式的基础上不断创新，通过更加灵活的定价策略来吸引和留住用户。特别是在数字经济的发展下，数字产品定价涌现出了诸如免费、免费增值等创新的定价方式。本节将总结几种定价创新的基本思路及应用。

一、定价基准创新

（一）基于订阅定价

订阅定价是指顾客按月、季度或年度支付固定费用，以获得产品或服务的持续使用权。与传统一次性购买产品和服务付费方式不同，它为用户提供了长期、持续的消费模式。例如，爱奇艺的收入来源之一是会员订阅服务，用户通过缴纳订阅费用以获取无广告、高清画质、提前观看热门剧集等特权。订阅定价模式能够提升用户体验和用户黏性，增加产品使用。

订阅定价的主要特征包括：

（1）基于数字产品边际变动成本低于1甚至为0的特性，降低企业成本压力，为订阅模式提供基础。

（2）在订阅定价模式之外，提供按次付费的观看服务，如爱奇艺为用户提供按次付费观看特定内容，适合不常观看或仅对特定内容感兴趣的用户。

（3）在订阅定价模式内部提供多种价格。例如，针对价格敏感型客户设基础层低价订阅，针对高需求客户提供附加服务和更高层级订阅方案。同时，会员费根据订阅时长和服务内容不同而变化，如年度订阅一般比月度订阅更具价格优势。

订阅定价模式既适用于期望增强用户体验与黏性的企业，也契合不同需求层次的客户。企业采用此模式，既可以为用户提供持续服务，又可以促使用户更频繁使用产品，提升忠诚度。从客户视角看，灵活的定价方案涵盖基础层低价订阅和含附加服务的高层级订阅，用户可按需选择最适配的方式。这既降低用户流失，又助企业满足多元需求，有效提升利润。

（二）基于使用定价

基于使用定价是一种与基于订阅定价截然不同的定价方式。它允许客户依据实际使用量或使用时间来支付费用，意味着用户无须像传统方式那样支付固定总价，仅需为“实际使用”的部分买单。

这一定价模式的核心在于将价格与使用量紧密关联。通过这种方式，客户在使用量较少时，能够切实降低支出，摆脱对固定费用的过度依赖，使得费用支出与自身实际使用情况完美契合。

这种定价模式应用于多个领域。在数字产品和服务领域，云存储服务按照实际存储数据量进行收费；共享单车收费依据骑行时长而定；还有其他按需使用的商品或服务，像智能家电可按实际用电量收费。在这些场景中，基于使用定价能够精准匹配用户需求与费用支付，极大地提高了资源利用效率与用户满意度。

哈啰单车结合了基于订阅定价和基于使用定价两种定价模式，形成了多层次的定价模式。一方面，哈啰单车采用了按分钟计费的模式，用户仅需为实际骑行的时间付费，这不仅使出行成本更加透明和灵活，还显著提高了用户的使用频率。另一方面，哈啰单车也结合了订阅定价模式，推出了多种会员卡和优惠套餐，用户可以选择购买月卡、季卡或年卡，在有效期内享受无限次骑行的权益。这一策略吸引了大量高频使用者，同时为平台提供了稳定的收入来源。此外，哈啰单车还利用大数据技术，分析用户的骑行习惯、交通需求以及车辆使用情况，不断优化其定价策略。例如，根据不同城市的需求特点，制定差异化的定价标准，并在节假日或特殊活动期间推出针对性的优惠措施，以进一步提升用户体验和市场竞争力。

（三）基于绩效定价

一些企业在“实际使用”的基础上更进一步，推出基于绩效定价的模式。基于绩效定价是指根据客户实际获得的绩效或成果来确定产品或服务的价格。在此模式下，供应商收费并非基于固定价格或成本加成，而是紧密围绕客户实现的实际成果或绩效指标。

这种定价模式具有显著特征。一方面，它极具灵活性与激励性。通过将价格与绩效深度绑定，有力地激发供应商全力以赴提升服务质量，积极为客户创造更多价值。另一方面，它对绩效标准的依赖程度极高。其能否成功施行，很大程度上取决于双方能否清晰界定和评估绩效标准。一旦界定不清，就容易陷入绩效难以量化、评价标准模糊的困境。因此，在合同里明确双方都认可的绩效指标及其衡量标准是确保该模式有效运行的关键。

通过这种方式，基于绩效的定价策略不仅可以提升服务交付的质量，还能够确保客户支付的费用与其实际获得的价值相符，从而在复杂的商业环境中实现更加公平和有效的交易。

这一策略适用于那些价值难以预先确定的高复杂度或定制化服务领域，如咨询、软件开发或医疗服务等。

常见的基于绩效定价的形式包括：

（1）按结果付费（pay-for-results）。当达到预定的绩效目标后，客户才需支付费用。

（2）佣金模式（commission-based）。按照客户获得的收益或绩效比例收费。

（3）增值定价（value-based pricing）。基于产品或服务为客户带来的增值程度定价。

字节跳动采用了多种基于绩效定价的模式，包括按点击付费（cost per click，CPC）、按展示付费（cost per mille，CPM）、按转化付费（cost per action，CPA）和按用户停留时长付费（cost per view，CPV）等。这些模式根据广告主的需求和广告形式的不同，为广告主提供了灵活的定价选择。

1. 按点击付费

广告主在使用按点击付费模式时，仅需为用户点击广告后的行为支付费用。这种模式适用于需要驱动用户行动的广告主，如电子商务、App下载等。广告主设置一个出价上限，当用户点击广告后，广告主根据竞价结果支付相应费用。此模式下，广告主的预算更加精准，可以有效控制广告成本，同时确保广告带来的实际效果。

2. 按展示付费

在按展示付费的模式下，广告主根据广告的展示次数支付费用，通常以千次展示为计量单位。字节跳动通过其精准的算法，将广告展示给更可能对广告感兴趣的用户，从而提高广告的点击率和转化率。虽然广告主支付的费用与展示次数相关，但字节跳动依然会通过用户行为数据分析和优化，提升广告效果，使得广告主的投入更加有效。

3. 按转化付费

CPA模式要求广告主仅为用户完成特定转化行为（如注册、购买、填写表单等）支付费用。这种模式非常适合对转化效果要求较高的广告主。字节跳动的算法能够追踪和分析用户行为，优化广告展示策略，从而提高转化率。这种模式极大地降低了广告主的风险，因为广告主只需为实际的成果支付费用。

假设某电子商务公司希望在抖音平台推广其新款智能手表，那么该公司可以选择按转化付费的模式，并将目标转化行为设置为“产品购买”。字节跳动通过算法，将广告精准推送给有购买意向的用户，并依据这些用户的行为数据不断优化广告投放策略。最终，该公司只需为实际购买了产品的用户支付费用，避免了无效的广告支出，确保了广告预算的高效利用。

4. 按用户停留时长付费

短视频平台还推出了按用户停留时长付费模式。这种模式主要用于视频广告，广告主根据用户观看视频的时长支付费用。此定价模式有效地反映了广告内容对用户的吸引力和影响力。

二、定价对象创新

企业将多个产品或服务打包在一起，以低于单独购买各项产品或服务总和的价格出售的策略被称为组合定价。组合定价通过捆绑多个产品或服务，增加消费者的感知价值，利用消费者普遍认为组合购买比单独购买更具成本效益的心理，增强产品或服务的吸引力。

组合定价既是一种定价创新策略，也是一种促销策略，在实施中具备多方面的显著特征。

（1）兼具创新性与促销性。在定价方面，通过这种独特新颖的价格设定，成功吸引消费者的目光；同时，作为促销手段，有效刺激消费者的购买欲望。

（2）有效管理需求异质性。企业巧妙地将高需求产品与低需求产品捆绑在一起，不仅满足了不同需求层次的消费者，还让企业得以更高效地挖掘市场潜在机会。

（3）促进交叉销售效果。借助组合销售，产品或服务的整体销售量得以提升，进而拉动企业利润增长。

（4）降低消费者对单个高价产品的价格敏感性。捆绑销售使消费者将其视为一个整体，价格的降低效应使得消费者更易于接受较高的总价格。

组合定价广泛适用于各类期望提升产品吸引力、推动销售的企业。在实际市场中，这样的例子屡见不鲜。例如，电子产品商家常常把手机与耳机、手机壳等配件组合销售；餐厅推出包含主食、配菜以及饮料的套餐；健身房也会把健身课程、私教服务和运动装备打包售卖。在这些场景中，组合定价策略充分发挥作用，满足了消费者多样化的需求，助力企业提升在市场中的竞争力。

美团作为国内最大的生活服务平台之一，覆盖了餐饮、娱乐、旅游、外卖等多个领域。为了提升用户体验并增加平台交易量，美团广泛采用组合定价策略，将餐饮和娱乐服务打包为一个套餐，以较低的总价出售给消费者。例如，单独购买餐饮套餐需要100元，单独购买电影票需50元，但组合购买时，美团可能会以120元的价格出售整个套餐。这样的价格策略让消费者感到实惠，增加了购买的吸引力。消费者可以通过这一套餐，以优惠价格享受一顿餐饮和一场电影，从而感受到更高的性价比和消费体验，增强对美团平台的依赖性和忠诚度。

三、支付方创新

免费的产品对消费者有巨大的吸引力。为了使免费成为可能，一些企业通过不直接向产品或服务的使用者收取费用，而是向第三方收费，来“转移支付”。

例如，百度面向搜索用户免费提供搜索引擎服务，但向购买关键词搜索结果的企业和广告商收取广告费用。免费定价也常见于新产品上市阶段，企业先免费推出，然后收取正常价格，这是一种极端的渗透定价策略。

“免费+增值”作为“免费”的拓展，则是更为常见的互联网产品定价模式。在这种模式下，企业对于基础产品或服务采取免费模式，而对于更高利益或增值性服务收取费用。当前市场上云存储（如百度网盘）、音乐（如网易云音乐）、通信（如微信、腾讯会议）、邮箱等服务，以及不少智能手机应用都是基于“免费+增值”的思路。它们向需求不高的个体用户提供免费通信和邮箱服务，同时通过向有更高需求的企业或用户收取费用来支持运营。

“免费+增值”策略可以帮助新产品吸引用户、扩大用户规模，实现业务高速成长。但是，这种定价模式的前提是至少存在两个不同的细分市场。第一个细分市场的客户对免费版本的服务感到满意，如基本文档存储和传输功能；第二个细分市场的客户则渴望更多存储空间，或者更快的传输速度，愿意为了获得更高的功能付费，这间接支持了第一个细分市场的免费。

四、行为定价

在以上创新思路的基础上，企业可以进一步通过行为定价策略，即利用消费者心理，特别是其中一些非理性的因素，来进一步优化定价。

在前面的讨论中，我们默认消费者是理性人，他们基于产品的实际价值和自身的需求来做出购买决定。事实上，消费者对价格的感知往往是复杂的或者“非理性”的，并不完全客观，而是受到许多心理和社会因素的影响。后者构成了行为定价的基础。

行为定价的具体操作方式多种多样，以下列举几种具有代表性的策略。

（一）折扣

提供折扣是企业吸引顾客并增加销量的一种常见策略。为什么折扣能够激发消费者的购买意愿呢？诺贝尔经济学奖获得者Thaler教授曾在1985年提出交易效用理论。该理论认为，消费者在市场交换中获得的效用不仅包括产品的效用，也包括交易本身带来的效用[1]。具体而言，交易效用是指消费者在购买商品或服务时，所感知到的参考价格（即消费者认为的合理价格）与实际支付价格之间的差额所带来的效用。从这个角度来看，折扣使消费者认为他们以低于参考价格的价格购买了商品，获得了交易效用。此外，折扣还强化了消费者的紧迫感和稀缺性认知。消费者担心错过这次优惠机会。这种“害怕错过”的心理促使他们在决策过程中更加迅速，甚至愿意超出计划进行购买。折扣又包括价格折扣、数量折扣和销售折扣等多种类型。

1. 价格折扣

价格折扣是最常见且直接的折扣类型，通常有百分比（如“换季购买冬装有20%的折扣”）和现金（如“满300元减40元”）两种形式。

2. 数量折扣

数量折扣指的是当消费者购买的商品数量达到或超过某个预定的最低数量时，商家便会给予一定的价格优惠（如“满3件，打七折”）。对于买家而言，这意味着可以通过大批量采购来降低每单位商品的成本，从而获得更高的性价比；而对于卖家来说，则是通过薄利多销的方式加快资金周转，提高销售额，同时减少过剩库存带来的压力，提高库存周转率。

3. 销售折扣

在面向商业客户的定价中，常见的折扣方式为销售折扣。这是为敦促顾客尽早付清货款而采取的价格优惠方式。当买方同意在规定的较短时间内完成支付时，卖方会给予一定的价格折扣。通常用一个简单的代码来表示，比如“2/10，*n*/30”。这里的含义是，“2/10”表示如果买方在收到发票后的10天内付款，可以享受2%的价格折扣；“*n*/30”表示如果买方选择在收到发票后的10天后付款，那么必须在30天内付清全款，此时不享受任何折扣。

（二）尾数定价

尾数定价是一种被企业广泛采用的定价策略。它通过将商品价格设置为略低于整数的形式来吸引消费者的注意并激发其购买欲望。例如，一件商品原本定价为100元，但通过尾数定价策略，其价格被设定为99.99元。这种微小的改变影响了消费者的心理。研究发现，大多数人在购物时，注意力更容易被价格的首位数字所吸引，而忽略后面的数字。因此，人们会在心理上将99.99元归类为“不到100元”的范畴，认为产品更为划算。

尾数定价还传递出一种“精打细算”的印象，暗示商家在定价时考虑到了每一个细节，努力为顾客提供最优的价格。这种看似小幅度的降价实际上是对消费者心理的

---

① THALER RICHARD.Mental accounting and consumer choice[J].Marketing science，1985，4（3）：199-214.

精准把握，不仅增强了产品的市场竞争力，还帮助商家在消费者心中树立起了注重成本控制和顾客利益的形象。可见，尾数定价通过巧妙的心理暗示和定价策略，成功地在消费者心中种下了物超所值的感觉，进而促进了购买行为的发生。

（三）知觉

在日常生活中，价格的视觉展示是商家经常需要考虑的问题。例如，价格应该摆放在什么位置？价格应该用怎样的颜色？字体的大小又应该如何安排？这些问题都是商家在实际应用时需要仔细推敲的细节，视觉上的微小调整可能会给产品销售带来意想不到的增长。

Vivo手机销售经理最近也面临着同样的难题，他需要对两份降价海报做出评价与修改（见图7-5），让降价活动效果更好。

图7-5　Vivo手机降价海报

从价格的位置角度对比，两幅海报都是低价在左高价在右，这符合消费者越往右数字越大的认知规则；就价格的颜色而言，由于消费者会将视觉的区隔转换为更明显的数值区隔，所以使用不同的字体颜色能够强化参考价格与实际价格在视觉上的区隔，从而让消费者对降价的感知更加明显，刺激消费。两张海报都通过使用不同颜色的字体进行对比，达到了视觉区隔的效果。

此外，其他元素的视觉暗示也很重要，如图7-5中右边的图利用醒目亮眼的向下箭头，给消费者一种很强烈的降价暗示。从图7-5中可看出，一份好的价格海报能够给消费者带来很深刻的视觉刺激，通过视觉上的行动呼吁，实现交易的快速成交。

（四）诱饵定价/锚定与调整效应

当我们谈论购物体验时，会发现很多时候购买决定并非完全基于商品本身的价值，而是受到背景信息的影响。这意味着，企业可以不改变价格本身，而通过改变背景信息来影响消费者的价格感知。其中一种有趣的定价方法是“诱饵定价”（decoy effect）策略。

1. **诱饵定价**

具体来说，诱饵定价是指通过引入一个不对称优势选项（asymmetrically dominated option），使得另一个选项看起来更加吸引人。这个不对称优势选项通常在任何维度都比目标选项差，但在另一些维度上又比目标选项好，从而使消费者更倾向于选择目标选项。简言之，当消费者面对多种选择时，商家会提供一个看似不太合理的选择作为“诱饵”，以此来凸显其他产品的价值。

一个经典案例是《经济学人》杂志在推广其网络版和纸质版订阅服务时，使用了一种诱饵定价策略。一开始，该杂志提供了以下两种订阅选项：“订阅网络版：59美元”“订阅纸质版加网络版：125美元”。

在这种情况下，顾客基于自己的偏好，大都选择订阅网络版。后来《经济学人》杂志又增加了第三个选项“订阅纸质版：125美元”。结果发现，通过引入第三个选项改变选项结构之后，选择订阅纸质版加网络版的读者比例大幅上升，改变了原有选择选项的相对比例。

在这个例子中，单独订阅纸质版（125美元）是诱饵，其存在使得纸质版加网络版的组合（同样为125美元）显得更加划算。这种定价策略利用了消费者的心理，即人们在做决策时往往会寻找一个参考价格，并将最近接触的信息作为比较的“锚点”。在这种情况下，纸质版单独订阅的高价选项成为消费者比较的参照物，使得纸质版加网络版的组合看起来像是一个更好的选项。这个例子说明，通过设置一个看似不合理或不被期望的选项，可以影响消费者对其他选项的偏好，从而达到促进特定产品或服务销售的目的。

由于引入的诱饵选项被目标选项完全占优，这种设置会令消费者感到“不合理”或疑惑。因而在日常商业中，企业较少采用这种比较“极端” 的诱饵定价方式。一种更为常见的诱饵定价方式是引入在某些维度的表现比目标选项相差较多，但在另一些维度上又比目标选项好一些的选项。

例如，当消费者看见商店里陈列着三款不同的电视型号：一款高端的LED电视，标价为6000元；一款中端的LED电视，标价为4000元；还有一款低端的LED电视，标价为3000元。然而，这款低端电视的画质相当不好，而且功能有限；相比之下，它的存在让那台中端电视看起来更具性价比。在这个场景中，中端电视成为“目标产品”，而低端电视则是一个“诱饵产品”。虽然低端电视本身可能不是商家希望大力推销的产品，但它的存在却使得中端电视显得更有吸引力。这是因为消费者在比较不同选项时，往往会把低端电视的价格作为一个不具备对称优势的选项，然后根据其产品特征来评估其他选项的价值。

2. 锚定与调整效应

诱饵定价之所以有效，是因为更为一般化的锚定与调整效应（anchoring effect）。该效应是心理学和行为经济学的重要发现，是指人们在做决策时倾向于依赖信息（锚点）来进行后续的估计或判断。这个锚点是任意的，但它一旦被设定，就会影响人们对后续信息的解释和评估。在前文的电视购买情境中，低端电视的价格就是一个“价格锚点”，消费者会根据这个参考点进行后续的价值判断。

当存在多款产品时，往往存在“中间价格魔力”。假设市场上存在两款产品，分别是MateBook 14S（售价6599元）和Matebook D16（售价4599元），这时消费者会根据自身对于产品性能的需求而购买适合的电脑。当引入具备更多、更完善功能，售价为11199元的MateBook X Pro时，理论上它并不会改变选择原先两款产品的消费者比例。但事实并非如此。高端产品的引入很可能使更多的消费者选择位于中间价格MateBook 14S。为什么消费者的购买意愿会发生如此变化?

这是因为多个诱饵选项改变了我们对“好交易”的感知。MateBook X Pro的引入，使消费者更关注性能这一维度，且在其衬托下，Matebook D16的吸引力大幅降低。

在偏好不确定时，损失厌恶使消费在决策时更关注竞争产品的劣势。虽然MateBook X Pro性能高级，但价格更昂贵。MateBook 14S价格处于中间，功能也达到合理平衡，成为多数消费者眼中的“安全选择”。此时，消费者选择的出发点不再是获取更适合的产品，而是获得“好交易”，尽量避免损失。

五、动态定价

动态定价是指一种根据市场条件的实时变化（如库存水平、需求波动、竞争者定价等）持续调整商品或服务价格的策略。其核心在于通过灵活的价格调整，帮助企业应对不同城市和市场环境下的需求波动，实现企业收益的最大化。

在实施动态定价策略时，企业不仅需要平衡即时收益，还要注重长期客户关系的维护，尤其是在面对价格敏感且具有战略性购买行为的消费者时。尽管这种定价策略在库存管理和收入优化方面具有显著优势，但其成功依赖于复杂的分析与算法支持，以及有效应对消费者行为的不确定性。

以下是实施动态定价策略的方法。

（1）价格拍卖。这是动态定价中最常用的方法之一，尤其是在电子商务领域。拍卖可以实时反映消费者的支付意愿，并允许价格随着需求的变化而波动。

（2）基于时间的定价。此方法根据不同的时间段来调整价格，通常在需求高峰期价格上涨，需求低谷时价格降低。这种方法被航空公司和酒店业广泛使用。

（3）基于数量的定价。此方法根据库存水平和消费者的购买数量来调整价格。当库存低时，价格通常会上升；当库存高时，价格则可能下降以促进销售。

（4）个性化定价。利用消费者的行为数据，为不同的消费者群体定制价格。这种方法依赖于数据分析和机器学习算法，能够精准地捕捉不同消费者的支付意愿。

作为中国最大的移动出行平台，滴滴面临着高度动态且不确定的市场需求。在大城市中，交通拥堵、天气变化以及节假日等因素常常导致用户需求的剧烈波动。在这种情况下，传统的固定价格难以有效应对供需失衡，可能导致用户等待时间过长，司机收入不稳定。为了解决这一问题，滴滴引入了动态定价策略，以更好地匹配用户需求和司机供给。通过这一策略，滴滴能够在市场条件变化时迅速调整价格，确保供需平衡并提高服务效率。

滴滴的动态定价策略基于实时市场数据，包括当前用户需求、司机供给、路况信息和天气状况等因素。通过大数据分析和算法模型，滴滴能够在需求激增时（如高峰时段、恶劣天气、节假日等）动态调整车费，以激励更多司机上线接单，从而缩短用户等待时间。这一定价策略的核心是通过价格信号来调节供需平衡。例如，在早晚高峰期，当打车需求大幅增加时，滴滴会迅速提高车费，以吸引更多司机加入供给，从而有效缓解打车难的问题。

滴滴的动态定价策略通过灵活调整价格，有效地平衡了市场供需，提升了平台的整体运营效率。但这一策略在实施过程中也暴露出一些问题，如用户满意度、司机反馈以及面临的监管挑战。展望未来，滴滴需要进一步优化定价算法，增强价格透明度，并加强用户教育和沟通，以更好地应对这些挑战并提升整体服务水平。

案例分析

小米SU7电动汽车的定价

2024年3月28日晚7点，小米SU7产品发布会正式拉开帷幕。李斌、何小鹏、李想等友商前来发布会现场，同时全网超过20个直播平台、12个电商平台同步直播，线上线下上百万人都在关注着这场发布会。如何定价正是此次发布会的焦点所在，但雷军作为发言人并没有选择在一开始就满足观众的好奇心，而是在发布会接近尾声时，他才迟迟揭晓了小米SU7的最终定价——“标准版售价为21.59万元，Pro版售价为24.59万元，Max版售价为29.99万元”。

在价格公布之前，雷军直言小米SU7的直接竞争对手是特斯拉主力产品Model3，并从性能、技术参数上与当前新能源领航者特斯拉进行了全方位的比较。虽然特斯拉在某些核心领域依然保持着优势，但小米作为新能源电动汽车行业的新进入者，在大多数技术参数上都优于特斯拉的Model3。同时。小米还公布了智能冰箱、全景遮阳帘等一众配件，尽管用户不一定真的能用到这些功能，但将多个功能特性进行捆绑，用户对小米SU7的感知价值也会相应提升。

在层层铺垫之后，小米SU7的价格终于拨开层层面纱。小米SU7基础版以低于特斯拉Model3入门版3万元的价格面世，发布会上雷军也提到“卖一台亏一台”，21万亏，24万也亏，小米SU7“比特斯拉便宜”的招牌就此打响。

然而，小米SU7的定价并不是简单地追求性价比，用户思维也是小米一以贯之的理念。小米SU7将客户对标年轻、对新科技有着好奇的用户，他们洞察到年轻用户“既要、又要、还要”的心理，将品牌定位为“50万以内最好看、最好开、最智能的高品质轿车”；认识到年轻用户对车辆颜值有着较高要求，小米就对应设计了流线型车身并配套9种色系可供选择，目标打造“同价位最好看”的汽车产品；小米也将价格印象固定在“20万元+”的区间内，对年轻用户更加友好。

如此“性价比”，让对小米SU7密切关注的用户表现出了极高的购买意向，仅仅4分钟就实现了大定破万的业绩。回顾过去，这样的场景在2023年小米14手机新品发布会上也曾上演。小米创始人雷军在发布会上以真诚的态度全面介绍了小米14的顶尖性能，并将其与苹果的最新款手机进行了比较。雷军指出，小米14在多个方面实现了对苹果的超越，尤其是在性价比上的优势更为明显。

然而，在强调性价比的同时，雷军也表达了对于小米未来发展的新思考。会上他

“语重心长”地谈道：“小米未来还是要追求性价比，但是不是极致性价比，因为小米旗舰机需要投入资源到研发、到技术，为大家带来更好的产品”。

这一表态不仅反映了小米对品质与创新的坚持，也表明了其在竞争激烈的市场环境中寻求差异化发展的决心。小米也通过平衡价格与价值，为消费者提供既实惠又具有竞争力的选择，从而在满足市场需求的同时推动自身品牌的持续升级。

【案例思考】

1. 小米SU7电动汽车的定价主要采用了哪种定价方法？

2. 小米SU7电动汽车的定价有哪些锚点？

3. 雷军在沟通价格时都运用了哪些策略？

本章小结

定价是企业营销组合中的关键要素之一，定价策略需要与企业的整体营销战略和目标相一致。主要有三种定价方法：基于成本定价、基于竞争定价和基于价值定价。定价策略不是一成不变的，而是需要根据产品特点和市场反馈进行调整的。企业可以从定价基准、定价对象和支付方等角度思考定价创新，并进一步结合行为定价与动态定价，提升消费者的价格感知，实现利润最大化。

|第八章|

渠道策略

本章围绕渠道的相关知识展开，包括渠道的概念与基本功能、渠道结构与组织形式、渠道成员的选择、渠道激励与治理和全渠道管理五部分内容。首先介绍了渠道的概念、渠道的功能与功能流、渠道管理的特点与渠道的重要性；接着阐述了渠道结构的组成要素、影响因素和渠道组织形式；然后讲解了渠道的主要成员、渠道成员选择的原则和方法；再论述渠道激励的对象、原则和策略以及渠道治理的目的、渠道投机行为的危害和治理方法；最后分析了不协调的混合渠道及其危害，全渠道管理的关键要素。

- 渠道的概念与基本功能
- 渠道结构与组织形式
- 渠道成员的选择
- 渠道激励与治理
- 全渠道管理

导入案例

说到买车，很多人的第一反应就是4S店。20世纪末，国内首家4S店成立。之后的20多年里，4S店一直是大多数消费者购车的主要途径，4S店在国内的规模迅速扩张。截至2021年年底，全国4S销售服务网络数共29318家。近年来，4S店高歌猛进的势头放缓。与此同时，汽车商超店开始“遍地开花”。根据中国汽车流通协会的统计数据，2021年位于商场、购物中心的新能源汽车商超店已经有2200余家。

品牌授权经销是多数传统燃油车厂商采用的模式，大多数4S店采用这种模式，且传统4S店有自己的定价空间，消费者可以去门店“砍价”；商超店则大多采用直营模式，即车企直接对接消费者。随着“造车新势力”迅速崛起，更具互联网思维的直营模式开始颠覆车圈传统的4S店经销模式，成为电动汽车领域的主流销售模式，并且随着电车崛起，给传统汽车经销商渠道带来了不小的冲击。

进入2024年以来，不少新能源车企又开始对直营模式进行了调整，并宣布引入授权经销商模式。例如，比亚迪旗下腾势和方程豹汽车宣布面向全社会招募经销商，未来将采用“直营+经销商伙伴”的渠道模式，构建多元渠道体系。

从4S店经销商模式到电车直营模式，再到“直营+经销商伙伴”的渠道模式，我们该如何理解车企渠道选择的逻辑呢?

在日常生活中，消费者需要决定去哪里购买商品，他们可以选择超市、便利店、百货商场等，也可以选择网上商城。相应地，对企业来说，这就涉及产品的渠道管理问题。在本章，我们将介绍渠道的概念与基本功能、渠道结构与组织形式、渠道成员的选择、渠道激励与治理和全渠道管理等内容。

第一节　渠道及渠道管理

一、渠道的概念

渠道是指产品或服务从生产者向消费者转移过程中所经过的一系列途径和环节，由生产者、中间商（批发商、零售商等）和消费者组成（见图8–1、图8–2）。生产者是产品或服务的提供者，通过营销渠道将产品推向市场；中间商在生产者和消费者之间起到桥梁的作用，负责产品的采购、存储、销售和配送等环节；消费者则是渠道的终端，是产品或服务的最终使用者。

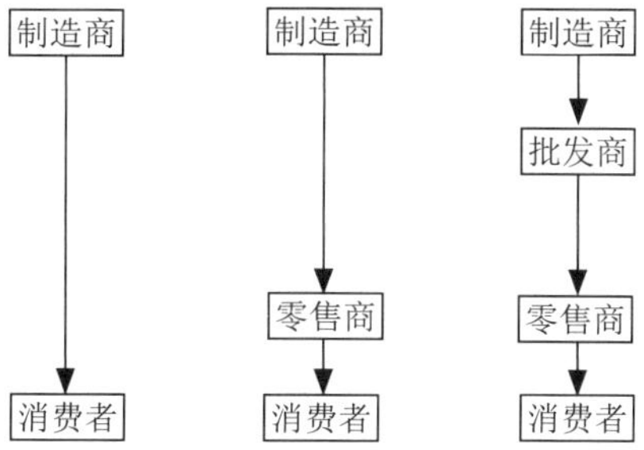

图8–1　消费品渠道

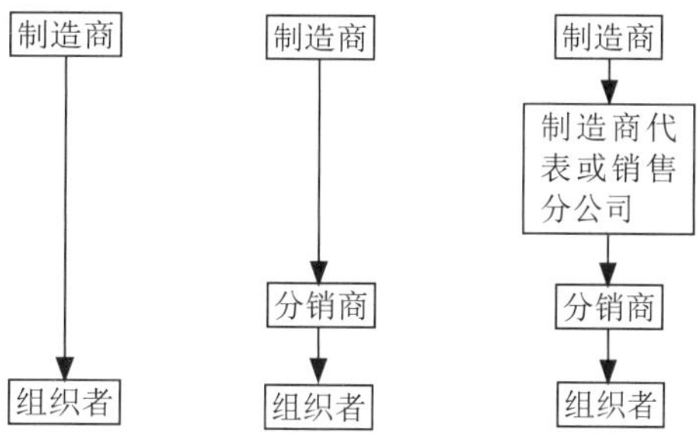

图8–2　工业品渠道

二、渠道的功能与功能流

（一）渠道的功能

渠道是连接生产者与消费者之间的桥梁，是实现商品最终交易的过程。在这个过程中，渠道的功能具体表现为信息传递功能、促销功能、交易功能、物流功能和服务功能。

1. 信息传递功能

渠道能够收集、整理并传递与产品或服务相关的各种信息。生产者通过渠道了解市场需求、消费者偏好、竞争对手动态等信息，以便更好地调整生产和营销策略。同时，渠道也将生产者的产品信息、价格信息、促销活动等信息传递给消费者，帮助消费者做出购买决策。零售商通过销售数据和顾客反馈，将市场需求信息传递给生产商，生产商据此调整产品设计和生产计划。

2. 促销功能

渠道成员可以通过各种促销手段，如广告、促销活动、人员推销等，提高产品或服务的知名度和销售量。批发商和零售商可以在自己的销售区域内进行促销活动，吸引消费者购买产品。超市经常进行商品促销活动，如打折、买一送一、赠品等，以提高销售量。

3. 交易功能

渠道承担着产品或服务的交易功能，包括产品的采购、销售、定价、结算等。渠道成员与生产者、消费者进行交易，实现产品的所有权转移和价值交换。批发商从生产商处采购产品，再销售给零售商，零售商最终将产品销售给消费者，完成产品的交易。

4. 物流功能

渠道负责产品的存储、运输和配送等物流活动，确保产品能够及时、准确地到达中间商和消费者手中。生产者可以将产品存储在批发商或零售商的仓库中，由他们负责产品的配送。例如，电商平台通过与物流公司合作，将商品快速配送到消费者手中。

5. 服务功能

渠道成员可以为消费者提供各种售前、售中、售后服务，如产品咨询、安装调试、维修保养等。良好的服务可以提高消费者的满意度和忠诚度，提高产品的销售量。

（二）渠道的功能流

渠道功能的实现在渠道中表现为各种流程。这就是渠道的功能流，包括实物流、所有权流、支付流、信息流和促销流等（见图8-3）。

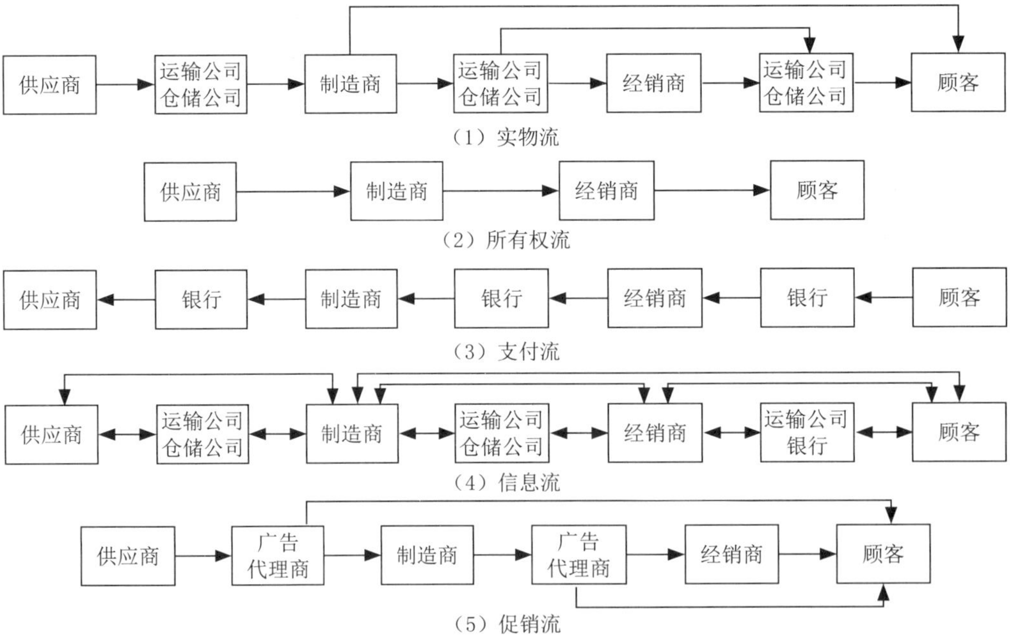

图8-3　渠道的功能流

1. 实物流

实物流是指产品从生产者向消费者转移的实体流动过程，包括产品的运输、存储、装卸等。实物流的顺畅与否直接影响产品的交付时间和质量。例如，汽车制造商将生产好的汽车运输到经销商处，经销商再将汽车销售给消费者，这个过程就是汽车的实物流。

2. 所有权流

所有权流是指产品或服务的所有权从生产者向消费者转移的过程。在渠道中，产品或服务的所有权可能会经过多个环节的转移，最终到达消费者手中。例如，生产商将产品销售给批发商，批发商再将产品销售给零售商，零售商最终将产品销售给消费者，在这个过程中产品的所有权不断转移。

3. 支付流

支付流是指资金从消费者向生产者转移的过程。消费者支付货款或服务费用购买产品或服务，资金经过渠道成员的层层流转，最终到达生产者的手中。支付流的安全和高效对于渠道的正常运转至关重要。例如，消费者在网上购物时，通过电子支付的方式将货款支付给电商平台，电商平台再将货款结算给卖家，这个过程就是支付流。

4. 信息流

信息流是指与产品或服务相关的信息在渠道中传递的过程。信息流的畅通可以帮助渠道成员更好地了解市场需求和产品信息，提高决策的准确性和效率。例如，生产商通过市场调研了解消费者的需求，将产品信息传递给经销商，经销商再将产品信息传递给消费者，这个过程就是信息流。

5. 促销流

促销流是指促销活动在渠道中传递的过程。生产者通过渠道成员向消费者传递促销信息，如广告、促销活动、人员推销等，以提高产品的知名度和销售量。例如，生产商在推出新产品时，通过广告宣传和促销活动向消费者传递产品信息，经销商和零售商也会配合促销活动，这个过程就是促销流。

三、渠道管理的特点

渠道管理具有跨组织管理、动态性、复杂性、合作性和战略性等特点。

（一）跨组织管理

渠道通常由多个不同的组织组成，包括生产商、批发商、零售商等。渠道管理者需要协调不同组织之间的关系，实现共同的目标。这就要求渠道管理者具备跨组织管理的能力，能够与不同的组织进行有效的沟通和合作。例如，生产商需要与批发商、零售商合作，共同制定营销策略和促销活动。此外，渠道管理者还需要协调各方的利益，确保合作能够顺利进行。

（二）动态性

随着市场环境和消费者需求的不断变化，渠道也需要不断调整和优化。渠道管理者需要具备动态性，能够及时响应市场的变化，调整渠道策略和结构。例如，随着电子商务的发展，越来越多的消费者选择网上购物，因此生产商就需要调整渠道策略，拓展线上渠道。

（三）复杂性

渠道涉及多个环节和多个组织，管理起来非常复杂。渠道管理者需要考虑多个因素，如产品特点、市场需求、竞争状况、渠道成员的利益等。同时，渠道管理者还需要协调不同组织之间的关系，解决各种矛盾和冲突。不同的渠道成员可能有不同的利益诉求，生产商需要在满足各方利益的基础上，实现渠道的整体目标。此外，渠道管理者还需要考虑物流、信息流、资金流等多个方面的问题，这就增加了渠道管理的复杂性。

（四）合作性

渠道中的各个组织之间是相互依存的关系，只有通过合作才能实现共同的目标。渠道管理具有合作性，即渠道管理者需要与各个组织建立良好的合作关系，共同推动渠道的发展。渠道管理者需要促进各方的合作，建立信任和共赢的合作关系。例如，生产商、批发商和零售商可以通过合作，共同开展促销活动，提高产品的销售量。

（五）战略性

渠道是企业实现市场目标的重要手段，因此渠道管理具有战略性。渠道管理者需要从企业的战略高度出发，制定渠道策略和规划，确保渠道目标与企业的战略目标相一致。例如，企业如果将市场定位为高端市场，那么渠道策略应该与之相适应，选择高端的渠道成员，建立高端的销售渠道。此外，渠道管理者还需要从战略层面考虑渠道的建设和管理，为企业的发展提供支持。

四、渠道的重要性

（一）产品流通与市场覆盖

渠道是指产品从生产者手中到达消费者手中的路径。一个高效的渠道能够确保产品快速、顺畅地流通，实现广泛的市场覆盖。

1. 提高产品可达性

良好的渠道布局能够让消费者更容易购买到产品。无论是在繁华的城市中心还是在偏远的乡村地区，渠道的存在使得产品能够触达更多的潜在客户。例如，连锁便利店在城市的各个角落分布，为消费者提供了便捷的购物渠道，让他们可以随时随地购买到日常所需的商品。

2. 扩大市场覆盖范围

通过不同类型的渠道成员，如经销商、零售商、电商平台等，生产者可以将产品推向不同地区、不同层次的市场，满足不同消费者的需求。例如，一家电子产品企业可以通过与大型连锁零售商合作，在全国各地的实体店中销售产品，同时利用电商渠道拓展海外市场，从而极大地扩大了产品的销售范围。

（二）信息传递与反馈

渠道不仅是产品流通的通道，还是信息传递和反馈的重要环节。

1. 传递产品信息

渠道可以将产品的特点、优势、使用方法等信息传递给消费者。销售人员通过与消费者的直接接触，能够详细介绍产品的功能和价值，解答消费者的疑问，从而提高消费者对产品的认知度和购买意愿。例如，汽车经销商的销售人员会向客户介绍不同车型的性能、配置和价格，帮助客户选择最适合的汽车。

2. 收集市场反馈

渠道处于市场前沿，能够及时收集消费者的反馈信息，包括对产品的意见、需求的变化等。这些反馈信息对于企业调整产品策略、改进产品质量、优化服务等具有重要的参考价值。例如，电商平台通过对用户评价数据进行分析，可以了解消费者对产品的满意度和改进建议，企业据此对产品进行优化升级，可以更好地满足市场需求。

（三）品牌建设与推广

渠道对于品牌建设和推广起着关键作用。

1. 提升品牌形象

优质的渠道合作伙伴通常具有良好的信誉和形象，与他们合作可以提升产品的品牌形象。例如，高端品牌选择在高档商场开设专卖店，借助商场的高端定位和优质服务，提升品牌的档次和美誉度。

2. 增加品牌的曝光度

渠道的广泛分布可以增加品牌的曝光度，让更多的消费者了解和认识品牌。广告宣传、促销活动等信息在渠道中的展示，能够吸引消费者的注意力，提高品牌的知名度。例如，超市中的货架陈列、促销海报等可以让消费者在购物的过程中接触到更多的品牌信息。

（四）竞争优势的获取

在激烈的市场竞争中，拥有优势的渠道可以为企业带来竞争优势。

1. 成本优势

高效的渠道管理可以降低产品的流通成本，提高企业的盈利能力。通过优化渠道结构、减少中间环节、提高物流效率等方式，企业可以降低产品的运输、仓储和销售成本。例如，一些企业采用直接销售模式，通过互联网平台将产品直接销售给消费者，省去了传统渠道中的经销商环节，不仅降低了成本，还能以更有竞争力的价格销售产品。

2. 差异化优势

独特的渠道策略可以使企业在市场中脱颖而出。例如，一些企业通过建立自有品牌专卖店、开展会员制营销等方式，打造与竞争对手不同的渠道模式，为消费者提供个性化的购物体验，从而获得差异化竞争优势。

2015年以来，中国电动汽车行业吸引了人们的眼球，其背后的渠道策略变化同样值得关注。对于汽车行业的销售，大部分人的认知还停留在4S店。毕竟4S店在国内已经拥有了很多年的行业销售经验，拥有很完善的销售体系。但是一般都是顾客在心里提前对某款车型或者品牌有购买计划时，才会专程去某家4S店进行体验；而如今进入商超里的新能源车，几乎是并未在国内建立起品牌知名度的品牌。此时，商超卖车的意义就凸显出来了。

在拥有高流量的商场内，设立品牌产品展示门店，往往会吸引到很多比较有好奇心的用户进店体验。在进店之前，用户可能还未曾有过购车的想法；但在体验之后，用户就对接触过的品牌和车型有了大致了解。这样会有效地为品牌提升流量和关注度，甚至促成产品销售。汽车品牌入驻大型商超，无疑是品牌迅速扩张品牌影响力的一个很重要的手段，让原本比较“冷门”的品牌和产品，可以更快速地走进大众的眼中。只有品牌影响力扩张了，产品才更有机会推广和销售出去。

最新的变化是，在竞争愈加激烈的背景下，国内新能源汽车市场的渠道模式，已经不再是“非此即彼”，“直营+经销商”的组合模式正在成为主流。例如，2024年上半年，新能源汽车品牌阿维塔进行了渠道变革，从直营模式全面转变为经销商模式；小鹏汽车在2024年推出了用经销商模式逐步替换直营模式的“木星计划”；极氪汽车也在2024年启动了经销商招募计划，开放招商的城市从一二线城市，逐渐向新能源汽车渗透率快速增长的三四线城市拓展；蔚来汽车仍将坚持直营模式，但也有报道称，蔚来已经主动接触了国内一些头部经销商集团，预计第二品牌乐道汽车或将采用经销商模式。

第二节 渠道结构与组织形式

渠道结构是指产品或服务从生产者向最终消费者转移的过程中所经过的各个环节以及各个环节之间的组合方式。

一、渠道结构的组成要素

渠道结构的组成要素有渠道的长度、渠道的宽度和渠道的密度。

（一）渠道的长度

渠道的长度是指产品或服务从生产者向最终消费者转移的过程中所经过的中间环节的数量。

1. 零级渠道

生产者直接将产品或服务卖给最终消费者，没有任何中间环节。例如，农民在自家农田边直接向游客售卖新鲜采摘的水果，一些手工艺人在集市上直接向顾客出售自己制作的手工艺品。这种渠道长度最短，生产者能够直接与消费者接触，从而更好地了解消费者的需求，同时能获得较高的利润。

2. 一级渠道

一级渠道只包含一个中间环节，通常是零售商。生产者将产品或服务卖给零售商，零售商再将产品卖给最终消费者。例如，制造商将服装产品卖给专卖店，专卖店再卖给消费者；食品生产商将产品卖给超市，超市再卖给消费者。在这种渠道结构中，零售商承担了产品的展示、销售和部分售后服务等功能，能够为消费者提供一定的购物便利性。

3. 二级渠道

二级渠道有两个中间环节，一般是生产者先将产品卖给批发商，批发商再将产品卖给零售商，最后由零售商卖给消费者。例如，家电生产商先将产品卖给批发商，批发商再供货给各家电卖场，最后家电卖场把产品卖给消费者。这种渠道长结构度适中，批发商可以通过批量采购降低成本，同时将产品分销到更广泛的零售网络中。

4. 三级及以上渠道

这种渠道结构包含三个或更多中间环节。生产者先将产品卖给代理商，代理商再卖给批发商，批发商接着卖给零售商，最终由零售商卖给消费者。在一些复杂的国际贸易中，可能还会有更多的中间环节。较长的渠道长度可能会增加产品的成本和价格，但也可以使产品覆盖更广泛的市场区域。

（二）渠道的宽度

渠道的宽度是指企业在某一市场上并列使用中间商的数量。它反映了企业在特定市场中销售渠道的覆盖范围和密集程度。根据渠道的宽度，可以分为密集型分销渠道、选择性分销渠道和独家分销渠道。

1. 密集型分销渠道

企业尽可能多地通过批发商、零售商等中间商来销售产品。这种渠道的宽度最广，产品在市场上的覆盖面极大。日常消费品（如牙膏、洗发水等）通常采用密集型分销渠道，在各种大小超市、便利店、杂货店甚至街头小摊都能买到这些产品。这种渠道的优点是可以使产品快速、广泛地到达消费者手中，提高产品的市场占有率。这种渠道的缺点是中间商之间竞争激烈，可能导致价格混乱，同时企业对渠道的控制难度较大。

2. 选择性分销渠道

企业在特定的市场范围内，有选择地挑选一部分符合企业要求的中间商来销售产品。例如，一些中高端的电子产品可能会选择在专业的电子产品卖场、大型百货商场的数码专柜等地进行销售。这种渠道的优点是可以确保中间商具有一定的销售能力和服务水平，有助于提高产品形象和销售效率；同时，加强企业对渠道的控制。这种渠道的缺点是市场覆盖面相对较窄，可能会错失一些潜在的消费者。

3. 独家分销渠道

企业在特定的市场区域内只选择一家中间商独家销售产品。例如，某些高端汽车品牌在一个地区可能只授权一家经销商进行销售。这种渠道的优点是可以使中间商获得较高的利润，从而激励其积极推销产品，同时企业可以对产品的销售和服务进行更严格的控制。这种渠道的缺点是市场覆盖面非常有限，一旦中间商出现问题，企业的销售可能会受到严重的影响。

（三）渠道的密度

渠道的密度是指企业在特定市场区域内，销售渠道的分布密集程度。它反映了企业的产品或服务在该区域内通过中间商进行销售的覆盖范围和渗透程度。

1. 渠道的密度的衡量指标

（1）中间商数量。在一定地理范围内的中间商总数是衡量渠道的密度的直接指标。在一个城市中，销售某品牌手机的零售商数量越多，渠道的密度就越大。按不同类型的中间商分别统计，如批发商数量、零售商数量、代理商数量等，可以更全面地了解渠道的情况。

（2）市场覆盖率。它是指产品或服务能够达到的市场区域占总目标市场区域的比例。例如，一个企业的产品在全国范围内的市场覆盖率为80%，说明该产品在大部分地区都有销售渠道，渠道的密度相对较高。市场覆盖率可以通过销售数据、市场调研等方式进行测算，它综合考量了渠道的广度和深度。

2. 不同渠道的密度的类型及特点

（1）高密度渠道。中间商数量众多，销售渠道广泛分布。在这种情况下，产品或服务能够快速到达消费者手中，市场覆盖率高。快速消费品行业通常采用高密度渠道，如饮料、零食等产品在超市、便利店、小卖部等中间商中随处可见，消费者可以很方便地购买到这些产品，企业也能够通过广泛的渠道覆盖实现较高的销售额。这种渠道的优点是能够提高产品的曝光度和可得性，满足消费者的即时需求。这种渠道的缺点是中间商之间竞争激烈，可能导致价格战和利润下降，同时企业对渠道的管理难度也较大。

（2）中密度渠道。中间商数量适中，销售渠道分布较为均衡。这种渠道的密度既能够保证一定的市场覆盖率，又能够避免过度竞争。例如，一些家电产品可能会选择在专业的家电卖场、大型超市以及部分电商平台进行销售。这些销售渠道能够覆盖大部分的目标市场，但又不像快速消费品那样无处不在。这种渠道的优点是企业可以与中间商建立较为稳定的合作关系，共同推广产品；同时，企业对渠道的控制相对容易，能够保证一定的利润水平。这种渠道的缺点是在一些偏远地区或细分市场可能存在覆盖不足的情况。

（3）低密度渠道。中间商数量较少，销售渠道相对集中。这种渠道的密度通常适用于高端产品或专业性较强的产品。例如，奢侈品品牌通常会选择在少数高端商场或专卖店进行销售，以保持品牌的高端形象和独特性。这种渠道的优点是能够为消费者提供个性化的服务和独特的购物体验，同时企业可以对销售渠道进行严格的控制，保证产品的品质和价格稳定。这种渠道的缺点是市场覆盖率低，可能会错过一些潜在客户。

二、渠道结构的影响因素

产品特性、市场特性和企业自身特性是影响渠道结构的几个主要因素。

（一）产品特性

1. 产品的价值

高价值的产品通常采用较短的渠道结构，以减少中间环节的成本和风险，同时能更好地控制产品的销售和服务质量。例如，奢侈品通常采用直接销售或选择性分销的方式。

2. 产品的体积和重量

体积大、重量重的产品运输成本较高，可能需要采用较短的渠道结构，以减少运输成本和损耗。例如，大型家电通常采用直接销售或零售商销售的方式。

3. 产品的易腐性和时尚性

易腐产品需要快速销售，时尚产品需要紧跟市场潮流，因此通常采用较短的渠道结构，以减少中间环节的时间和成本。例如，新鲜水果和时尚服装通常采用直接销售或零售商销售的方式。

（二）市场特性

1. 市场规模

市场规模大的产品可以采用较长的渠道结构，以扩大市场覆盖面；市场规模小的产品则适合采用较短的渠道结构，以降低销售成本。

2. 市场集中度

市场集中度高的产品可以采用较短的渠道结构，直接与大型零售商或经销商合作；市场集中度低的产品则需要采用较长的渠道结构，通过多个中间商来覆盖市场。

3. 消费者购买习惯

消费者购买习惯会影响生产者对渠道结构的选择。如果消费者习惯在超市购买日用品，那么生产者就可以通过批发商将产品销售给超市；如果消费者习惯在网上购买电子产品，那么生产者就可以通过电商平台进行销售。

（三）企业自身特性

1. 企业的规模和实力

规模大、实力强的企业可以采用较短的渠道结构，直接将商品卖给消费者或与零售商合作；规模小、实力弱的企业则需要借助中间商的力量来销售产品。

2. 企业的营销目标

企业的营销目标也会影响渠道结构的选择。如果企业的营销目标是提高市场占有率，那么可以采用密集型分销渠道；如果企业的营销目标是提高产品的品牌形象和服务质量，那么可以采用选择性分销渠道或独家分销渠道。

三、渠道组织形式

垂直渠道组织形式是一种由生产者、批发商和零售商等不同层次的渠道成员组成的，彼此之间存在紧密合作关系的渠道组织形式。主要有以下三种类型。

（一）公司型垂直渠道组织形式

公司型垂直渠道组织形式是一种由一家公司拥有和控制生产、销售的各个环节，实现产供销一体化的渠道组织形式。

第一，产权一体化。公司对整个渠道的各个环节拥有所有权，从原材料采购、生产加工到产品销售，都在公司的统一管理之下。这种产权一体化的结构使得公司能够对渠道进行高度的控制和协调，确保各个环节的高效运作。

第二，管理集中化。公司对渠道实行集中化管理，制定统一的战略规划、营销策略和运营标准。通过集中管理，公司可以更好地整合资源，提高决策效率，降低运营成本。

第三，目标一致性。由于公司拥有整个渠道，各个环节的目标都是实现公司整体利益最大化。这使得渠道成员之间的合作更加紧密，减少了内部冲突和矛盾。

这种渠道组织形式的优势体现在以下几个方面。

第一，实现高效的管理和控制。公司可以直接对生产、销售等环节进行管理和控制，确保产品质量、服务水平和市场供应的稳定性。公司能够快速响应市场变化，及时调整生产和销售策略，提高公司的竞争力。

第二，提高渠道效率。产供销一体化可以减少中间环节，降低交易成本，提高渠道的流通效率。公司可以对渠道资源进行优化配置，实现规模经济和协同效应。

第三，增强品牌形象和市场竞争力。统一的品牌管理和市场营销策略可以提高品牌的知名度和美誉度，增强品牌形象。公司型垂直渠道组织形式能够更好地满足消费者的需求，提高市场占有率和竞争力。

这种渠道组织形式的劣势体现在以下几个方面。

第一，资金投入大。建立和维护公司型垂直渠道组织形式需要投入大量的资金，包括生产设备、物流设施、销售网络等方面的建设和运营成本。这对企业的资金实力要求较高，可能会限制一些中小企业的发展。

第二，管理难度大。公司需要对生产、销售等多个环节进行管理，涉及的业务范围广，管理难度较大。公司需要建立完善的管理体系和专业的管理团队，否则容易出现管理混乱和效率低下等问题。

第三，缺乏灵活性。公司型垂直渠道组织形式的结构相对固定，对市场变化的适应能力相对较弱。一旦市场需求发生重大变化，公司可能需要花费较长的时间和较高的成本来调整渠道结构和运营策略。

（二）契约型垂直渠道组织形式

契约型垂直渠道组织是指渠道成员通过签订合同或协议的方式建立合作关系，明确各自的权利和义务，以实现渠道的协调与合作的渠道组织形式。

第一，契约关系明确。成员之间通过正式的契约来规范彼此的行为和合作方式，契约中详细规定了各方的权利、义务、责任、利益分配等内容，为合作提供了明确的依据。这种明确的契约关系有助于减少合作中的不确定性和风险，提高合作的稳定性和可持续性。

第二，灵活性较高。与公司型垂直渠道组织形式相比，契约型垂直渠道组织形式的结构相对松散，成员之间的合作更加灵活。各方可以根据市场变化和自身需求，在契约的框架内调整合作方式和策略，以便更好地适应市场环境的变化。

第三，合作范围广泛。契约型垂直渠道组织形式可以涵盖不同规模、不同类型的企业，合作范围广泛。无论是生产商、批发商还是零售商，都可以通过契约的方式加入垂直渠道组织形式，共同实现渠道的整合和优化。

这种渠道组织形式的优势体现在以下几个方面。

第一，降低渠道成本。成员之间通过合作可以实现资源共享、规模经济等，降低渠道成本。例如，成员之间共同进行采购、物流配送、广告宣传等活动，可以降低单位成本，提高经济效益。

第二，提高渠道效率。契约明确了各方的职责和分工，有助于提高渠道的运作效率。例如，成员之间可以通过信息共享、协同决策等方式，快速响应市场变化，提高渠道的反应速度和服务水平。

第三，减少渠道冲突。契约规定了各方的权利和义务，有助于减少渠道成员之间的冲突和矛盾。例如，在合作的过程中，各方可以通过协商、调解等方式解决问题，维护渠道的和谐稳定。

这种渠道组织形式的劣势体现在以下几个方面。

第一，契约执行难度大。虽然契约明确了各方的权利和义务，但在实际履行的过程中，可能会出现违约、不履行契约等问题。这需要建立有效的监督机制和惩罚措施，确保契约顺利执行。

第二，合作稳定性相对较低。契约型垂直渠道组织形式的结构相对松散，成员之间的合作关系主要基于契约，缺乏产权上的联系。一旦市场环境发生变化或契约到期，成员之间的合作就可能会受到影响，合作稳定性相对较低。

第三，协调管理难度较大。成员之间的合作需要有效的协调和管理，以确保各方的利益得到平衡和保障。这需要建立专门的协调机构或机制，投入一定的管理成本和精力。

（三）管理型垂直渠道组织形式

管理型垂直渠道组织形式是由一个实力强大的渠道成员（通常是生产商或零售商）对其他渠道成员进行管理和协调的渠道组织形式。

第一，由核心企业主导。在管理型垂直渠道组织形式中，有一个核心企业发挥着主导作用。这个核心企业通常具有强大的市场地位、品牌影响力、资源优势和管理能力。核心企业通过自身的影响力和资源，对其他渠道成员进行管理和协调，引导整个渠道朝着共同的目标前进。

第二，非产权控制。与公司型垂直渠道组织形式不同，管理型垂直渠道组织形式中的核心企业并不拥有其他渠道成员的产权。核心企业主要通过非产权手段，如品牌影响力、市场地位、合同约定、信息共享等，对其他渠道成员进行管理和协调。

第三，合作与协调。管理型垂直渠道组织形式强调渠道成员之间的合作与协调。核心企业通过制定统一的战略规划、营销策略、运营标准等，引导其他渠道成员共同行动，实现渠道的整体目标。同时，核心企业也会为其他渠道成员提供支持和服务，如培训、技术指导、市场推广等，以提高整个渠道的竞争力。

这种渠道组织形式的优势体现在以下几个方面。

第一，发挥核心企业的优势。管理型垂直渠道组织形式可以充分发挥核心企业的优势，如品牌影响力、市场地位、资源优势等，带动整个渠道发展。其他渠道成员可以借助核心企业的优势，提高自身的竞争力和市场份额。

第二，提高渠道效率。核心企业通过对渠道的管理和协调，可以优化渠道结构，提高渠道的流通效率。核心企业也可以通过提供统一的物流配送、库存管理等服务，降低渠道成本，提高服务水平。

第三，适应市场变化。管理型垂直渠道组织形式相对灵活，能够适应市场变化。例如，核心企业可以根据市场变化及时调整渠道策略，引导其他渠道成员共同应对市场挑战。

这种渠道组织形式的劣势体现在以下几个方面。

第一，对核心企业要求高。管理型垂直渠道组织形式的成功依赖于核心企业的实力和管理能力，如果核心企业出现问题（如经营不善、市场地位下降等），可能会影响整个渠道的稳定和发展。因此，核心企业需要不断提升自身的实力和管理能力，以确保对渠道的有效管理和协调。

第二，渠道成员的自主性受限。在管理型垂直渠道组织形式中，其他渠道成员的自主性可能会受到一定的限制。由于核心企业发挥主导作用，其他渠道成员可能需要按照核心企业的要求进行经营和管理，缺乏一定的灵活性和创新空间。

第三，协调难度较大。虽然管理型垂直渠道组织形式强调合作与协调，但在实际中，协调难度仍然较大。不同渠道成员之间可能存在利益冲突、文化差异等问题，需要核心企业进行有效的协调和管理。

杭州娃哈哈集团有限公司（以下简称“娃哈哈”）成立于1987年，2023年销售额500亿元。娃哈哈传统上并不直接掌控终端，而是组建多层级渠道，逐级进行利润分配。娃哈哈的早期成功很大程度上源于渠道开发。

成立之初，娃哈哈多与国营糖酒公司批发系统合作，也与个体工商户、农贸市场合作，进行批发或零售。1998年开始，娃哈哈开始打造联销体，实行保证金制度。一级联销体下面设置特约二级批发商，多级经销缓解了网点快速铺设和人力不足之间的矛盾，可以让产品快速抵达终端。2009年开始，娃哈哈淡化特约二级批发商角色，联销体演变为分产品、分客户、分区域的网络，并执行保证金制度。其间，娃哈哈在2013年前后销售额突破780亿元，达到巅峰。此后一段时间，由于产品老化、营销乏力和渠道管理粗放，娃哈哈明显陷入衰退，但近几年有复苏迹象。

娃哈哈的渠道分工有以下特点：第一，设省（区）分公司，派驻销售人员协助经销商处理铺货、理货、广告促销等业务；第二，特约一级批发商需要交付保证金（一般是预计销售额的15%～30%），并每月结清货款；第三，批发商只能在特定区域内供货，不得以低于公司规定的最低价出货；第四，特约一级经销承担销货指标，完成者享受年终返利，不能完成任务的自动淘汰；第五，特约二级经销商执行与一级经销商类似的保证金政策，向一级批发商支付预付款，享受优惠的进货政策。

这种模式的优点是资金回笼及时，精简了销售人员团队，虽然厂家不直接触达终端，但销售费用低，铺货广而深。缺点是终端控制力弱，娃哈哈可以利用广告优势和联销体模式保持对中小型区域品牌的优势，但是对精耕能力强的大品牌缺乏竞争力；新品推广难，多层级经销模式需要大单品让利以保证渠道利益，新品上市可能造成经销商挑肥拣瘦；现代渠道推广难，超市之类的赊销模式与联销体的保证金制度相冲突，经销商须承担资金压力，对商超渠道开拓造成一定困扰。

资料来源：王小泽：《从软饮料市场看渠道为王》，《企业管理》，2024年第4期。

第三节　渠道成员及其选择

一、渠道的主要成员

渠道的主要成员有生产者、批发商、零售商、代理商、消费者和用户。它们各自在渠道中发挥着重要的作用。

（一）生产者

生产者是渠道中产品的创造者和供应者。他们通过投入资源、技术和劳动力，将原材料转化为具有价值的商品，并确保产品的质量和数量能够满足市场需求，为渠道的后续环节提供稳定的商品供应。生产者通常负责品牌的塑造和推广，通过广告宣传、公关活动、产品包装等手段，树立品牌形象，提高品牌知名度和美誉度。例如，汽车制造商通过设计、研发、生产等环节，制造出各种类型的汽车，满足消费者的出行需求。

生产者不仅提供产品，还通过创新、质量控制和品牌建设等环节，为产品赋予价值。品牌价值的提升有助于产品在市场上的销售和渠道的拓展，吸引消费者选择其产品，并增强渠道成员的合作意愿。不断进行产品创新和技术改进是生产者的重要任务。生产者可以通过研发新产品、改进现有产品的功能和质量，满足消费者不断变化的需求。创新可以为渠道带来新的增长机会，提高产品的竞争力，促使渠道成员积极推广和销售创新产品。例如，智能手机生产商不断推出新的功能和设计，提升产品的性能和用户体验，从而吸引消费者购买。

（二）批发商

批发商从生产商处大量采购商品，然后将这些商品分别销售给零售商或其他企业客户。他们通过批量采购获得较低的价格，并利用自己的仓储和物流设施，实现商品的高效集散。一家食品批发商从多个食品生产商那里批发各种食品，然后将这些食品供应给超市、便利店等零售商，满足不同零售商的商品购买需求。批发商通常拥有较大的仓储空间，能够储存大量的商品。他们通过合理的库存管理，确保商品能稳定供应，同时降低库存成本。批发商需要根据市场需求和销售预测，进行库存的补货和调整，以满足零售商和其他客户的需求。例如，在销售旺季来临之前，批发商需要提前增加库存，以确保商品能及时供应。

批发商不仅负责商品的销售，还承担着市场推广任务。他们通过与零售商和其他客户的沟通，了解市场需求和趋势，向生产商反馈市场信息，促进产品的改进和创新。批发商还可以通过促销活动、广告宣传等方式，推广自己代理的商品，提高商品的市场知名度和销售量。批发商为零售商提供促销支持（如打折、赠品等），帮助零售商吸引消费者购买商品。批发商在渠道中还可以为生产商和零售商提供融资服务。对于生产商来说，批发商的提前采购可以缓解其资金压力；对于零售商来说，批发商可以提供一定的账期，帮助其解决资金周转问题。批发商与生产商签订采购合同后，提前支付一部分货款，帮助生产商进行生产；同时，批发商给予零售商一定的账期，让零售商在销售商品后再支付货款。

（三）零售商

零售商是产品与消费者直接接触的环节。他们通过精心布置的店铺陈列、橱窗展示以及线上平台的页面设计等，将商品以最吸引人的形式呈现给消费者。时尚服装零售商通过模特展示、搭配推荐等方式，激发消费者的购买欲望。同时，他们运用各种销售技巧和促销活动（如打折、满减、赠品等），促进商品的销售。提供优质的客户服务也是零售商的重要职能之一。这包括售前的咨询解答、售中的引导协助以及售后的退换货处理、维修保养等。电子产品零售商为消费者提供专业的产品咨询，帮助消费者选择适合自己的产品。在售后方面，他们及时处理消费者的投诉和问题，确保消费者的满意度。

零售商直接面对消费者，能够第一时间收集到市场需求、消费者偏好、流行趋势等信息。他们将这些信息反馈给生产商和批发商，有助于整个渠道更好地满足市场需求。超市零售商通过分析销售数据，能够了解消费者对不同品牌、规格商品的需求变化。他们将这些信息反馈给生产商，有助于促使生产商调整产品策略。对于一些品牌商品，零售商通过在店铺内的突出展示、广告宣传以及与消费者的互动等，对其进行品牌推广。这可以提升品牌的知名度和美誉度，增加品牌的市场份额。例如，高端化妆品零售商通过举办品牌活动、提供试用装等方式，推广品牌化妆品，吸引消费者购买。

（四）代理商

代理商是指受企业委托，在一定的区域范围内，以企业的名义销售企业产品或提供服务的渠道成员。代理商通常在特定的区域或市场具有丰富的销售经验和客户资源，能够帮助企业快速拓展市场，提高产品或服务的市场占有率。一家新进入某个地区的产品制造商可以通过与当地的销售代理商合作，利用代理商的销售网络和客户资源，迅速打开市场。企业通过委托代理商进行销售，可以减少自身销售队伍的建设和管理成本，同时代理商的专业销售能力也可以提高销售效率，降低销售成本。企业不需要为每个地区都建立自己的销售团队，可以通过与代理商合作，由代理商负责当地的销售工作，从而降低企业的运营成本。

代理商在市场一线，能够及时了解市场动态、客户需求和竞争对手的情况，并将这些信息反馈给企业，为企业的决策提供参考。代理商可以向企业提供当地市场的消费趋势、客户对产品的反馈意见等信息，帮助企业调整产品策略和营销策略。代理商与企业共同承担市场风险，当市场出现不利变化时，代理商也会受到影响。因此，代理商通常会积极采取措施应对市场风险，与企业共同渡过难关。在经济不景气时，代理商可能会与企业协商采取调整销售策略、降低价格等措施，以减少市场风险对双方的影响。

（五）消费者和用户

消费者和用户根据自己的需求和偏好选择购买渠道。他们可能选择传统的实体店、超市，也可能选择在线购物平台、社交媒体等新兴渠道。一些消费者喜欢在实体店购物，因为可以亲自体验产品；而另一些消费者则更倾向于在线购物，因为方便快捷、价格相对较低。消费者的渠道选择决定了渠道的发展方向和竞争格局。渠道需要不断优化自身的服务和体验，以吸引消费者。

消费者和用户在购买和使用产品或服务后，会对产品进行评价和反馈。他们的反馈可以帮助企业改进产品质量、提升服务水平。如果消费者对某款产品的质量不满意，他们可能会通过投诉、评价等方式反馈给企业，企业可以根据这些反馈对产品进行改进。渠道在传递消费者反馈方面起着重要作用，它可以将消费者的声音及时传达给企业，促进企业与消费者之间的互动和沟通。为了满足消费者和用户不断变化的需求，渠道成员需要不断创新。消费者和用户的需求是渠道创新的重要驱动力。随着消费者和用户对便捷购物需求的增加，无人零售、社区团购等新型渠道模式应运而生。

二、渠道成员选择的原则

渠道成员的选择具有至关重要的意义。合适的渠道成员能够将产品快速、准确地分销到目标市场。他们拥有成熟的销售网络和物流体系，能够确保产品及时到达消费者手中。渠道成员选择的原则主要有能力原则、可控原则与适应性原则。

（一）能力原则

能力原则强调渠道成员在销售、推广、服务等方面的实际能力，确保其能够有效地履行渠道成员的职责，为产品的顺利流通和销售做出贡献。选择具有强大能力的渠道成员可以提高产品的销售量和市场份额，提升品牌形象，更有效地进行市场推广和销售，减少企业在营销方面的投入，为客户提供更好的购物体验，增加客户的满意度和忠诚度。

1. 销售能力

销售能力包括渠道成员的销售网络覆盖范围、客户群体的规模和质量、过往的销售业绩等。一个拥有广泛销售网络且在目标市场有较高市场份额的经销商，更有可能将产品快速推向市场，实现较高的销售额。

2. 推广能力

推广能力主要指渠道成员在市场推广方面的投入和能力，如广告宣传、促销活动的策划与执行、品牌推广的力度等。具有较强推广能力的渠道成员可以提高产品的知名度和市场占有率。

3. 服务能力

服务能力主要指渠道成员为客户提供售前咨询、售后服务、技术支持等服务的能力。良好的服务能力可以提高客户的满意度，增强客户对产品的忠诚度。

4. 管理能力

管理能力包括渠道成员的内部管理水平、人员素质、库存管理能力、物流配送效率等。高效的管理能力可以确保渠道的顺畅运行，降低运营成本。

（二）可控原则

可控原则要求企业在选择渠道成员时，要确保对渠道的控制力度，使渠道成员的行为符合企业的整体营销战略和目标。通过对渠道的有效控制，企业可以确保渠道成员按照企业的整体营销战略和目标进行市场推广和销售，实现企业的整体营销战略和目标。可控的渠道可以避免渠道成员的不良行为对企业的品牌形象造成损害。在市场环境发生变化时，企业可以通过对渠道的控制及时调整营销策略，保持竞争优势。

1. 合同约束

通过与渠道成员签订详细的合同，明确双方的权利和义务，如销售目标、价格政策、促销活动等，以法律手段确保企业对渠道的控制。

2. 激励机制

建立合理的激励机制，如销售奖励、返利政策等，鼓励渠道成员积极配合企业的营销活动，同时对其行为进行一定的约束。

3. 信息沟通

保持与渠道成员的密切沟通，及时了解市场动态和渠道成员的经营情况，以便企业能够及时调整营销策略，对渠道进行有效的控制。

4. 监督考核

建立监督考核机制，对渠道成员的销售业绩、市场行为、服务质量等进行定期考核，对不符合要求的渠道成员及时采取措施（进行调整或更换）。

（三）适应性原则

适应性原则强调选择的渠道成员要适应企业的发展战略、产品特点、市场环境等因素的变化，具有较强的灵活性和应变能力。适应性强的渠道成员可以更好地应对各种市场变化，减少市场变化导致的渠道不稳定因素，确保渠道长期稳定发展，为企业的可持续发展提供有力支持。在快速变化的市场环境中，适应性强的渠道成员可以帮助企业更好地满足客户需求，提高市场反应速度，增强企业的竞争力。

1. 与企业发展战略相适应

渠道成员的经营理念、发展目标要与企业的发展战略相契合，能够共同成长和发展。企业如果采取扩张战略，那么选择的渠道成员也应具有较强的市场开拓能力和发展潜力。

2. 与产品特点相适应

不同的产品有不同的特点和销售要求，选择的渠道成员要适应产品的特点。例如，高端奢侈品需要选择具有高端形象和专业服务能力的渠道成员，而快消品则需要选择具有广泛销售网络和高效物流配送能力的渠道成员。

3. 与市场环境相适应

渠道成员要适应市场的变化，如消费者需求的变化、竞争对手的策略调整、政策法规的变化等。具有较强适应性的渠道成员可以及时调整经营策略，保持市场竞争力。

三、渠道成员选择的方法

企业需要对筛选出的潜在渠道成员进行实地考察，了解其经营场所、设施设备、人员素质、管理水平等实际情况。实地考察可以让企业更直观地了解渠道成员的实力和运营状况，为选择决策提供依据。企业可以与部分潜在渠道成员进行短期的试合作，通过实际合作来检验其能力和合作效果。试合作可以让企业在正式合作前发现潜在问题，降低合作风险。在实际中，企业常用的渠道成员选择的方法有定性分析法和定量分析法。

（一）定性分析法

1. 同行推荐

向同行业中其他企业咨询，了解他们合作过的优秀渠道成员。同行业企业在选择渠道成员方面往往有丰富的经验，他们的推荐具有一定的参考价值。例如，一家电子产品制造商可以向同行业的其他企业咨询他们合作过的经销商情况，了解哪些经销商在市场推广、销售能力和客户服务方面表现出色。

2. 市场调研

通过市场调研，了解目标市场中潜在渠道成员的情况。企业可以采用问卷调查、访谈、观察等方法，收集渠道成员的信息，包括经营规模、市场份额、信誉度、销售能力等。企业还可以针对目标市场的消费者进行问卷调查，了解他们对不同渠道成员的认知和评价，从而筛选出具有较高知名度和良好口碑的渠道成员。

3. 专家评估

邀请行业专家、学者或咨询顾问对潜在渠道成员进行评估。专家们凭借丰富的经验和专业知识，可以从不同角度对渠道成员进行分析，提供客观的评价和建议。例如，企业可以邀请市场营销专家、供应链管理专家等对潜在渠道成员的营销能力、物流配送能力等进行评估，为企业的选择决策提供专业支持。

（二）定量分析法

1. 加权评分法

确定选择渠道成员的评价指标体系，如销售能力、市场覆盖范围、信誉度、合作意愿等，并为每个指标赋予相应的权重。然后，对每个潜在渠道成员在各指标上进行评分，再计算加权总分，最后选择得分较高的渠道成员。例如，企业可以将销售能力的权重设为40%，市场覆盖范围的权重设为30%，信誉度的权重设为20%，合作意愿的权重设为10%，然后对每个潜在渠道成员进行评分，再计算加权总分，最后选择总分较高的渠道成员。

2. 成本效益分析法

分析选择不同渠道成员的成本和效益。成本包括采购成本、运输成本、仓储成本、促销成本等，效益包括销售额、市场份额、利润等。企业可以通过比较不同渠道成员的成本效益比，选择最优的渠道成员。例如，企业可以计算与不同经销商合作的成本和效益，比较哪个经销商能够在保证一定销售额和利润的前提下，降低企业成本，提高成本效益比。

第四节　渠道激励与治理

一、渠道激励

渠道激励是指企业为了激发渠道成员（如经销商、零售商、代理商等）的积极性和合作意愿，而采取的一系列奖励和鼓励措施。渠道激励可以促使渠道成员更加积极地推广和销售企业的产品或服务，从而提高产品或服务的市场占有率和销售额。有效的渠道激励可以增强企业与渠道成员之间的合作关系，提高渠道成员的忠诚度和满意度。当渠道成员感受到企业的支持和关注时，他们更愿意与企业长期合作，共同发展。通过激励优秀的渠道成员，企业可以引导渠道资源向更有潜力的方向流动，优化渠道结构，提高渠道效率。

渠道激励的对象可以分为内、外部对象两类。内部对象主要是企业渠道管理部门，直接负责产品的销售和市场推广，对他们进行有效的激励可以极大地提升销售业绩；外部对象包括批发商、经销商和零售商等组织及某些特定的渠道管理人员。

（一）渠道激励的原则

在实施渠道激励时，企业应遵循以下原则：

1. 目标一致性

激励措施应与企业的营销目标相一致，确保渠道成员的行为有助于实现企业的整体目标。如果企业的目标是提高市场占有率，那么应重点鼓励渠道成员拓展市场和增加销售。

2. 公平性

激励措施应公平合理，对所有渠道成员一视同仁，避免出现不公平的待遇。公平的激励机制可以提高渠道成员的积极性和满意度，促进渠道稳定发展。

3. 灵活性

激励措施应具有一定的灵活性，能够根据市场变化和渠道成员的需求进行调整。不同的渠道成员可能有不同的需求，企业应根据实际情况制定个性化的激励方案。

4. 可操作性

激励措施应具有可操作性，易于实施和管理。过于复杂的激励方案可能会增加企业的管理成本，反而会降低激励效果。

（二）渠道激励常用的策略

1. 经济激励策略

（1）价格折扣。给予渠道成员一定比例的价格折扣，降低他们的采购成本，从而提高他们的利润空间。企业可以根据采购量、销售业绩等因素给予他们不同程度的折扣。例如，当经销商在一定时间内采购达到一定数量时，给予其额外的价格折扣，激励他们加大采购力度。

（2）返利。根据渠道成员的销售业绩给予返利。返利可以是现金、货物或者其他形式的奖励。返利的比例可以根据销售目标的完成情况进行调整。例如，企业设定年度销售目标，渠道成员完成目标后可以获得一定比例的返利，超额完成目标则返利比例更高。

（3）促销支持。为渠道成员提供促销费用、赠品、促销物料等，帮助他们开展促销活动，提高产品销量。例如，在新产品上市时，企业为零售商提供促销活动经费和赠品，吸引消费者购买。

2. 非经济激励策略

（1）培训与发展。为渠道成员提供专业的培训和发展机会，提升他们的销售技能、管理水平和市场洞察力。例如，企业可以组织销售技巧培训、市场营销策略讲座等，帮助渠道成员更好地推广和销售产品。

（2）市场推广支持。协助渠道成员开展市场推广活动，如广告宣传、展会参展、公关活动等。企业可以提供部分资金支持或者与渠道成员共同策划和执行推广活动。例如，企业与经销商合作在当地举办产品推广会，共同承担费用，提高品牌知名度和产品销量。

（3）荣誉与奖励。设立奖项，对表现优秀的渠道成员进行表彰和奖励，增强他们的荣誉感和成就感。例如，企业可以评选年度最佳经销商、销售明星等，给予获奖的渠道成员奖杯、证书和奖金等奖励。

（4）沟通与合作。加强与渠道成员的沟通与合作，建立良好的合作关系。定期召开渠道会议、走访交流，共同解决问题，实现共赢。例如，企业高层定期与重要渠道成员进行沟通，听取他们的意见和建议，共同制定市场策略。

3. 长期合作激励策略

（1）战略合作。与渠道成员建立长期的战略合作关系，共同投资、开发市场，实现利益共享、风险共担。例如，企业与大型经销商共同出资成立合资公司，拓展市场份额，提高双方的市场竞争力。

（2）独家代理。给予渠道成员独家代理权，在特定区域内独家销售企业的产品。这可以增强渠道成员的忠诚度和积极性，同时也有助于企业对市场的管控。例如，企业将某个地区的独家代理权授予业绩优秀的经销商，激励他们全力投入市场开发和销售。

（3）持续创新。不断推出新产品、新服务，为渠道成员提供持续的市场竞争力。同时，鼓励渠道成员积极反馈市场需求和客户意见，共同推动产品创新。例如，企业根据渠道成员的反馈开发出更符合市场需求的产品，优先提供给合作良好的渠道成员销售。

二、渠道治理

（一）渠道投机行为

渠道治理的主要目的是减少渠道内的投机行为。渠道投机行为是指渠道成员在合作过程中，为了追求自身利益最大化而采取的违背合作协议、损害其他渠道成员或渠道整体利益的行为。渠道投机行为主要有以下几个方面的表现。

1. 窜货行为

（1）跨区域销售。为了获取更高的利润，渠道成员违反销售区域划分的规定，将产品销售到非指定区域。这是因为不同区域的市场需求、价格水平等可能存在差异。例如，某品牌手机在A地区的售价较高，经销商为了获取更多利润，将原本应在B地区销售的手机窜货到A地区销售。

（2）低价倾销。为了快速出货或抢占市场份额，渠道成员以低于规定价格销售产品。这不仅会扰乱市场价格体系，还会损害其他渠道成员的利益，导致其他经销商的产品难以销售，市场价格混乱。

2. 隐瞒信息

（1）隐瞒销售数据。渠道成员故意隐瞒或虚报销售数据，以获取更多的返利或奖励。这会影响企业对市场的判断和决策。例如，经销商为了达到企业规定的销售目标，获得更高的返利，虚报数据，使企业误以为市场需求旺盛，从而加大生产和库存，最终导致产品积压。

（2）隐瞒市场信息。渠道成员不向企业反馈市场的真实情况，如竞争对手的动态、消费者需求的变化等。这会使企业无法及时调整营销策略，错失市场机会。例如，某电子产品经销商发现竞争对手推出了一款具有竞争力的新产品，但为了避免企业调整营销策略影响自己的利益，故意隐瞒了这一信息。

3. 搭便车行为

（1）依赖其他渠道成员的努力。某些渠道成员在市场推广、客户服务等方面不积极投入，而是依赖其他渠道成员的努力来获取销售机会。例如，在一个区域内，经销商A积极进行市场推广和客户服务，提高了品牌知名度和客户满意度；而经销商B则坐享其成，不进行任何投入，却依赖经销商A的努力获得了一定的销售业绩。

（2）依赖企业品牌资源。渠道成员过度依赖企业的品牌影响力，而不注重自身的品牌建设和服务提升。这会影响企业品牌的长期发展。例如，一些零售商仅仅依靠企业的品牌知名度吸引顾客，而不注重提升自身的店铺形象和服务质量，一旦企业品牌出现问题，这些零售商将受到很大影响。

4. 不履行承诺

（1）不按时付款。渠道成员未按照合同约定的时间和方式支付货款，给企业带来资金周转困难等风险。例如，经销商在收到货物后，以各种理由拖延付款，影响企业的正常生产经营。

（2）不执行促销活动。渠道成员不按照企业的要求执行促销活动，或者在促销活动中偷工减料，影响促销效果。例如，企业要求经销商在特定时间内开展促销活动，提供赠品和折扣，但经销商为了节省成本，不提供赠品或降低折扣力度。

（二）渠道投机行为的危害

渠道投机行为会给企业带来严重危害，主要体现在以下几个方面：

1. 破坏市场秩序

（1）价格体系紊乱。渠道成员的投机行为（如跨区域销售和低价倾销），会打破企业精心构建的价格体系。不同区域的价格差异被破坏，导致市场价格混乱。例如，原本在A地区售价较高的产品，由于窜货到B地区低价销售，使得B地区的正常价格无法维持，经销商利润受损，市场秩序被打乱。

（2）渠道竞争不公平。渠道投机行为使得遵守规则的渠道成员处于不利地位，而渠道投机者却获得了不正当利益。这种不公平的竞争会打击其他渠道成员的积极性，降低整个渠道的效率。例如，一些经销商通过窜货获取更多市场份额，而那些合法经营的经销商则面临销售困难，市场竞争变得不公平。

2. 损害品牌形象

（1）产品质量难以保证。渠道投机行为可能导致产品在非正规渠道流通，质量监管难以得到保证。如果消费者购买到质量有问题的产品，会对品牌产生负面印象。例如，一些渠道投机者将假冒伪劣产品混入正规渠道销售，让消费者误以为是产品质量问题，从而降低对品牌的信任。

（2）服务水平参差不齐。渠道投机者往往不注重售后服务，消费者在购买产品后可能无法得到应有的服务支持。这会影响消费者的购买体验，损害品牌形象。

3. 影响企业利润

（1）利润空间被压缩。低价倾销会降低产品的销售价格，减少企业和渠道成员的利润空间。同时，为了应对渠道投机行为，企业可能需要投入更多的成本进行市场管控。例如，企业为了阻止窜货，不得不增加监管人员，这增加了企业的运营成本，进一步压缩了企业的利润空间。

（2）销售业绩不稳定。渠道投机行为会导致市场需求的虚假繁荣或突然萎缩，使企业难以准确预测市场需求、制订合理的生产和销售计划。销售业绩的不稳定会影响企业的发展战略和投资决策。窜货行为可能在短期内增加产品的销售量，但这种虚假的繁荣会掩盖市场的真实需求，一旦投机行为被制止，销售业绩可能会大幅下滑。

4. 破坏合作关系

（1）企业与渠道成员关系变得紧张。渠道投机行为会引起企业对渠道成员的不满和不信任，严重影响双方的合作关系。企业可能会采取惩罚措施，而渠道成员可能会产生抵触情绪，导致合作难以持续。例如，企业发现经销商窜货后，可能会扣除返利或暂停供货，而经销商则可能认为企业过于苛刻，导致双方关系变得紧张。

（2）加剧渠道成员之间的矛盾。渠道投机行为会引发渠道成员之间的矛盾和冲突，破坏整个渠道的和谐氛围。为了争夺市场份额和利益，渠道成员之间可能会展开恶性竞争，进一步损害渠道的稳定性。例如，一个地区的经销商窜货到另一个地区，必然会引起当地经销商的不满，双方可能会发生争执和冲突，影响渠道的正常运作。

（三）渠道治理方法

1. 建立完善的契约机制

（1）明确权利和义务。在渠道合作协议中，详细明确各渠道成员的权利和义务，包括销售区域、价格折扣、促销活动执行等。例如，明确经销商不得跨区域销售，否则将承担相应的违约责任。

（2）设定违约处罚条款。制定严格的违约处罚条款，威慑渠道投机行为。违约处罚条款应具有可操作性和执行力。例如，对于恶意降价、窜货等渠道投机行为，采取扣除返利、暂停供货甚至取消合作资格等处罚措施。

2. 加强监督与管控

（1）建立监督体系。企业应建立专门的渠道监督部门或岗位，负责对渠道成员的行为进行日常监督。例如，企业可以通过定期走访市场、检查库存、收集客户反馈等方式，及时发现渠道投机行为的迹象。

（2）运用技术手段。利用现代信息技术，如条形码、二维码、GPS 定位等，对产品的流向进行跟踪和监控。这样可以有效防止窜货等渠道投机行为，同时便于企业及时掌握产品的销售动态。

3. 强化激励机制

（1）正向激励。对遵守合作协议、积极配合企业营销活动的渠道成员给予奖励和激励。例如，设立销售业绩奖、市场开拓奖、合作贡献奖等，激发渠道成员的积极性和忠诚度。

（2）长期合作激励。与渠道成员建立长期稳定的合作关系，为其提供更多的发展机会和支持。例如，优先供应新产品、提供培训和技术支持、共同参与市场推广活动等，增强渠道成员对企业的依赖度和合作意愿。

4. 培养渠道文化

（1）价值观引导。企业应向渠道成员传递正确的价值观和经营理念，强调合作共赢、诚信经营的重要性。例如，通过培训、沟通等方式，使渠道成员认识到渠道投机行为的危害，树立正确的经营观念。

（2）团队建设。组织渠道成员参加团队建设活动，增强彼此之间的沟通和信任，培养团队合作精神。例如，举办渠道成员交流会、拓展训练等活动，促进渠道成员之间的交流与合作，减少渠道投机行为的发生。

5. 及时处理渠道投机行为

（1）快速反应。一旦发现渠道投机行为，企业应迅速采取行动，及时制止和处理，避免投机行为蔓延和扩大，对其他渠道成员造成不良影响。

（2）公正处理。对渠道投机行为的处理应公平、公正、公开，严格按照合作协议和违约条款执行。同时，企业要向渠道成员说明处理的依据和理由，维护企业的公信力和渠道秩序。

第五节　全渠道管理

一、不协调的混合渠道及其危害

（一）不协调的混合渠道

为适应对消费者购物方式偏好的差异、消费场景的多样化和扩大渠道的覆盖面等需求，企业经常采用混合渠道战略（如线上电商平台、线下实体店、经销商渠道等）。但在实际运营中，各个渠道之间经常在价格、促销政策等方面出现不协调的现象，甚至产生矛盾和竞争。

不同渠道之间的价格差异是混合渠道冲突的常见表现之一。线上平台可能由于运营成本较低而提供更优惠的价格，这会对线下实体店的销售造成冲击。线下实体店为了应对竞争，可能会要求企业调整线上平台价格，或者自行降低价格，从而引发价格战。价格不统一还可能导致消费者困惑和不满，降低他们对品牌的信任度。当消费者在不同渠道看到同一款产品的价格相差较大时，可能会质疑产品的质量或企业的诚信。

各个渠道可能会为了吸引客户而推出不同的促销活动，这容易引发冲突。例如，线上平台可能会通过提供更多的优惠券、满减活动等方式进行促销，而线下实体店则可能通过赠品、现场体验等方式进行促销。这些不同的促销策略可能会导致消费者在不同渠道之间进行比较，从而影响销售的稳定性。此外，促销冲突还可能导致渠道之间的竞争加剧，影响企业的整体促销效果。当多个渠道同时进行促销活动时，可能会分散消费者的注意力，降低每个渠道的促销影响力。

（二）不协调混合渠道的危害

1. 购物体验的不确定性

不协调的混合渠道会导致价格不统一、促销活动不一致等问题，并使消费者在购物的过程中感到困惑和不确定。消费者可能在不同渠道看到同一款产品的价格相差较大，不知道该选择在哪个渠道购买，或者在某个渠道的促销活动在另一个渠道却没有，这会让消费者觉得不公平，影响购物心情。渠道之间的冲突还可能导致服务质量不稳定。为了争夺客户，一些渠道可能会过度承诺服务内容，但在实际执行中却无法兑现，这会让消费者感到失望和不满。

2. 信任度降低

当消费者看到不同渠道之间存在冲突时，可能会对企业的品牌形象和信誉产生怀疑。如果企业不能有效地解决不协调的混合渠道导致价格不统一、服务质量下降等问题，那么消费者可能会认为企业管理不善，对企业的产品和服务的信任度降低。信任度的降低可能会影响消费者的购买决策，使他们更倾向于选择其他品牌或渠道。消费者可能会因为对某个企业的信任度降低而选择其他更可靠的品牌，或者选择在其他渠道购买产品，这会给企业带来损失。

3. 时间和精力成本增加

不协调的混合渠道可能会让消费者花费更多的时间和精力去比较不同渠道的产品和价格。消费者可能需要在多个渠道之间切换，查找产品信息、比较价格、查看促销活动等，这会浪费他们大量的时间和精力。如果消费者在购物的过程中遇到问题（如产品质量问题、售后服务不到位等），那么渠道之间的冲突，可能会导致问题解决的过程变得更加复杂和漫长。这会增加消费者的时间和精力成本。

因此，全渠道管理是企业提升市场竞争力的重要策略。通过整合和协调多个销售渠道，企业可以为消费者提供无缝的购物体验，实现业务增长和可持续发展。

立白是中国衣物洗护行业领导品牌，自1994年创立以来，产品广受消费者好评。作为洗护领域的领导者，立白汇聚全球优秀科技，拥有行业唯一“中国轻工业绿色洗涤用品”重点实验室、行业院士专家工作站，发明专利全国同行业第一。立白也是中国洗护行业标准的制定者，主导或参与28项国家、行业标准的制定工作。

早在2018年，立白就开始着手为线下零售门店数字化奠基，并在随后几年迅速建立起以CRM为核心，串联门店、企业微信、小程序、社群、直播等多个渠道的新数字化DTC业务形态，在总部经销商、终端门店和消费者之间架起了一座顺畅沟通的桥梁。

日化行业的发展依赖于线下渠道，尤其是商超渠道的生意占比很高。随着移动互联网技术快速发展，线上渠道快速崛起，对线下渠道形成挤压之势。尤其是在2021年后，网购进一步渗透，线下卖场流量下滑，对日化企业的业绩增长提出了巨大挑战。因此，如何重构“人、货、场”的商业逻辑，将线上线下渠道有机结合、激发更大的能量成了日化企业决胜未来的关键所在。

立白在敏锐察觉到市场变化后，其消费者运营部快速行动，加速微信生态布局并打通线上、线下渠道，用数字化工具为线下门店赋能，探寻企业发展的全新增长点。立白布局新零售进一步探索线上线下全面打通的全渠道数字化经营模式，利用“线下服务+线上工具”，在社群中突破时间和空间的限制，实现了从线下到线上的购买场景转换。

资料来源：《立白科技集团：在数字化转型中续写“三十年”新篇章》，https://news.sina.com.cn/sx/2024-01-09/detail-inaawvsi8462646.shtml。

二、全渠道管理的关键要素

（一）渠道整合

1. 统一品牌形象

在所有营销渠道上保持一致的品牌标识、视觉风格、宣传口号等，让消费者无论从哪个渠道接触到品牌，都能感受到统一的品牌形象。

2. 信息同步

确保产品信息、价格、促销活动等在各个渠道上保持一致，让消费者在不同渠道上获取的信息都是准确、及时的，避免出现信息不一致导致的困惑和不满。

3. 渠道协同

不同渠道之间应该相互配合、协同作战。线上广告可以引导消费者到线下实体店体验；线下实体店可以发放线上优惠券促进线上销售；社交媒体可以作为品牌宣传和与客户互动的平台，为其他渠道引流。

（二）客户体验优化

1. 个性化推荐

根据客户的购买记录、浏览行为、偏好等数据，为客户提供个性化的产品推荐和服务。个性化推荐可以提高客户的满意度和转化率，增强客户对品牌的黏性。

2. 便捷的购物流程

无论是线上渠道还是线下渠道，都应该为客户提供便捷的购物流程。线上渠道应该提供简单易用的界面、快速便捷的支付方式和高效的物流配送；线下渠道应该提供舒适的购物环境、专业的导购服务和便捷的支付方式。

3. 优质的客户服务

全渠道管理需要提供优质的客户服务，及时解决客户的问题和投诉。客户服务应该贯穿整个购物过程，无论是售前咨询、售中服务还是售后支持，都应该做到快速响应、专业解答、热情周到。

（三）数据分析与精准营销

1. 数据收集与整合

通过各种渠道收集客户数据，包括购买历史、浏览行为、社交媒体互动等，将这些数据整合到一个统一的客户数据库中，进行深入分析，了解客户需求。

2. 精准营销

根据数据分析结果，制定精准的营销策略。例如，针对不同的客户群体制定不同的促销活动、广告投放策略和产品推荐方案，提高营销效果和投资回报率。

3. 效果评估与优化

对全渠道营销的效果进行定期评估，分析各个渠道的贡献度、客户转化率、销售额等指标。根据评估结果，及时调整营销策略和渠道布局，优化全渠道营销的效果。

案例分析

美宜佳：快速进击的中国零售品牌

上至北上广深，下至五六线城市及其乡镇，都能看到它的身影，27年深耕，门店数量超35000家，正是出自东莞本土的美宜佳。在不少零售企业选择谨慎拓店之际，美宜佳却一路逆势开店，无论是覆盖城市、门店数量，还是数字化变革所带来的业绩增长，美宜佳的发展都令行业侧目。那么，作为“中国便利店之王”，美宜佳的制胜密钥究竟是什么？可以归结为以下三点。

第一，开放加盟+下沉路线。

1990年，美宜佳的前身美佳超市在广东东莞成立，这也是中国第一家连锁超市。在那个“万元户”的年代，它的年营业额能达到数亿元。1997年全新面貌的美宜佳开出第1家便利店。在拓张前期，美宜佳以极具前沿的战略眼光部署供货体系，在美佳超市供货体系的基础上，与东莞市伟盛饮料有限公司等建立商品直送业务，更好地满足了门店经营需求。连锁品牌规模化扩张有个铁律：早期（百店）考验门店运营及标准化；中期（千店）拼后端及供应链纵深；后期（万店）则会由贸易型转变为制造型零售企业，规模推动企业变身，实现从量变到质变的过程。

美宜佳成立之初，就确立了社区选址路线及特许加盟经营方式。2016年，美宜佳在此基础上推出了“合伙加盟”新模式，进一步分离投资权与经营权。3年后，美宜佳增加区域授权模式试点，由此快速将门店复制至全国上下。除更为灵活的加盟模式外，美宜佳的选址路线更多倾向于下沉市场。2022年年底，“每10个乡镇就有1家美宜佳”的门店密度是其他便利店品牌难以匹敌的。此后，美宜佳尝试加入鲜食、咖啡等品类，试水便利店+药店及美宜佳零食店等多种业态，以应对日益多元化的消费趋势。至此，美宜佳从最初的“小生意”升级成了如今的“大版图”。

第二，升级供应链能力。

美宜佳之所以能够位居便利店之首，更多是因为其对锻造供应链能力的重视。在实现全国扩张的过程中，美宜佳逐步从传统零售转型为制造型零售，尝试自建物流、冷链配送中心、食品加工厂等多种配套产业，从商品力、仓储力、履约力等多个维度进行供应链升级。此后，美宜佳还确立了以“现卖+外卖+电商+增值服务”为盈利模式，将采购、存储、运输、管理等一系列供应链环节逐步打通，在规模化扩张的同时提升单店盈利指数。

第三，深耕数字化布局。

在数字化方面，美宜佳算是业内较早实行数字化的便利店品牌之一，对智能化、数据化、可视化方面颇为重视，甚至投入超1亿元资金进行升级。原本美宜佳要几年才能开出200家店，自2002年使用海鼎信息系统后，针对货品和门店的管理效率提高，每年新增门店超过100家。由此，美宜佳从一个完全松散、弱管理、弱联系的品牌便利店，转型成了高度统一的IT型便利店品牌，同时深化了总部与单店之间紧密联系的特许加盟制度。换言之，美宜佳在200多家门店时，就已经完善了运营、供应链管理，且具备了800家门店才能配齐的配置。

在谈及数字化进程时，美宜佳董事长张国衡表示："企业能够在行业寒冬依然取得了亮眼成绩，恰恰体现了美宜佳这几年数字化转型的价值。未来，美宜佳将朝着'成为国民骄傲的便利店品牌'的愿景大步迈进。"前端运营管理，后端做重供应链，数字化转型升级串起品牌便利店发展前中后期，美宜佳彻底起飞。于其他本土便利店企业而言，美宜佳堪称实打实的降维打击。早期实现万家规模，美宜佳用了20年；而后仅用了28个月，美宜佳就将门店从2万家开到3万家，平均每日新增12家店。当全盘能力成熟后，有数万家门店作为背书，美宜佳的虹吸效应也逐步显现，让其在人才吸纳、优质供应商等诸多环节具备优势。

资料来源：《"中国便利店之王"美宜佳是怎样炼成的？》，https://www.cyzone.cn/article/760888.html。

【案例思考】

1．美宜佳总部与加盟店之间的关系有什么特点？

2．加盟店之间可能出现哪些投机行为？美宜佳总部又是如何治理的？

3．相对于其他连锁便利店来说，美宜佳的竞争优势是什么？

本章小结

渠道是指产品或服务从生产者向消费者转移的途径和环节，由生产者、中间商、消费者构成。渠道具有信息传递、促销、交易、物流、服务功能，而功能的实现体现为实物流、所有权流、支付流、信息流、促销流等流程。渠道管理具有跨组织管理、动态性、复杂性、合作性、战略性等特点，需协调不同组织关系，随市场变化调整，考虑多因素并建立合作，从战略高度规划。

渠道结构的组成要素包含渠道的长度（零级、一级、二级、三级及以上渠道）、宽度（密集型、选择性、独家分销渠道）、密度（高密度、中密度、低密度渠道）及其衡量指标、不同类型特点。渠道结构受产品特性（价值、体积和重量、易腐性和时尚性）、市场特性（规模、集中度、消费者购买习惯）、企业自身特性（规模和实力、营销目标）影响。

渠道组织形式包括公司型、契约型、管理型垂直渠道组织形式。渠道成员主要包括生产者、批发商、零售商、代理商、消费者和用户。

渠道激励需要遵循目标一致性、公平性、灵活性、可操作性原则，采用经济、非经济、长期合作激励策略激发渠道成员的积极性。针对渠道投机行为（如窜货、隐瞒信息、搭便车、不履行承诺）及其危害（如破坏市场秩序、损害品牌形象、影响企业利润、破坏合作关系），可通过建立完善的契约机制、加强监督与管控、强化激励机制、培养渠道文化、及时处理渠道投机行为来治理。

全渠道管理的关键要素包括渠道整合（统一品牌形象、信息同步、渠道协同）、客户体验优化（个性化推荐、便捷的购物流程、优质的客户服务）、数据分析与精准营销（数据收集与整合、精准营销、效果评估与优化）。

|第九章|

整合营销传播

现代营销不仅要求经营者开发和提供优秀的产品，而且要与现有的、潜在的客户实现顺畅沟通，承担起主动传播和沟通的责任。而传播要取得理想的效果，关键在于对谁说、说什么和怎么说。通过本章学习，需要理解整合营销传播、营销信息应该怎样设计、媒体应该如何选择、传播有哪些可用的工具，以及什么是整合营销传播、怎样整合这些传播活动才能取得更好的效果。

- 整合营销传播的概念及其主要特点
- 营销信息的设计与测评
- 广告、公关、营业推广、人员推销等常用传播工具的优缺点
- 媒体与传播工具组合的选择
- 数字时代，整合营销传播应该进行怎样的调整以提升效果

导入案例

小米科技有限责任公司（以下简称“小米”）成立于2010年，是一家国内外知名的消费电子及智能制造公司。公司专注于创造“感动人心、价格厚道”的好产品，不断追求极致的用户体验和运营效率，创新与品质并重，让每个人都能享受到科技带来的美好生活。2018年7月9日，小米在香港联合交易所主板挂牌上市，连续多年入选《财富》世界500强企业。

作为一个家喻户晓的品牌，小米非常重视品牌传播，并且获得了丰厚的回报。总的来看，小米的品牌传播之所以行之有效，是因为如下做法。

首先，品牌传播非常重视各种工具的整合。①广告宣传注重性价比和科技创新。通过线上广告、电视广告等渠道，向消费者展示小米产品的高性能和低价格优势。②举办米粉节等大型促销活动，推出限时折扣、赠品等优惠，吸引消费者购买。同时，与电商平台合作，开展线上促销活动，提高产品销量。③积极利用社交媒体进行营销。例如，小米公司创始人及高管经常在微博等平台与用户互动，发布产品信息和公司动态，增强用户黏性。此外，小米还通过论坛等社区平台，收集用户的意见和建议，让用户参与产品研发和改进。④在公共关系方面，小米积极参与各类科技展会，展示最新产品和技术，提升品牌的科技形象。

其次，非常注意保持信息的一致性。小米在各个传播渠道中都强调“为发烧而生”的品牌理念，突出产品的高性价比、科技创新和用户参与。无论是广告、促销活动还是社交媒体互动，都围绕这一理念展开，让消费者对小米品牌有清晰的认知。

最后，努力实现双向沟通。通过社交媒体平台、论坛等渠道，小米与用户保持着密切的沟通。用户可以提出问题、反馈意见，小米会及时回复并采取相应的改进措施。这种双向沟通机制不仅增强了用户对品牌的信任和忠诚度，还为小米的产品研发提供了宝贵的参考意见。

第一节　整合营销传播的特点

整合营销传播（Integrated Marketing Communication，IMC）旨在通过协调企业内外部资源和多元化传播渠道向消费者高效率地传递一致的信息。IMC由美国西北大学教授唐·E. 舒尔兹于1992年首先提出，他认为IMC是指利用一切公司和品牌能接触到的信息源去吸引消费者。美国广告公司协会认为，IMC是一种传播活动的规划，要求充分认识并利用好各种传播工具——如广告、人员推销、营业推广和公共关系——并将之组合，提供具有良好清晰度、连贯性的信息，使传播沟通的效果最大化。

现代传播已经不仅仅是一种帮助促进销售的手段，而是建立在关系营销的基础上，与顾客发展长期关系的需要。因此，针对现在顾客和公众接触的信息在数量、形式、来源、表现手段等都呈现出爆炸式增长的背景，提出整合营销传播，要求在外部环境变化和竞争加剧的情况下，加强和改善与顾客之间的沟通。多年以来，IMC理论在全球范围内得以广泛应用，并在不同国家和地区获得了发展和本土化应用。IMC的核心在于将顾客和企业放在一个平台上，通过平等的、顺畅的双向传播沟通，建立并维系彼此之间的互信关系，从而实现双方的价值。

随着信息技术迅速发展和市场竞争日趋激烈，企业更加以市场为导向，整合营销传播已成为企业提升市场竞争力的关键所在。IMC不仅要关注广告和促销活动，还要在公共关系、直播带货、社交媒体推广、事件营销等多个方面，形成一个全面的框架来提高营销传播的效果和效率。此外，IMC还强调了消费者洞察、数据驱动决策、跨媒体整合以及与多个利益相关者沟通等核心原则。

总之，整合营销传播通过协调不同的营销传播手段和渠道，向消费者传递一致的信息，以建立和维护企业与消费者之间的信任关系。在数字化的时代背景下，企业需要充分利用数字媒体的优势，采用战略一致性的方法来提高IMC的效果和效率。

一、以消费者为中心

在整合营销传播中，始终把消费者放在核心位置。这是因为企业营销活动的最终目的是满足消费者的需求，实现产品或服务的销售。这就要求经营者做到如下几个方面：

1. 深入了解消费者的需求

通过市场调研等手段，全方位了解消费者的实际需求、期望、购买行为和决策过程等。比如，企业可以利用问卷调查、焦点小组访谈等方式，收集消费者对产品功能、价格、品牌形象等方面的看法和建议。

通过分析消费者的生活方式、价值观和兴趣爱好等，企业可以更好地定位产品或服务，制定更有针对性的营销策略。例如，针对年轻时尚的消费者群体，推出具有潮流设计和个性化功能的产品，并通过社交媒体等渠道进行推广。

2. 建立消费者数据库

整合来自不同渠道的消费者信息，包括购买历史、浏览记录、客户服务互动等，构建全面的消费者数据库。这样可以更准确地了解消费者的个体特征和行为模式，为个性化营销提供数据支持。

利用数据分析技术，挖掘消费者信息中的潜在价值，如发现消费者的购买偏好、预测消费趋势等。企业可以根据这些分析结果，制定精准的营销方案，提高营销效果。

3. 高度注重消费者体验

从消费者接触产品或服务的各个环节入手，提升消费者的整体体验，这包括产品设计、包装、销售渠道、客户服务等方面。例如，无论是提供简洁易用的产品设计、精美的包装、便捷的购物渠道还是高效的客户服务，都能提高消费者的满意度和忠诚度。

倾听消费者的反馈，及时改进产品或服务。企业可以通过建立客户反馈渠道（如在线评价、客服热线、品牌社区等），收集消费者的意见和建议，并将其作为改进产品或服务的重要参考。

2023年9月17日，洁柔官方直播间因员工操作失误，将原价56.9元1箱的纸巾错误设置为了10元6箱，引发大量用户下单抢购，最终成交订单数超过4万单，损失金额超1000万元。

9月19日11点，洁柔官方发布公告称，诚信和用户是洁柔的根本，承诺所有超低价订单将全部发货。在声明中，洁柔还阐述了品牌历史和理念。

9月25日，有网友发文称洁柔写信感谢取消10元6箱订单的顾客，洁柔回复“真心换真心”。在感谢信中，洁柔称“自失误事件发生以来，整个团队深感压力，但您的善意，就像黑暗中透进来的一道微光”。对于退单顾客，洁柔邀请其成为“荣誉洁柔人”；为其寄送洁柔45周年礼品箱；邀请其本人及家人参加洁柔45周年庆典，并赠送一家三口广州长隆两天一晚游和广州塔门票；该顾客个人购买公司的任何产品，终身享受员工内购政策；其本人及直系亲属或孩子还可以到洁柔进行实习或者工作。

该事件引发广泛关注，相关话题多次登上热搜，网络信息量约5.2万。从舆情来看，正面性的表达和负面性的表达几乎旗鼓相当，分别占比29%、25%，中立性表达占比46%。洁柔通过承担责任、承诺发货和感谢退单顾客等一系列操作，成功解除了品牌危机，强化了可信赖的品牌形象，被称赞“真诚永远是最好的必杀技”。

二、整合多种营销传播工具

整合营销传播强调综合运用各种营销传播工具，以实现传播效果的最大化。不同的传播工具有不同的优势和特点，企业需要根据目标受众的特点、营销目标以及预算等因素，选择合适的传播工具组合。比如，对于年轻消费者群体，社交媒体营销和线上广告可能更为有效；而对于高端消费者群体，公关活动和品牌赞助则更能提升品牌形象。同时，企业还需要确保不同传播工具之间的协同配合，形成合力，以达到最佳的传播效果。

1. 传统营销传播工具

（1）广告。传统广告包括电视广告、报纸广告、期刊广告、户外广告等。广告可以广泛地传播产品或服务的信息，提高品牌知名度。例如，一则精彩的电视广告可以吸引大量观众的注意力，让消费者留下深刻的印象。

（2）促销。如打折、满减、赠品等活动。促销可以刺激消费者的购买欲望，促进产品销售。例如，在节假日期间推出限时折扣活动，吸引消费者购买产品。

（3）公共关系。通过新闻发布、事件营销、赞助活动等方式，提升企业的形象和声誉。公共关系可以帮助企业建立良好的社会形象，增强消费者对企业的信任和好感。

2. 数字营销传播工具

（1）搜索引擎营销。包括搜索引擎优化和搜索引擎广告。通过优化网站内容和结构，提高企业网站在搜索引擎中的排名；或者购买搜索引擎广告位，让企业网站在搜索结果中更容易被用户发现。例如，当用户搜索与企业产品相关的关键词时，企业网站能够出现在搜索结果的前列，增加网站的流量和曝光度。

（2）社交媒体营销。指的是利用社交媒体平台（如微信、微博、抖音等），进行品牌推广、产品宣传和客户互动。社交媒体营销可以精准定位目标受众，提高品牌的传播力和影响力。例如，企业可以通过发布有趣的内容、举办线上活动等方式，吸引用户关注和参与，增强用户与品牌的互动和黏性。

（3）内容营销。通过创作有价值的内容（如博客文章、视频、图片等），吸引用户关注并传播品牌信息。内容营销可以帮助企业树立专业形象，提高用户对品牌的认知度和信任度。例如，企业可以发布与行业相关的文章、产品使用教程等内容，为用户提供有价值的信息，同时展示企业的专业能力。

3. 整合多种营销传播工具

（1）根据营销目标和目标受众的特点，选择合适的营销传播工具组合。不同的营销传播工具具有不同的优势和适用场景，企业需要根据具体情况进行选择和搭配。

（2）确保各种营销传播工具之间的协调一致。不同的营销传播工具在传播内容、品牌形象等方面应该保持一致，形成统一的品牌传播声音。例如，广告、促销活动和社交媒体上发布的内容都应该围绕着统一的品牌定位和价值主张进行传播，避免给消费者造成混乱和不一致的印象。

三、信息的一致性和协同效应

整合营销传播要求在不同的传播活动中保持信息的一致性，并实现各种传播活动之间的协同效应。企业需要确定统一的品牌定位、价值主张和传播主题，确保在不同的传播渠道和活动中，消费者接收到的品牌信息是连贯的、一致的。

1. 信息一致性

（1）确定统一的品牌定位和价值主张。企业应该明确自己的品牌定位和核心价值主张，并在所有的营销传播活动中始终如一地传达这些信息。例如，苹果公司一直强调其产品的创新、简洁和高品质，无论是广告、产品设计还是客户服务，都体现了这一品牌定位和价值主张，从而在消费者心中形成了清晰而稳定的品牌形象。

（2）保持传播内容的一致性。无论是广告文案、促销活动宣传语还是社交媒体上发布的内容，都应该在语言风格、视觉形象等方面保持一致。这样可以增强品牌的识别度和记忆度，让消费者更容易记住品牌。例如，可口可乐的广告和包装始终以红色为主色调，搭配独特的字体和标志，形成了强烈的视觉识别效果。

2. 协同效应

（1）不同营销传播活动之间的相互配合。各种营销传播活动应该协同作战，形成合力。例如，广告可以提高品牌知名度，促销活动可以刺激消费者的购买欲望，公共关系活动可以提升品牌形象，这些活动相互配合，可以实现更好的营销效果。

（2）线上线下营销传播活动的整合。随着互联网的发展，线上线下营销传播活动的融合越来越重要。企业应该将线上和线下的营销传播活动进行整合，实现无缝对接。例如，消费者在网上看到产品的广告后，可以通过线下门店进行体验和购买；或者消费者在实体店购买产品后，可以通过线上平台进行评价和分享，从而扩大品牌的影响力。

2023年9月4日，瑞幸咖啡与贵州茅台共同宣布推出联名咖啡“酱香拿铁”。这款咖啡使用含有53度贵州茅台酒的白酒风味厚奶，酒精度低于0.5%，零售价为38元/杯，使用优惠券后的实际价格为19元/杯。在产品推出前，双方通过社交媒体、短视频平台等进行了广泛的预热和宣传，引发了市场的高度关注和消费者的强烈期待。

销量与销售额显著增长。“酱香拿铁”首日销量突破542万杯，单日销售额突破 1亿元。全国多个瑞幸咖啡门店出现消费者排长队甚至产品断货的情况，为双方带来了可观的收入。

品牌知名度提升和形象塑造。茅台借助瑞幸咖啡的年轻化和时尚化，拓展了消费人群和场景，成功吸引了年轻消费者的关注，使品牌更加年轻化；瑞幸咖啡则借助茅台的高端形象和酱香特色，提升了产品档次和差异化，进一步巩固了市场地位。双方都扩展了各自的用户群，并且提升了品牌美誉度。

四、建立双向沟通机制

整合营销传播强调企业与消费者的双向沟通。企业不仅仅是信息的发送者，更要积极倾听消费者的声音，了解他们的需求、意见和反馈，并及时作出回应。通过建立良好的双向沟通机制，企业可以更好地满足消费者的需求，提高消费者的满意度和忠诚度。例如，很多企业通过社交媒体平台与消费者进行互动，解答消费者的疑问，收集消费者的建议，从而不断改进产品和服务。

1. 倾听消费者的声音

（1）建立多种沟通渠道。企业可以通过客户服务热线、在线客服、社交媒体等渠道，倾听消费者的意见和建议。例如，企业可以在社交媒体上设置专门的客服账号，及时回复用户的咨询和投诉，增强用户与品牌的互动。

（2）开展市场调研。定期进行市场调研，了解消费者的需求变化和对产品或服务的满意度。例如，企业可以采用问卷调查、访谈等方式进行市场调研，收集消费者的反馈信息，为企业的决策提供依据。

2. 回应消费者的反馈

（1）及时处理消费者的投诉和问题。当消费者提出投诉或问题时，企业应该及时响应，积极解决问题，以提高消费者的满意度。例如，设立专门的客户服务团队负责处理消费者的投诉和问题，以确保问题及时得到解决。

（2）根据消费者的反馈调整营销策略。企业应该认真分析消费者的反馈信息，了解消费者的需求和期望，并及时调整营销策略。例如，如果消费者对产品的某个功能不满意，那么企业可以考虑进行产品改进；如果消费者对某个促销活动反应冷淡，那么企业可以调整促销策略，提高活动的吸引力。

五、注重营销传播活动的效果评估

整合营销传播要求对营销传播活动的效果进行评估，以便及时调整营销策略，提高营销效果。

1. 设定明确的评估指标

（1）根据营销目标确定评估指标，如提升品牌知名度、增加销售额、扩大市场份额等。例如，如果营销目标是提升品牌知名度，那么可以设定品牌认知度、传播覆盖范围等评估指标；如果营销目标是增加销售额，那么可以设定销售增长率、客户转化率等评估指标。

（2）选择合适的评估方法。企业可以采用定量和定性相结合的方法进行评估。定量评估方法（如数据分析、市场调研等），可以提供具体的数据指标；定性评估方法（如消费者访谈、专家评价等），可以提供深入的反馈和建议。

2. 定期进行效果评估

（1）在营销传播活动的不同阶段进行评估，及时发现问题并调整策略。例如，在活动策划阶段，可以进行预评估，预测活动的效果；在活动执行过程中，可以进行中期评估，及时调整活动方案；在活动结束后，可以进行总结评估，总结经验教训，为下一次活动提供参考。

（2）对比分析不同营销传播活动的效果。通过对比不同活动的评估结果，找出效果较好的活动方式和策略，以便在未来的营销传播活动中加以推广和应用。例如，对比不同广告渠道的点击率、转化率等指标，选择效果最佳的广告渠道进行投放。

第二节　营销信息设计与测试评估

营销信息设计就是设计什么样的传播内容，即通俗所讲的“说什么”。该内容质量的高低对传播效果至关重要。

一、营销信息设计

设计传播内容，首先要明确目标受众。

进行市场调研，了解目标受众的特征、需求、兴趣爱好和消费行为。例如，如果目标受众是年轻的上班族，那么营销信息可以设计得更加时尚、便捷和高效，强调产品或服务能够满足他们在快节奏生活中的需求。

根据受众特征进行细分，针对不同的细分群体设计个性化的营销信息。比如，针对注重健康的消费者，可以突出产品的天然成分和营养价值；针对追求时尚的消费者，可以强调产品的设计感和潮流元素。

其次，要确定产品或服务核心信息。

明确产品或服务的独特卖点和价值主张。这可以是产品的功能优势、品质保证、价格优势或者情感价值等。例如，苹果手机的核心信息是创新的设计、强大的性能和优质的用户体验。

将核心信息转化为简洁、有力的营销口号或主题。营销口号应该易于记忆和传播，能够在短时间内吸引受众的注意力并传达产品或服务的核心价值。例如，耐克的营销口号“just do it”，简洁地传达了品牌的运动精神和积极向上的态度。

最后，设计创意内容。

根据传播渠道的特点和目标受众的喜好，设计富有创意和吸引力的营销内容。内容可以包括文字、图片、视频、音频等多种形式。例如，在社交媒体上发布有趣的图片、视频和故事，吸引用户的关注和分享；在电视广告中制作精彩的剧情和视觉效果，给观众留下深刻的印象。

注重内容的情感共鸣和互动性。营销内容应该能够触动受众的情感，引发他们的共鸣和参与。例如，企业可以通过讲述感人的故事、发起互动话题或举办竞赛活动等方式，增加用户的参与度和黏性。如表9-1所示。

表9-1　营销信息设计的内容

	信息内容	具体要求与做法
企业识别系统	品牌名称、标志、口号、色彩等	清晰、简洁、美观，保持一致的鲜明形象
产品信息	提供详细信息，包括产品的特点、优势、使用方法等，帮助消费者做出购买决策	制作产品说明书、视频教程等，让消费者更好地了解产品
营销口号或主题	产品或服务的独特卖点和价值主张，包括产品的功能优势、品质保证或情感价值	简洁、有力，应易于记忆和传播，能快速吸引受众的注意力并传达产品或服务的核心价值
品牌故事	传达品牌的价值观和使命，引起消费者的共鸣	讲述创业历程、品牌理念和社会责任，可以赋予品牌个性以及精神气质
促销信息	如打折、满减、赠品等	吸引和刺激消费者购买
互动内容	如问答、投票、抽奖等	增加用户参与度和黏性

2022年5月21日，一汽奥迪携手刘德华上线广告片《人生小满》。该片一经推出便迅速走红网络，截至22日早上视频下架前，这条广告仅在刘德华的抖音账号上点赞数量就已超500万次。然而，21日23时，抖音博主“北大满哥”发布视频称，奥迪《人生小满》广告片中的文案与其去年发布的视频作品文案高度相似。奥迪陷入了“抄袭门”风波，网友评论称“查重率99%”。

5月22日上午10时，奥迪在其官方微博发表声明称：“我们注意到昨日发布的一则短视频存在文案侵权的相关讨论，就该事件中因监管不力、审核不严给刘德华先生、北大满哥及相关方造成的困扰，我们表示诚挚的歉意。”当天13时40分，奥迪的创意代理方上思广告公司也发表声明称，确认公司的奥迪服务团队是一汽奥迪小满篇品牌视频开发团队，并表示在视频开发的过程中，因该团队版权意识淡薄，在未与版权方沟通的情况下，直接使用了抖音博主“北大满哥”关于“小满”的视频中的文案内容，对此致歉并承诺将在广告创作中尊重和保护原创作者权益。当天下午刘德华在官方后援会发文称：“对原创我是百分百的尊重，今次事件，对于广告团队在创作过程中出现的问题，以及对满哥造成的困扰，我个人深感遗憾。Audi和广告公司现正认真处理中。”

5月25日凌晨，抖音博主“北大满哥”发布视频表示三方已经达成协议，愿意接受奥迪和上思的道歉，并将其小满作品文案向奥迪进行免费授权。

此次事件引发了广泛关注和热议，暴露出国内广告行业在版权问题上的疏漏，也凸显了互联网原创内容保护的难题，给广大企业和代言人带来了警示，促使各方更加重视知识产权保护。

二、效果测评与优化

1. 设定评估指标

（1）根据营销目标确定具体的评估指标。常见的评估指标包括品牌知名度提升、产品销量增长、市场份额扩大、客户满意度提高、网站流量增加、社交媒体互动率提升等。

（2）选择合适的评估方法和工具。可以采用定量和定性相结合的方法进行评估，例如数据分析、问卷调查、访谈、焦点小组讨论等。同时，可以利用专业的营销分析工具（如 Google Analytics、百度统计等），监测网站流量、用户行为和营销效果。

2. 收集数据

（1）在营销活动实施的过程中，及时收集相关数据。数据来源包括销售数据、市场调研数据、网站分析数据、社交媒体数据等。例如，通过销售系统记录产品销量和客户信息，通过在线调查收集用户的反馈和意见，通过社交媒体监测工具跟踪品牌的曝光度和与用户互动的情况。

（2）确保数据的准确性和可靠性。在收集数据时，要注意数据的来源、采集方法和统计口径，避免数据偏差和误差超出合理范围。同时，可以对数据进行交叉验证和分析，提高数据的可信度。

3. 分析数据

（1）对收集到的数据进行深入分析，评估营销活动的效果。可以采用数据分析软件和工具（如Excel、SPSS等），进行数据统计、图表制作和趋势分析。例如，通过对比营销活动前后的销售数据、网站流量和社交媒体互动率等指标，评估营销活动的成效。

（2）分析数据背后的原因和影响因素。企业不仅要关注数据的结果，还要深入分析数据变化的原因和影响因素。例如，产品销量增长，可以分析是营销活动的推广效果、产品质量的提升还是市场需求的增加导致的。

4. 总结反馈

（1）根据数据分析结果，总结营销活动的成功经验和不足之处。对于成功的方面，要继续保持和发扬；对于不足之处，要及时进行调整和改进。例如，某个营销渠道的效果不佳，可以考虑调整投放策略或更换渠道；对用户反馈的某些问题，可以及时进行产品改进和优化。

（2）将评估结果反馈给相关部门和人员，为未来的营销决策提供参考。营销效果评估不仅是对过去营销活动的总结，更是未来营销策划的依据。通过及时反馈评估结果，不断优化营销策略和方法，可以提高营销效果和投资回报率。

第三节 传播工具及组合运用

传播是指经营者以人员或非人员的联络方式，传递商业信息，帮助与说服顾客购买商品或劳务，或使顾客对卖方产生好感，促进商品或劳务的销售。

传播的作用主要有以下几个方面：

（1）传递信息、增加销售。传播主要是指通过各种信息传播沟通手段来达到促进销售的目的。例如，通过与现实和潜在顾客、中间商的信息传递与沟通，扩大市场范围，增加商品销售，加速现金流通，促进企业生产。

（2）激发需求、促进购买。通过种种手段来刺激消费者的需求和购买欲望，促进其产生购买需求或增加购买数量，这是企业采用促销手段的主要目的。

（3）有利于企业展开竞争、改善服务。各种促销手段和方式的运用，有利于企业展开竞争，为顾客提供更好的产品和服务，从而充分满足消费者的需求。

传统的传播工具包括广告、公共关系、人员推销、营业推广、直接营销、社交媒体营销6种（见表9-2）。但随着新媒体、新形态涌现，传播工具的界限越来越模糊，比如“直播带货”这一新生事物，就兼有人员推销及营业推广的特点。

表9-2 当前传播工具的类别及特点

传播方式	传播工具	特点	适用情况
非人员	广告	信息快速且大范围的传播	传播产品信息、树立企业形象、激发消费需求
	公共关系	树立形象、沟通关系	既为营销目标服务，又为企业整体目标服务，在促销组合中一般处于辅助地位
	营业推广	刺激需求，增加购买	短期促销的有效工具
	直接营销	利用电子邮件、短信、直邮等方式直接与客户沟通，推广产品和服务	低成本与顾客密切互动
	社交媒体营销	制定社交媒体营销策略，包括选择社交媒体平台、发布内容、与用户互动等	高频次与顾客密切互动
人员	人员推销	信息的双向沟通和面对面的情感交流	传播面窄、费用大，适合用户面较窄的专业性产品

一、广告

广告是指由可以识别的组织和个人，为达到一定目的，通过媒体进行的有关产品、劳务或观念的付费的、非人员的信息传播活动和行为。广告可以划分成不同类型，但是最根本的分类是按照性质区分成商业广告与公益广告两类。商业广告是指各类企业为了经济利益所做的广告，是广告中的主体，同时是促销组合的主体。

广告活动需要建立法治意识，以及承担社会责任。在现代文明社会中，法治是社会稳定和发展的重要基石，因此市场主体需要契约精神，严禁在广告中虚假宣传。社会责任是指组织或个人应以一种有利于社会的方式进行经营和管理。广告主和广告公司应该严于律己，用真诚和善意来打动顾客。

广告界是最富于创新的行业，从“寻找卖点”到“品牌形象”到“定位”再到“整合营销传播”，对传播的认识和手段的运用不断深入。这些创新反过来又带动了市场营销的创新。创新是一个民族进步的灵魂，是一个国家兴旺发达的动力，也是竞争力的核心和关键。除产品和科技创新之外，品牌和广告的创新也不容忽视。

“got milk？”（来一杯牛奶吗？）是美国加州牛奶加工委员会（CMPB）在 1993 年推出的一项极具影响力的广告宣传活动。

牛奶可以补充营养和钙质，怎样让人们重新关注牛奶，并且觉得喝牛奶有趣甚至很酷？

该广告以简洁有力且极具辨识度的标语“got milk？”，搭配上众多名人、普通人留着牛奶胡子的形象为主要视觉呈现，比如一些好莱坞巨星带着俏皮的牛奶胡子出现在广告画面中。这些名人涵盖了影视明星、体育健将等各界知名人士，通过他们的影响力吸引大众目光。其投放渠道广泛，包括电视广告、平面广告、户外广告等，旨在鼓励人们多喝牛奶，提升牛奶的消费量。

该广告推出后效果相当显著，扭转了当时美国牛奶销量不断下滑的趋势。许多消费者在看到广告宣传后，增加了日常购买牛奶的频率，推动牛奶销量回升并稳定增长，尤其是在家庭消费和餐饮渠道等方面牛奶的用量有明显增加。

该广告极大提升了牛奶在大众心目中的形象，使其更加亲和且不可或缺。牛奶不再只是一种普通的饮品，而是通过广告营造出的一种时尚、健康又充满趣味的形象，使得各个年龄段的消费者都更愿意去选择牛奶，强化了牛奶在健康饮食中的地位。

二、公共关系

公共关系（Public Relations，简称为公关），是指一个社会组织运用传播手段与公众建立良好的关系，以帮助实现该组织目标的系统活动。

现代公共关系以传播信息、沟通关系为目的，是一种对企业和社会都影响深远的活动。公共关系可以使用的工具如表9-3所示。

表9-3 公共关系可使用的工具

公关工具	做法	作用
新闻	召开新闻发布会和记者招待会，提供素材、邀请参观；或者由企业人员撰写稿件寄给新闻机构，以及创造新闻素材，吸引新闻界的注意	获得表现机会，树立良好的企业形象，赢得公众赞誉，从而提高企业知名度
举办专题活动	举办知识竞赛、体育比赛、演讲会、研讨会、展览会、订货会、重要节日或事件庆典活动等	既可扩大企业影响力，提高知名度，又可吸引记者前往采访报道，是企业制造新闻的最好方法
赞助或开展公益活动	赞助运动会、文化比赛、基金会等，吸引媒体报道	树立企业良好形象，赢得公众赞誉，且能获得展示机会，从而提高企业知名度
提供特种服务	比如专门为残疾人制造并提供特殊产品	不仅给企业带来利润，而且有助于扩大企业影响力，树立良好的企业形象
开展公关广告	投放专门的广告以改善公众关系	提高知名度、树立良好的企业形象，以及请求公众支持自己

华为作为一家主攻计算机、通信等信息化领域的高科技公司，对我国高科技的引领和突破至关重要。为了压制中国崛起，自2019年5月起，美国商务部工业与安全局（Bureau of Industry and Security，BIS）就将华为及其关联公司列入实体清单，从芯片、配套硬件等各个角度，全方位封锁和打压华为的供应链。在此种艰难的环境下，华为曾一度陷入低谷，2021年甚至掉出了全球智能手机出货量前五名。但华为并没有屈服，而是在管理层的带领下，自力更生，潜心钻研。经过几年的卧薪尝胆，华为接连推出让世界惊艳的创新产品。

2023年8月28日，美国商务部长雷蒙多开始为期4天的访华，她领导的美国商务部实施了大部分对中国高科技领域的出口管制。而就在29日，华为在美国封锁芯片的背景下推出新款5G手机，即“HUAWEI Mate60 Pro先锋计划”，不仅引发了一波抢购热潮，而且高调宣示其在美国打压之下创新力依然强劲。9月8日，“超大杯”华为Mate60 Pro+正式开启预售，在全国多地多次出现排队抢购盛况，为品牌吸引了大量人气和销量。

2024年二季度华为继续追赶苹果，双方之间的差距持续缩小。在高端手机市场，苹果销量同比下降7%，市占率下降至52%；华为销量同比增长82%，市占率提升至30%。

2024年8月，苹果公司宣布将在北京时间9月10日凌晨1点举办新品发布会，推出最新款iPhone、Watch和AirPods。时隔不到14小时，华为发布了全球首款三折叠屏手机，即华为Mate XT非凡大师。两家竞争对手的动作引发了大量关注、比较和热议。9月20日，苹果iPhone 16系列手机、华为三折叠屏Mate XT非凡大师同步发售。

结果是，大家对苹果新机热情不高，而华为Mate XT非凡大师“一机难求”，超过600万人在华为商城预订。如果按照该手机最低价格计算，华为仅仅满足这600万人的订单，就可以获得惊人的1200亿元销售额。

华为最初被美国制裁是被动的，但其后来在推出创新产品的时机上，采取“正面刚”的姿态，成功树立了不屈“斗士”、民族英雄的品牌形象。

三、营业推广

营业推广又叫销售促进，是指以激发消费者的购买需求和促进经销商的经营效率为目的，采取的诸如陈列、展览、表演、赠物等促进销售的活动。营业推广一般包括3种：①折扣促销，即通过提供折扣、优惠券等方式吸引消费者购买产品或服务。②赠品促销，即提供赠品或礼品，增加消费者的购买欲望。③抽奖促销，也就是举办抽奖活动，吸引消费者参与，提高品牌知名度。

营业推广的特点：①援助或协调人员推销及广告活动而使其更好地发挥效果的补充性推广活动，属于一种非人员传播方式。②激励消费者购买、经销商经营积极性以及推销人员士气的辅助性、短暂性的促销措施。③具有形式多样、规模大、应用灵活和普及化的特性。

四、人员推销

人员推销是最古老的销售方法，是指销售人员用谈话的方式向可能购买产品的顾客作口头宣传，以达到推销商品、满足消费者需求、实现企业营销目标的一种直接销售方法。

人员推销有如下特点：

（1）机动灵活、适应性强。推销人员本身是信息传递的媒介，可以根据其面对的具体情况随时调整信息传播的方式和内容，以应对各种不同的情况。

（2）区别对待、针对性强。推销人员可以根据选定的不同对象，制定不同的推销策略，并配合广告和其他促销手段，提高推销效果。

（3）双向沟通、反馈性好。非人员传播方式的最大缺点就是在信息传播的过程中顾客的意见不能直接反馈。有时企业决策错误，传递的信息不当，但由于意见不能及时反馈，其错误不能得到及时纠正，可能会造成极为不利的后果，给企业带来损失。但人员推销属于信息的双向沟通，意见可以迅速地在双方之间交换。一方面可以使推销人员对顾客进行解释和说服；另一方面可以及时地将顾客的意见反映给有关部门，使其作适当的调整。

（4）促成交易，一步到位。在非人员传播方式中，传递信息和达成销售是分离的，这是由非人员传播方式本身特点所决定的。但在人员推销中，传递信息与达成销售是融为一体的。推销人员在传递信息的同时，根据顾客的情况，适时地提出销售建议，完成交易手续，从而达成销售。

（5）收集信息，兼做服务。推销人员在推销商品时可以进行市场调研，收集市场信息。同时，推销人员还可以兼做一些商业性业务和售后服务工作，例如签约、收款、送货、安装和维修等。

（6）费用较大，对推销人员素质要求高。由于人员推销以推销人员作为传递信息的载体，单位信息的传播成本大；同时，只有较高素质的推销人员，才能胜任该项工作。

中国供应商直销团队是2000年阿里巴巴在B2B业务发展之初组建的销售团队，通过地推的方式，推广和销售阿里巴巴国际站的“中国供应商”服务，为中国中小企业提供国际贸易平台，帮助其拓展海外市场。经过该团队持续多年的努力开拓，为阿里巴巴积累了大量客户，也奠定了其业务腾飞的坚实基础。

该团队有以下特点：①超强执行力。强调“定目标、追过程、拿结果”，并将简单的事情重复做到极致。②草根出身。团队成员大多出身草根，具有“苦大仇深”的特质，他们渴望改变命运，在工作中表现出极强的韧性和拼搏精神。③兄弟文化。团队内部强调兄弟情谊，成员之间相互支持、分享经验，形成了浓厚的团队文化。④客户至上。坚持“客户第一”的价值观，注重客户体验和长期合作，而非短期利益。⑤PK文化。通过团队之间的竞争和PK，激发成员的积极性和创造力，推动团队整体业绩提升。

该团队的团队文化、价值观和管理方法是阿里巴巴企业文化的重要组成部分，影响了阿里巴巴后续的发展。该团队也为互联网行业输送了大量人才，培养了多位知名互联网企业的高管，如滴滴打车创始人、美团前COO、同程网CEO、去哪儿网COO等。因此，该团队不仅是阿里巴巴早期的核心团队，更是互联网发展史上的一段传奇。

五、社交媒体传播

社交媒体传播是指通过社交媒体平台［如微博、微信、抖音、Facebook、X（原Twitter）等］进行信息传递、交流与扩散的过程。在信息时代，社交媒体已成为信息传播的重要渠道。它可以快速传播新闻事件、社会热点等内容。例如，在一些重大体育赛事期间，社交媒体会实时更新比赛情况，包括比分、精彩瞬间等。同时，社交媒体也能起到引导舆论的作用。

对于企业来说，社交媒体是品牌推广的重要平台。品牌可以通过发布产品信息、举办线上活动等方式吸引用户关注。例如，许多服装品牌会在小红书上发布新品穿搭展示，邀请网红进行试穿推荐，通过用户的分享和互动来扩大品牌知名度。同时，社交媒体广告也为企业提供了精准营销的手段。企业可以根据目标客户群体的特征进行广告投放，提高营销效果。

社交媒体传播具有如下特点：

（1）即时性。能够快速地将信息传递出去。例如，在新闻事件发生的现场，目击者可以通过手机拍照或录像，在几秒钟内将信息发布到社交媒体平台上。这种即时性大大增强了信息传播的时效性，改变了传统媒体相对滞后的情况。

（2）互动性。用户不再是单纯的信息接收者，可以对喜欢的内容点赞、评论和分享。创作者也可以根据用户的反馈（如评论内容）来调整自己的创作方向。

（3）个性化与精准传播。社交媒体平台通过算法分析用户的兴趣爱好、行为习惯等数据，然后更精准地推送信息给目标受众，提高了信息传播的有效性。

（4）去中心化与多中心化并存。传统的大众媒体传播往往是中心化的，信息主要由少数专业媒体机构掌控和发布；而在社交媒体传播中，去中心化的特点明显，任何一个用户都可以成为信息的发布者，只不过影响力大小有所区别而已。

（5）传播范围具有广泛性与层次性。社交媒体的传播范围非常广泛，可以在短时间内火爆全网，甚至覆盖全球。但其扩散具有层次性。一般而言，信息首先会在发布者的社交圈子内传播，如果内容足够吸引人，才可能扩散到更广泛的群体，包括不同地域、不同兴趣领域的人群。

六、促销策略的选择

促销策略的选择应考虑如下因素：

（1）企业营销目标。是以长远占领市场为主还是以短期快速回收现金为主？是以产业市场为主还是以消费市场为主？营销目标不同会直接影响促销策略的选择。

（2）传播沟通对象。是消费者还是工业用户、政府机构、商业组织？是专业技术人员还是一般普通受众？对象不同，促销策略的重点也有所不同。

（3）企业促销预算。不同促销手段的费用是不一样的。有的费用较高，如电视广告、大型展销会、新闻发布会等；有的费用较低，如直接邮寄广告、销售点广告、商场展销等。企业应该根据自身财力状况，选择适当的促销策略。

（4）市场竞争状况。竞争的强弱会影响促销策略的选择。在市场竞争激烈时，企业需要投入较多的促销预算，并且要根据竞争对手所采取的促销策略调整或改变自己的促销策略。

（5）企业营销组合的影响。在企业营销组合中，促销组合所起的作用是通过信息传播沟通，促进和帮助销售。因此，它必须依赖于企业的产品策略、价格策略和分销策略等。这些策略既影响着促销策略的制定，也影响着促销策略作用的发挥。例如，尽管促销策略是正确的，信息已经被消费者接受和理解，但渠道策略不正确，消费者在自己经常光顾的商店里不能够买到该商品。因此，促销的作用就不能很好地发挥出来。

媒体选择与绩效评估是一个复杂的过程，具体到媒体选择的实践，有研究提出了基于多维模型的教学媒体选择方法，这种方法考虑了多种选择维度和实施过程。同时，也有研究通过因子分析法对网络广告的效果进行了定量分析，为企业管理者或决策者推荐最佳的网络广告媒体。

总的来说，进行媒体选择与绩效评估时，应综合考虑信息丰富性理论、社会影响视角、社会适应框架以及具体的任务需求和环境条件。同时，绩效评估应关注媒体的渠道效率和如何通过量化分析提升媒体组织的绩效。

第四节　整合营销传播的数字化策略

在数字化时代的背景下，IMC面临着新的挑战和机遇。数字媒体的兴起使得内容可以无限复制，消费者网络化，用户生成内容增多，媒体从新闻和娱乐扩展到几乎所有具有数字界面的技术领域。这要求企业在进行IMC时，不仅要考虑传统的广告和促销策略，还要充分利用数字媒体的特点（如社交媒体、移动设备等），以便更有效地连接消费者和品牌。

整合营销传播带来的观念变革包括将“营销”与“传播”综合成一个完整的概念，以及营销本身就是传播过程，传播同样是营销过程。这要求企业重新审视传统营销传播观念并赋予其新的意义。

一、努力实现IMC的精准化和娱乐化

1. 利用数字媒体的优势

随着新电子媒体的互动性增强，品牌需要采用数据库驱动的细分方法来制定沟通策略，以便更好地利用其独特性。这意味着企业需要开发新的工具和技术收集和分析消费者数据，从而更有效地创建信息密集型的客户沟通策略。

2. 整合社交媒体和消费者生成媒体（Consumer Generated Media，CGM）

社交媒体的兴起要求品牌将社交媒体整合到其营销传播的渠道中，这已成为现代市场竞争中的必要条件。相关研究表明，社交媒体可以显著影响消费者的行为，并且可以通过增强IMC结果来改革营销传播方式。因此，未来应探索如何更有效地利用社交媒体和CGM来增强IMC策略。

3. 提高IMC战略层面的整合

尽管IMC已经成为营销领域的热门话题，但大多数公司仍停留在战术层面，很少有公司能够实现战略层面的整合。未来应着重于如何克服这些障碍，推动IMC从战术层面向战略层面发展。

4. 增强信息的有效性

为了实现信息有效性的最佳化，企业需要构建一个立体的信息网络架构，确保信息在多个触点全方位、高密度地传播。这要求企业在制定IMC策略时，不仅要考虑信息的内容和形式，还要考虑信息传递的渠道和时机。

5. 采用新的思维模式

传统的营销传播语言和分类法已经无法满足当前市场的需求。因此，未来应探索

新的思维模式和概念框架，以便更好地理解和实施IMC策略。

6. 评估和优化IMC策略

为了提高IMC策略的有效性，企业需要对营销沟通目标和结果进行更严格的评估。这包括制定可操作的目标、增加对新媒体的影响关注以及扩大代理机构的作用。

7. 整合网络营销策略

在网络时代，企业需要采用多种网络营销策略，以适应消费者的消费行为变化和信息传递渠道的选择。这要求企业不仅要了解网络消费者的行为特征，还要根据自身的能力选择合适的营销平台和外包策略。

总之，未来的IMC策略改进应侧重于利用数字媒体的优势、整合社交媒体和CGM、提高IMC战略层面的整合水平、增强信息的有效性、采用新的思维模式、评估和优化IMC策略以及整合网络营销策略。通过这些方法，企业可以更有效地实现IMC精准化和娱乐化。

抖音是字节跳动公司推出的一款短视频社交平台，于2016年上线，并迅速成为全球最受欢迎的短视频平台。

抖音用户可以制作和分享15秒到3分钟不等的短视频，抖音平台可以为其提供丰富的特效、滤镜和音乐库，方便用户创作有趣、个性化的视频内容。用户可以关注其他用户，点赞、评论和分享视频，形成了一个活跃的社交社区。其内容生态涵盖各种类型的内容，包括生活记录、才艺展示、知识分享、娱乐搞笑等，满足了不同用户的多样化需求。

抖音的算法旨在通过精准的内容推荐，提升用户的长期留存率和体验，帮助用户发现更多感兴趣的内容。具体包括流量池算法、标签算法、协同过滤、赛马机制以及时间和地域算法等热门算法。抖音的推荐算法是根据用户的实时反馈（如观看时长、点赞、评论、分享）不断调整和优化的。此外，抖音的算法还会结合大数据分析和机器学习技术，持续优化内容理解和用户兴趣预测。

总而言之，抖音的算法是一个复杂且动态的系统，通过多种机制和策略，实现了精准的内容推荐，为用户和创作者提供了广阔的空间和机会。

二、数字化创意的传播策略

1. 协同创意

在数字时代，品牌与消费者之间的沟通关系趋向于平等。品牌需要与消费者共同建构品牌形象，通过协同创意来实现这一目标。

2. 原创性与策略性的结合

在数字营销传播的背景下，广告创意的原创性和策略性是成功的关键。这两者需要兼容并包，以高效发挥创意价值。

3. 短视频平台的应用

利用短视频平台（如抖音等），抓住阅读碎片化、移动化、社交化等特点，通过创意营销传播迅速吸引目标群体。

4. 互动式广告和信息流广告的创新

在新媒体环境下，互动式广告成为重要的策略之一。通过互动体验、开放自主、灵活多变以及娱乐话题性等方式，增强受众的参与感和品牌的亲和力。

面对受众注意力分散的问题，信息流广告通过独特的创意策划和场景假设等方式，强化用户思维，提升受众体验。在社交媒体时代，品牌形象的建构需要结合符号学理论，探讨创意传播策略，以适应技术引领和平台化的环境。

5. 重视私域流量的运营

私域流量是指相对于公域流量（如公共平台、搜索引擎、广告渠道）而言的，品牌自己拥有的流量。它是品牌企业长期运营与管理，有一定忠诚度的用户群。他们认可品牌，与品牌之间建立了一种互动关系。简单来说，私域流量就是无须付费，能够任意时间、不限次数，直接接触到用户的渠道。例如自媒体、用户群、微信号等。

在这个信息大爆炸时代，互联网巨头占据了大量流量，从这些平台获取流量的成本越来越高。品牌企业很难再通过烧钱买流量、做广告等方式获得新的客户。因此，企业要想活下来，就必须有自己的私域流量池，并通过运营这些私域流量池来留住用户。运营私域流量时，企业可以用各种各样的运营手段为客户提供更精细化的服务，不断提高用户体验和其对品牌的忠诚度。

Temu（拼多多旗下跨境电商平台）自2022年9月上线以来，凭借其低价策略和创新的传播方式，在海外市场快速扩张，尤其是在北美、欧洲、澳大利亚等地区引发了广泛关注。其海外传播的创新点主要体现在以下几个方面。

其一，激进营销与流量抢占。

（1）超级流量入口+社交媒体轰炸。Temu通过在美国“超级碗”（Super Bowl）等顶级流量场景投放广告（如魔性广告“Shop Like a Billionaire”），迅速建立品牌认知。同时，Temu在Facebook、Instagram、TikTok等平台大规模投放精准广告，覆盖年轻用户和价格敏感群体。

（2）网红合作与内容“种草”。Temu与本地KOL（如生活方式、美妆、家居类博主）合作，通过开箱测评、优惠分享等接地气的内容，降低用户对“陌生平台”的信任门槛。

其二，社交裂变与游戏化玩法。

（1）"Referral Bonus"（邀请奖励）。用户邀请好友注册并下单后，双方均可获得现金奖励或高额折扣券，利用社交关系链实现低成本拉新。

（2）小游戏与互动机制。沿用国内"多多果园"等游戏化设计，让用户通过签到、分享、浏览商品等行为获取奖励，提升其黏性与活跃度。

（3）用户生产内容（User Generated Content，UGC）传播。鼓励用户在TikTok、YouTube等平台分享"薅羊毛"体验，形成病毒式传播（如#TemuHaul标签）。

其三，低价策略与补贴攻势。

（1）"极致性价比"定位。通过拼多多成熟的供应链优势，以低价商品（如1美元饰品、3美元T恤等）吸引用户，同时提供新用户首单折扣、无门槛优惠券等补贴。

（2）限时促销与节日营销。在"黑色星期五""网络星期一"等购物节期间，推出"0.99美元秒杀""免单抽奖"等活动，制造紧迫感与话题度。

其四，技术与数据驱动。

（1）AI算法优化推荐。基于用户行为数据，动态调整商品推荐和广告投放策略，提高转化率。

（2）动态定价与库存管理。实时追踪竞品价格（如亚马逊、SHEIN上竞品价格），灵活调整定价策略，保持价格竞争力。

总而言之，Temu海外传播的创新核心在于"低价引流+社交裂变+算法驱动"的组合拳，短期内实现了用户规模的爆发式增长。然而，其长期成功仍需解决品控、物流和品牌信任问题，并探索差异化竞争路径（如扶持优质供应链、建立海外仓等）。

三、未来IMC的发展趋势

虽然整合营销传播的研究不断推陈出新，但以下几个是明显的发展趋势。

1. 数据驱动与智能化应用

（1）精准受众定位。通过大数据分析和人工智能技术，企业能够深度挖掘消费者的行为数据、兴趣偏好、购买历史等信息，精准识别目标受众群体，实现分众化、精细化的营销传播。例如，根据用户在社交媒体上的浏览记录、搜索关键词等数据，为其推送符合兴趣的产品广告和营销内容。

（2）个性化内容推荐。基于对消费者的深入了解，利用智能算法为不同的受众提供个性化的营销内容和服务。例如，电商平台根据用户的购买行为和浏览偏好，为用户定制个性化的商品推荐页面，提高用户的购买转化率和满意度。

（3）营销效果预测与评估。借助数据分析和机器学习模型，企业可以对营销活动的效果进行更准确的预测和评估。在活动开展前，通过对历史数据的分析和模拟，预测不同营销策略的效果，从而优化营销方案；在活动结束后，对实际数据进行深入分析，评估营销活动的实际效果，为后续的营销决策提供依据。

2. 跨平台与全渠道整合

（1）多平台协同传播。消费者在不同的数字平台（如社交媒体、短视频平台、电商平台等）上活跃，整合营销传播需要实现跨平台的协同。企业要确保在不同平台上传递的品牌信息一致，同时根据不同平台的特点和用户行为，制定针对性的营销策略。例如，在社交媒体平台上开展品牌宣传和互动活动，引导用户到电商平台进行购买。

（2）线上线下融合。线上线下渠道的融合是整合营销传播的重要趋势。企业通过线上线下的联动，为消费者提供无缝的购物体验。例如，消费者可以在线上了解产品信息、预订商品，然后到线下门店体验和购买；或者消费者在线下门店体验后，通过线上渠道进行购买和支付。同时，企业可以利用线上渠道的数据优势，为线下门店的运营和营销提供支持，实现线上线下资源共享和优势互补。

3. 内容创新与价值传递

（1）优质内容核心化。在信息过载的时代，优质、有价值的内容是吸引消费者关注的关键。企业需要注重内容的创新和质量，打造具有吸引力、感染力和影响力的营销内容。内容形式更加多样化，包括文字、图片、视频、音频、直播等，以满足不同消费者的需求和偏好。

（2）故事化与情感化营销。企业可以通过讲述品牌故事、传递品牌价值观和情感，与消费者建立更深层次的情感连接。消费者更容易记住和认同有故事、有情感的品牌，从而提高对品牌的忠诚度和品牌的口碑效应。例如，一些品牌通过讲述创始人的创业故事、品牌的发展历程等，引起消费者的共鸣和情感认同。

（3）利用UGC。鼓励消费者创作与品牌相关的内容，如用户评价、使用心得、创意作品等。UGC 不仅可以丰富品牌的内容资源，还能够增强消费者的参与感和对品牌的认同感。企业可以通过举办用户创作比赛、设立奖励机制等，激发用户的创作热情。

4. 社交化与互动化营销

（1）社交媒体深度运营。社交媒体平台仍然是整合营销传播的重要阵地，企业将更加深入地运营社交媒体账号，加强与用户的互动和沟通。例如，企业通过发布有趣、有用的内容，开展话题讨论、互动活动等，提高用户的参与度和黏性；或者企业利用社交媒体的社交关系网络，进行口碑传播和病毒式营销，扩大品牌的影响力。

（2）实时互动与沟通。借助直播、短视频等实时性强的媒介形式，企业可以与消费者进行实时互动和沟通。消费者可以在直播中提问、发表意见，企业及时回复和解答，增强消费者的参与感和购买信心。例如，一些美妆品牌通过直播平台进行产品演示和试用，与消费者实时互动，提高产品的销售转化率。

5. 跨界合作与共创

（1）跨行业合作。企业与不同行业的合作伙伴开展跨界合作，通过整合双方的资源和优势，拓展市场空间，共同打造创新的营销活动和产品服务，吸引更多的消费者关注。例如，汽车品牌与科技公司合作，推出智能汽车产品；食品品牌与时尚品牌合作，推出联名款包装食品等。

（2）消费者共创。邀请消费者参与产品设计、营销活动策划等过程，实现消费者与企业的共创。这可以提高消费者的参与感和忠诚度，同时为企业提供新的创意和思路。例如，一些服装品牌邀请消费者参与服装设计，根据消费者的需求和建议进行产品的定制化生产。

6. 社会责任与可持续发展营销

（1）企业社会责任传播。消费者对企业的社会责任要求越来越高，因此企业在整合营销传播中需要注重传递自身的社会责任理念和实践。例如，通过宣传企业在环保、公益、员工福利等方面的举措，提升企业的品牌形象和社会声誉，增强消费者对品牌的信任和认可。

（2）可持续发展营销。将可持续发展理念贯穿于产品的生产、包装、营销等各个环节，推出环保、节能、低碳的产品和服务。例如，一些企业采用可回收材料进行产品包装，宣传产品的环保特性，吸引环保意识强的消费者购买。

案例分析

瑞幸咖啡快速崛起之谜

自2017年成立以来，瑞幸咖啡在激烈的竞争中迅速脱颖而出，凭借其线上线下融合的新零售模式、创新的产品策略以及极具吸引力的营销活动，短短数年就占据了领先地位，2023 年更是超越星巴克，成为中国市场最大的咖啡连锁品牌。瑞幸咖啡的成功并非偶然，背后是一系列精心策划的品牌推广策略。从精准的市场定位到多样化的营销手段，从线上线下的深度融合到与各类IP的创新联名，瑞幸咖啡不断突破传统，满足了消费者日益多样化的需求。

（一）创立之初的策划布局

2017年10月，瑞幸咖啡第一家门店在北京开业，将目标市场精准定位为年轻一代的消费者，尤其是年轻白领和大学生群体。这一群体受西方文化影响较深，对咖啡的接受度高，且消费能力逐年增长。同时，他们生活节奏快，追求便捷、高效的生活方式，对新鲜事物充满兴趣，注重消费体验与社交分享。

为了满足目标客户群体的需求，瑞幸咖啡从一开始就积极采用线上线下融合的新零售模式，构建起全方位的消费场景。

线上，瑞幸咖啡推出了自主研发的App，用户可以通过App在线点单、支付，享受外送服务。据统计，瑞幸咖啡App上线后，用户数量迅速增长，月活跃用户数在短时间内突破100万大关。通过App，瑞幸咖啡积累了大量的用户数据，为后续的精准营销和产品研发提供了有力的支持。

线下，瑞幸咖啡在门店的布局上采用了密集式布局策略，优先选择在写字楼、购物中心、高校等人流量大且目标客户集中的区域开设门店。这些门店不仅是咖啡的销售场所，更是品牌展示和用户体验的重要窗口。

在产品方面，瑞幸咖啡注重品质与创新。公司选用来自全球优质产区的咖啡豆，通过严格的筛选和烘焙工艺，确保每一杯咖啡都具有浓郁的香气和醇厚的口感。同时，瑞幸咖啡还不断推出符合中国消费者口味的新品（如各种口味的拿铁、美式咖啡、果汁、轻食等），满足消费者多样化的需求。

（二）整合营销传播工具

2018年，瑞幸咖啡门店数量呈爆发式增长，全年新增门店数量超过2000家，覆盖城市范围进一步扩大。与此同时，瑞幸咖啡不断加大在产品研发和营销推广方面的投入，推出了一系列深受消费者喜爱的新品，并通过与各类热门 IP 合作、邀请明星代言等方式，持续提升品牌的知名度和影响力。

1.线上广告投放

在数字化时代，线上广告投放是品牌推广的重要手段之一。瑞幸咖啡充分利用社交媒体平台、搜索引擎等线上渠道，进行精准的广告投放，以实现对目标客户的有效触达。

在社交媒体方面，瑞幸咖啡在微博、微信、抖音等热门平台上开设了官方账号，并积极进行内容运营和互动营销。瑞幸咖啡通过发布精美的图片、有趣的视频、实用的咖啡知识等内容，吸引用户关注和互动。

瑞幸咖啡还注重利用社交媒体平台的广告投放功能，进行精准的用户定位和广告推送。通过对用户的年龄、性别、地域、兴趣爱好等多维度数据的分析，瑞幸咖啡能够将广告精准地投放给目标客户群体，提高广告的点击率和转化率。

在搜索引擎方面，瑞幸咖啡通过搜索引擎优化（SEO）和搜索引擎营销（SEM）等手段，提高品牌在搜索引擎结果页面的排名和曝光度。通过优化网站内容、关键词设置等方式，瑞幸咖啡的官方网站在用户搜索相关关键词时能够更容易地被搜索到。

线上广告投放使得瑞幸咖啡能够快速地将品牌信息传递给目标客户群体，提高品牌的知名度和影响力。通过精准的用户定位和个性化的广告内容，瑞幸咖啡有效地提高了广告的转化率和营销效果，为品牌的发展提供了有力的支持。

2.线下广告宣传

除线上广告投放外，瑞幸咖啡还十分重视线下广告宣传，通过在地铁站、写字楼、商场等场所投放广告，进一步扩大品牌的知名度和影响力。

在地铁站，瑞幸咖啡的广告随处可见。地铁站作为城市交通的重要枢纽，人流量巨大且人群多样，其中不乏瑞幸咖啡的目标客户群体。瑞幸咖啡在地铁站内的广告形式多样，包括灯箱广告、海报广告、电子显示屏广告等。这些广告以醒目的色彩、简洁的文字和吸引人的图片，展示瑞幸咖啡的产品特色、优惠活动等信息，吸引乘客的注意力。

在写字楼，瑞幸咖啡与物业公司合作，在写字楼的大堂、电梯间等位置投放广告。这些地方是白领们日常出入的必经之地，能够让白领们频繁地接触到瑞幸咖啡的广告。

在商场，瑞幸咖啡的广告则更加注重营造品牌氛围和体验感。商场作为消费者购物、休闲的场所，人流量大且消费氛围浓厚。瑞幸咖啡在商场内的广告形式包括大型户外广告牌、室内悬挂广告、店铺橱窗广告等。

线下广告宣传与线上广告投放相互配合，形成了全方位的品牌传播网络。通过在不同场所投放广告，瑞幸咖啡能够将品牌信息传递给更广泛的受众群体，提高品牌的曝光度和知名度。

3.社交媒体营销

社交媒体营销是瑞幸咖啡品牌推广的重要组成部分。通过在微博、抖音等社交媒体平台上开展各种营销活动，瑞幸咖啡成功地提升了品牌的影响力和用户黏性。

在微博平台上，瑞幸咖啡通过话题互动的方式，吸引用户参与讨论，提高品牌的话题热度。例如，瑞幸咖啡曾推出“# 瑞幸咖啡点亮你的清晨#”话题活动，鼓励用户分享自己在清晨饮用瑞幸咖啡的照片和感受。这一话题活动引发了用户的广泛参与，话题阅读量迅速达到数亿次，众多用户在话题下分享了自己与瑞幸咖啡的故事，不仅提高了品牌的知名度，还增强了用户对品牌的认同感和归属感。

在抖音平台上，瑞幸咖啡通过创意短视频的形式展示了产品的制作过程、口感体验和品牌文化，吸引用户的关注和点赞。例如，瑞幸咖啡制作了一系列以“瑞幸咖啡，美好生活的调味剂”为主题的短视频，通过有趣的剧情和精美的画面展示了瑞幸咖啡在不同场景下为人们带来的美好体验。这些短视频在抖音平台上获得了极高的播放量和点赞数，许多用户在观看视频后，对瑞幸咖啡产生了浓厚的兴趣，纷纷前往线下门店购买产品。

瑞幸咖啡还鼓励用户生成内容（UGC），通过用户的自发分享和传播，扩大品牌的影响力。例如，瑞幸咖啡在推出新品时，会邀请用户进行试喝，并鼓励他们在社交媒体平台上分享自己的试喝感受和评价。同时，瑞幸咖啡还会对用户生成的优质内容进行筛选并给予奖励，进一步激发用户的参与热情和创作积极性。

社交媒体营销使得瑞幸咖啡能够与用户进行深度的互动和沟通，了解用户的需求和反馈，从而不断优化产品和服务。通过话题互动、创意短视频和用户生成内容等营销方式，瑞幸咖啡成功地提升了品牌的影响力和用户黏性，为品牌的发展注入了强大的动力。

4.明星代言与跨界合作

明星代言和跨界合作是瑞幸咖啡提升品牌知名度和话题度的重要策略。瑞幸咖啡通过邀请知名明星代言，借助明星的影响力和粉丝基础，迅速扩大了品牌的知名度和影响力。

瑞幸咖啡积极与其他品牌进行跨界合作，通过强强联合，实现资源共享和优势互补，进一步提升品牌的知名度和话题度。例如，瑞幸咖啡与茅台联名推出的“酱香拿铁”，将茅台的酱香白酒与瑞幸咖啡的咖啡饮品巧妙融合，创造出了一种全新的口感体验。产品一经推出，便迅速引发了市场的广泛关注和热议，成为社交媒体上的热门话题。“酱香拿铁”的首日销售额突破1亿元，订单量超过542万杯，创造了咖啡行业的销售奇迹。

瑞幸咖啡还与众多知名品牌进行了跨界合作，如与猫和老鼠、哆啦A梦、线条小狗等知名IP合作，推出联名款咖啡饮品和周边产品。这些联名合作不仅丰富了瑞幸咖啡的产品线，还吸引了不同消费群体的关注和喜爱，进一步扩大了品牌的市场份额。

明星代言与跨界合作使得瑞幸咖啡能够借助外部资源的力量，迅速提升品牌的知名度和话题度。通过与明星和其他品牌的合作，瑞幸咖啡成功地吸引了更多消费者的关注和尝试，为品牌的发展带来了新的机遇和动力。

5.密集的促销活动

瑞幸咖啡经常举办各种形式的促销活动，吸引消费者尝试和复购。新用户优惠是瑞幸咖啡吸引新用户的重要手段之一。例如，新用户下载瑞幸咖啡App并注册成为会员后，即可获得首杯免费、优惠券礼包等优惠。首杯免费的优惠让新用户能够零门槛地尝试瑞幸咖啡的产品；优惠券礼包则包含多张不同面额的优惠券（如满减优惠券、折扣优惠券等），鼓励新用户在后续的消费中继续选择瑞幸咖啡。

满减、买一送一等促销活动是瑞幸咖啡吸引消费者的常用方式。在特定的节日、周末或促销活动期间，瑞幸咖啡会推出满减活动（如满30元减10元、满50元减20元等），让消费者在购买产品时能够享受到实实在在的优惠。这些促销活动有效地激发了消费者的购买欲望，吸引了更多消费者尝试和复购瑞幸咖啡的产品。

（三）总结

瑞幸咖啡的成绩是多方面因素共同作用的结果。从精准的市场定位出发，瑞幸咖啡锁定年轻一代的消费者，尤其是年轻白领和大学生群体，深入洞察他们的消费心理与需求偏好，为后续的品牌策略制定奠定了坚实基础。

在营销手段上，瑞幸咖啡展现出了非凡的创新能力与多元化布局。线上广告投放精准触达目标客户，利用社交媒体平台的强大传播力，通过创意内容和互动活动吸引目标用户关注与参与；线下广告宣传则在人流量密集的场所广泛铺开，提升品牌的曝光度。社交媒体营销更是瑞幸咖啡的一大亮点。通过话题互动、创意短视频以及用户生成内容等策略，瑞幸咖啡极大地增强了用户的黏性与其对品牌的认同感。此外，明星代言与跨界合作让瑞幸咖啡成功破圈。借助明星的影响力和其他品牌的优质资源，瑞幸咖啡迅速提升品牌知名度与话题度，创造了一个又一个销售奇迹。

完善的会员体系与丰富多样的促销活动，有效地提高了客户的忠诚度与复购率。会员制度通过分层级的权益设置，激励消费者不断提升消费等级，享受更多专属福利；而新用户优惠、满减、买一送一等促销活动，则吸引了大量新客户尝试购买，并促使老客户增加购买频次。

【案例思考】

1. 瑞幸咖啡利用了哪些媒体和方法来推广品牌？

2. 这些媒体和方法分别适用于什么样的情况？

本章小结

营销者想获得顾客的了解、信任乃至依赖，与顾客之间的沟通传播极为重要。而传播要有规划和技巧，关键在于对谁说、说什么和怎么说，准备充分才能事半功倍。通过本章学习，需要理解整合营销传播、营销信息应该怎样设计、媒体应该如何选择、有哪些可利用的传播工具、每种传播工具的优缺点、怎样搭配使用传播工具才能实现最佳效果。

|第十章|

国际市场营销

本章主要介绍国际市场营销的概念、特征，国际市场营销面临的各种风险以及国际市场营销的进入模式等。本章在介绍国际市场营销三大发展趋势的基础上，还介绍了中国外贸营销获客经历的三个阶段。通过学习，应掌握以下内容：

- 国际市场营销的概念及其特征
- 国际市场营销面临的风险
- 国际市场营销的进入模式
- 国际市场营销的三大发展趋势

导入案例

中国企业家叶国富于2013年创建了“全球IP联名集合店”——名创优品。名创优品倡导“开心哲学”的经营理念，即以非常亲民的价格，向全球用户提供有创意的优质产品，使人们享受开心和幸福的美好生活。2015年，名创优品启动全球化战略，正式进军海外市场。截至2024年3月31日，名创优品已成功进入全球111个国家和地区，在全球范围内拥有超6600家门店，遍布纽约、洛杉矶、巴黎、伦敦、迪拜、悉尼、伊斯坦布尔等全球知名城市核心商圈。

2023年，名创优品宣布进行全球品牌战略升级，门店体系中新增城市形象店、国家旗舰店、全球旗舰店三个层次的超级店型。依托“中国高效供应链”和“全球超级 IP”，名创优品建立了全球化战略下独特的竞争优势。

特别是面对海内外纷繁复杂的市场环境，名创优品与合作伙伴携手并进，精心打造了一系列定制化解决方案，为后续中国零售企业出海提供了范本。

第一，产品与技术的国际化改造。为了满足不同国家和地区的市场需求，名创优品对产品进行了国际化改造，适配多语言、多时区、多市场、多品牌等复杂的业务场景，以确保名创优品能够顺利进入并融入海外市场。此外，名创优品还通过构建数字化的供应链，实现了从新品开发、规划、采购到配补货全流程数字化，并在关键复杂场景中融入智能算法，进行全流程指标监控，提升整个供应链的时效。名创优品首席科技官朱国胜谈到，名创优品全球有6600多家门店，国内门店超4000家，每个门店有数千个SKU，如何最大限度地提高坪效是零售行业的终极命题，计划通过5年时间，打磨出一套自动补货系统，通过门店可视化、智能算法的深度应用，实现货品最优分配、周转更快、坪效最大化的目标。

第二，市场拓展与本地化策略。在海外市场拓展方面，名创优品在全球化发展的基础上根据各个细分市场的不同特征制定了本地化策略。这些策略涵盖了商品选择、定价策略和营销活动，以适应当地市场的需求。通过构建一个高效的全球化网络，名创优品实现了从供应链端到消费者端的数字化管理，能够从消费者分析到后端生产快速响应市场变化，从而更好地融入当地市场，并赢得消费者的认可。

第一节　国际市场营销的内涵

一、国际市场营销的概念

国际市场营销是指企业根据国外顾客的需求，将产品或服务提供给国外的顾客，最终获得利润的贸易活动。这种国际商业行为受到世界经济技术发展的影响，同时受到目标市场所在国家或地区的政治、社会、文化、法律等社会环境的影响。因此，国际市场营销的内涵也随社会的变化和发展而演进。

国际市场营销不仅是一门学科，还是一种商业活动。它涉及企业在全球范围内的产品推广和销售策略，旨在满足不同国家和地区的消费者需求，同时考虑各种环境和文化差异，以实现企业的全球化战略目标。

二、国际市场营销的特征

在当今全球化的经济环境下，企业面临着拓展国际市场的机遇与挑战。国际市场营销与国内市场营销相比，具有独有的特征。具体体现在以下两个方面：

（一）宏观环境的差异性

国内外的市场在政治、经济、文化、法律等方面存在较大差异。例如，不同国家的政治体制、经济发展水平、文化价值观和法律法规各不相同，而这些因素对企业的市场营销活动产生着深远的影响。因此，企业在开展国际市场营销时，需要对目标市场的宏观环境进行全面、深入的分析和研究，以便制定出符合当地市场特点的营销策略。

（二）微观环境的多样性

在微观环境方面，各国的市场竞争格局、消费者行为、分销渠道、供应商等也存在差异。例如，一些国家的市场竞争可能非常激烈，而另一些国家则可能存在垄断或寡头垄断的市场结构；消费者的购买行为可能受到文化、社会阶层、个人收入等多种因素的影响；分销渠道的形式和效率也因国家而异。这些微观环境的差异增加了企业营销决策的复杂性和难度。

国际市场营销需要在至少一国的不熟悉的营销环境中开展，并且要受到当地宏观营销环境的影响。因此，国际市场营销面临的环境更加复杂和多变，这导致营销组合策略的制定更加复杂，执行难度也相应增加，必须采取对策来应对国际市场的复杂性和多变性。

第一，在产品策略方面，国际市场营销面临着产品标准化与本地化策略的选择。产品标准化是指企业在全球范围内采用统一的产品设计、规格、质量标准等，以实现规模经济和降低成本。然而，不同国家和地区的消费者需求和市场环境存在差异，可能需要对产品进行本地化调整（如改变产品的功能、包装、口味等），以便更好地满足当地消费者的需求。企业需要在标准化和本地化之间找到平衡，根据不同市场的特点和企业的战略目标来制定产品策略。

第二，在分销渠道方面，由于各国营销环境存在差异，形成了不同的分销系统与分销渠道；各国分销机构的形式、规模也不同，从而增加了管理的难度。例如，一些国家可能拥有发达的零售网络和物流体系，而另一些国家则可能依赖传统的批发商和零售商模式；分销渠道的长度和宽度也可能因国家而异。企业需要根据目标市场分销渠道的特点，选择合适的分销合作伙伴，建立有效的分销网络，并加强对分销渠道的管理和控制。

第三，在定价策略方面，国际市场定价不仅要考虑成本，还要考虑不同国家市场需求及竞争状况，此外还要考虑各国政府对价格调控的法规。不同国家的消费者对价格的敏感度不同，市场竞争的激烈程度也不同，企业需要综合考虑这些因素来制定合理的价格策略。例如，在一些价格敏感型市场，企业可能需要采取低价策略来吸引消费者；而在一些高端市场，企业可以根据产品的差异化优势制定较高的价格。

第四，在促销策略方面，由于各国文化、政治、法律、语言、媒体、生产成本等不同，使企业选择促销策略的情况更复杂。促销活动需要考虑当地的文化禁忌、法律规定、语言障碍等因素。例如，在一些宗教国家，某些促销方式可能不被允许；不同语言的宣传资料需要准确翻译，以确保信息传达的准确性；媒体的选择和使用也需要根据当地的媒体环境和消费者的媒体习惯来确定。

三、国际市场营销面临的风险

企业在国际市场营销的过程中总是伴随着相应的风险，如贸易壁垒和政策变化、市场风险、汇率风险和政治风险等，具体如下：

（一）贸易壁垒和政策变化

1.贸易壁垒

企业在国际市场营销的过程中可能面临的贸易壁垒有绿色壁垒、技术壁垒、进出口配额限制等。这些贸易壁垒旨在保护本国产业和市场，限制外国产品的进入。例如，一些国家可能对进口产品设置严格的环保标准、技术标准或质量标准，如果企业无法满足这些标准，那么其产品将无法进入该国市场。

2.政策变化

各国的贸易政策和法规经常发生变化，这给企业的国际市场营销带来了不确定性。例如，关税政策的调整、进出口许可证制度的变化、反倾销和反补贴措施的实施等，都可能影响企业的出口成本和市场竞争力。企业需要密切关注目标市场国家的政策法规变化，及时调整营销策略，以降低政策风险。

（二）市场风险

1. 消费者需求变化

国际市场上消费者的需求受到文化、社会、经济等多种因素的影响，随时可能发生变化。例如，消费者的时尚品位、消费观念、生活方式等可能发生改变，导致对产品的需求出现波动。企业需要及时了解消费者需求的变化趋势，调整产品和服务，以满足市场需求。

2. 市场竞争加剧

国际市场竞争激烈，企业可能面临来自国内外同行的竞争压力。例如，竞争对手可能通过降低价格、提高产品质量、改进营销手段等方式来争夺市场份额。企业需要不断提升自身的竞争力，制定有效的竞争策略，以应对市场竞争的挑战。

（三）汇率风险和政治风险

1. 汇率风险

在国际市场营销中，货币兑换导致的汇率风险是一个重要问题。汇率的波动可能影响企业的出口收入和进口成本，从而影响企业的利润。例如，如果本国货币升值，企业的出口产品价格相对提高，可能导致出口量减少；反之，如果本国货币贬值，那么进口原材料和零部件的成本将增加。企业需要采取适当的汇率风险管理措施（如套期保值、调整价格策略等），以降低汇率风险。

2. 政治风险

政局动荡或政策变动可能对企业的国际市场营销产生重大影响。例如，政治不稳定可能导致社会动荡、经济衰退，影响市场需求和企业的经营环境；政府的国有化政策、税收政策等措施可能使企业遭受重大损失。企业需要对目标市场国家的政治风险进行评估，并采取相应的防范措施，如分散投资、购买政治风险保险等。

如果企业在国际市场营销中面对以上风险，那么市场可能会出现以下情况：一是消费者可能不购买产品或者停止继续购买产品；二是产品可能不再受欢迎，或者可能达到生命周期的最后阶段；三是竞争更加激烈；四是原有业务或者模式无法延续。

进入2024年，由于海外市场的政策变化，平台规则的不断变化，全托管模式的弊端逐步显现。按照此前的海外关税政策，价值低于800美金的包裹进入美国无须缴纳关税，欧盟的免税门槛则是150欧元。但从2024年开始，美国开始加强对低货值包裹的审查，欧盟也开始推进对廉价商品征收关税的计划。

国内出海平台普遍面临全球多个市场的合规运营挑战。以拼多多跨境电商平台TEMU为例，早在2024年5月，欧盟就将其视为“超大在线平台”，对其展开重点监管和调查。几乎是在同一个月，TEMU遭到了欧盟消费者组织的起诉。

截至2024年6月，包括TEMU、亚马逊、阿里速卖通在内的多个跨境电商平台，不得不陆续向经营欧盟市场的商家发出合规要求申请。合规要求显示，若无法取得当地市场的认证和检测，其商品将面临下架或屏蔽风险。

2024年以来，包括TEMU、SHEIN、阿里速卖通在内的多个平台都意识到市场的新变化，纷纷尝试“半托管模式”。“半托管模式”是指平台负责卖货，商家承担国际干线物流以及到达目的地国后的配送费用。这一模式主要面向已经与海外仓物流合作商达成合作、具备海外经营主体、具备成熟的海外本土履约能力的跨境商家。

四、国际市场营销的适应性

适应性是国际市场营销中的一个关键概念，乐于采取因地制宜的措施是一种至关重要的态度。事无大小，必须因地制宜，量体裁衣，至少要进行适当调节。事实上，表面上不太重要的小事常起着关键作用。对不同的文化，不仅要能忍受，还要能认同接受。换言之，要能毫无保留地接受“不同但却平等”的观念。

这种认同使因地制宜变得相对容易一些。尊重他人的观念是处理好文化差异的关键。以因地制宜为指导原则，凡与异国人士、企业或政府机构打交道的人都应遵守一些标准，如宽容、具有灵活性、谦逊、保持公平与公正、能适应不同的工作节奏、充满好奇心与兴趣、了解他国、喜欢他人、能赢得别人尊重、能入乡随俗等。

由于品牌经营意识的崛起，伴随着独立站等新渠道模式的兴起，中国中小企业的“跨境出海”正在走向品牌化的时代。跨境电商可直接接触达海外的终端消费者，要做品牌“出海”，关键在于“标准运营”。只有以品质为基础才能更好地在国际市场上竞争。同时，无论是解决数据合规的问题还是标准管理的问题，都应进一步加强各部门的协调沟通管理，包括海关、税务、外汇等各部门都需要加强联动。

我国一些中小卖家在“跨境出海”的过程中，会遭遇知识产权问题、合规化（特别是税务、法律、支付）问题。SHEIN、TEMU作为平台方，应该通过合规化、本土化等变革降低跨国经营风险。至于中小卖家，既可以深入了解平台规则，也可以与专业机构合作，通过专业化服务降低经营风险。另外，相关政府部门应该引导平台企业和中小卖家在国内外进行合规经营，遵守国内外法律法规，进行合规化、本土化经营，致力于提升当地消费者的满意度和体验感，维护中国产品的形象。

第二节 开展国际市场营销的意义及其类型与进入模式

一、开展国际市场营销的意义

积极开展国际市场营销，从宏观上和微观上都具有重要的意义。

第一，加速经济建设。科学技术高度发展的今天，任何一个国家都不可能拥有本国经济发展所需要的一切资源，更不可能拥有发展需要的所有先进技术。要加速发展本国经济，就需要积极开展国际市场营销，将国内产品打入国际市场，顺利实现产品的价值并获得更多盈利，或通过出口创汇，引进先进、科学的技术和设备，加速本国的经济发展。

第二，扩大产品销售。积极开展国际市场营销，有助于企业开拓营销领域，寻求更广泛的市场，扩大企业的产品销售。一是通过销售获得更大的利润回报；二是通过扩大销售来扩大企业的生产规模，降低产品单位成本，获得规模效益。

第三，规避经营风险。积极开展国际市场营销，开拓国际市场，寻求有利的市场机会，在一定程度上可以避开国内市场饱和与竞争过度给企业带来的损失。同时，对于跨国公司来说，开展多国的市场营销，可以在全球范围内选择有利的市场机会，保证企业的健康发展。

第四，加速企业成长。积极开展国际市场营销，使企业投身到激烈的国际市场竞争中去，可以磨炼企业的生产发展能力，促进企业加快技术进步，提高经营管理水平，从而加速企业成长壮大，锻造出适应国际竞争环境的新型现代企业。

快时尚跨境电商品牌SHEIN（希音）是中国跨境电商新兴巨头之一。SHEIN为了让消费者购物“上瘾”，采取了一系列的策略。

一是后端和前端的改革。在后端，SHEIN的系统能够迅速生产紧跟时尚潮流的优质服装，并以低廉的价格销售，同时将市场信息反馈到企业的前端系统；在前端，SHEIN采用了独立站模式，直接与消费者建立联系。其PC页面的设计非常符合用户的审美，时尚、美观且简洁。网站提供了清晰的导航和详尽的产品介绍，使得用户的访问体验非常流畅便捷。

二是丰富的促销形式提升连带率、拉高客单价。SHEIN主页随处可见的折扣展示和倒计时提示有利于刺激用户冲动消费，提高转化率，此外类似淘积分的积分制度加强了品牌与消费者之间的互动，用户通过购买商品、撰写评价、参与营销活动等方式可以获得积分，每100积分可以抵扣$1（抵扣上限为订单价格的70%）。这种策略与海外品牌官网单一的促销形式和较弱的互动感形成了鲜明对比。

三是个性化推荐，提高客户黏性。搜索型电商是“人找货”的逻辑，平台卖家主要通过优化关键词等方式提升搜索排名；而SHEIN以类似抖音的推荐机制，时刻捕捉用户的动态信息并进行个性化推荐。这种推荐逻辑提高了网站的内容吸引度和丰富度，进一步提高留存率。SHEIN 平台通过对用户购买数据进行分析，实现准确的用户洞察，采用个性化推荐算法，页面呈现“千人千面”。

SHEIN 成立了一个百人规模的数字智能中心，职责之一是负责SHEIN的个性化推荐算法。通过捕捉用户的动态信息并进行个性化推荐，SHEIN让消费者具有上瘾的购物体验，实现“货找人”的机制。

二、国际市场营销的类型

国际市场营销是世界经济发展的必然产物。它作为进军国际市场的企业行为，是跨越国界的市场营销活动。一个企业进入国际市场后，由于营销目标、实力以及营销经验不同，开展国际市场营销的程度也不同。据此可以把国际市场营销分为四种类型。

（一）被动的国际市场营销

这类企业的目标市场在国内，内部未设专门的出口机构，也不主动面向国际市场，只有在国外企业或本国外贸企业求购订货时，产品才进入国际市场。其产品虽进入国际市场，但显然是被动而非主动出击，因此属于最低层次的国际市场营销。

（二）偶然的国际市场营销

这类企业的目标市场仍然在国内，一般也不设立对外出口的机构，但在某一特殊情况下却主动面向国际市场。企业偶然面向国际市场，主要是因为某一时期国内市场供过于求、竞争激烈或因其他原因一次性外销产品，视国际市场为短期销售地。当国内供求及竞争趋于缓和时，企业又转向国内，生产本国市场所需要的产品。

（三）固定的国际市场营销

这类企业的目标市场既有国内市场也有国际市场，一般设立专门的出口机构甚至在海外分销机构。在不放弃国内市场的前提下，制定国际市场营销策略，专门开发国外消费者所需的产品。针对国际市场营销环境，制定国际市场营销组合策略，参与国际竞争，企图在国际市场上建立持久的地位。

（四）完全的国际市场营销

这类企业把国际市场作为目标市场，甚至把本国市场视为国际市场的一个组成部分。它们一般在本国设立公司总部，在世界各国发展参股比例不等的子公司，并在这些国家从事生产经营活动。其产品、资源在国际市场流通，依靠国际市场获得利润。

以上四种类型，反映了国际市场营销的历史进程，其中前两种类型属于国际市场营销的初级形式，后两种类型则属于国际市场营销的高级形式。由于各个企业处于国际市场营销发展的不同阶段，因而必须据此来确定自己的营销策略，以便达到预期的目标。

三、国际市场营销的进入模式

（一）出口进入模式

出口是企业进入国际市场的重要模式。大多数生产性企业是作为出口商开始它们的国际市场扩展的，只是到了后来才转向其他的进入方式。出口可分为间接出口和直接出口两种方式。

间接出口是指企业使用本国中间商来从事产品的出口。间接出口有以下几种主要形式：通过国外公司、机构驻本国的采购处、分公司出口等；通过大型贸易公司或出口管理公司出口等。

直接出口是指不使用本国中间商，但可以使用国外中间商来从事产品的出口。直接出口有以下几种主要形式：直接将产品销售给最终用户；直接通过国外中间商将产品转售给消费者，如国外代理商、国外经销商；或者在国外设立分支机构，如企业驻外办事处、国外销售子公司等。

出口模式的优点在于能够通过集中化的生产产生规模经济效益，大大降低生产运营成本，同时保持对产品质量的严格控制。此外，出口面临的政治风险最小，常被企业作为进入国际市场的初始方式。

（二）契约进入模式

契约进入模式是指国际市场营销企业与目标国家的法人（企业）通过签订合同来转让技术、服务等无形资产而进入国际市场的方式。主要包括许可贸易进入模式、特许经营进入模式、合同制造进入模式、管理合同进入模式、工程承包进入模式。其中，许可贸易进入模式是指企业在一定时期内向一外国法人单位转让其工业产权（如商标、专利、产品配方、公司名称或其他有价值的无形资产使用权），获得提成或其他补偿。

（三）投资进入模式

随着经济全球化及各国经济对外开放，企业对外直接投资成为进入外国市场的主要模式。投资进入模式可分为合资经营和独资经营两种形式。合资经营是指本企业与目标国家的企业联合投资，共同经营，共同分享股权和管理权，共担风险；独资经营是指企业独自到目标国家去投资建厂，进行产销活动。

（四）互联网进入模式

随着互联网在全球范围的应用，互联网日益成为全球商品交易的载体。互联网、电子商务成为企业开展国际市场营销的重要手段。

TEMU是拼多多在2022年9月推出的跨境电商平台。在创立之初，TEMU上聚集了大量年轻用户与流量。依托中国制造的高性价比优质产品以及上市公司的资金实力和强有力的市场开拓执行力，TEMU迅速打入全球多个国家。截至2023年12月，TEMU的独立访客量已飙升至4.67亿，在海外仅次于亚马逊。截至2024年7月，TEMU的下载量达到6.8亿次，已进驻全球70多个国家和地区。TEMU以低价优势切入市场，抓住了欧美通胀压力之下的一波消费降级需求，平台规模增长极为耀目。

TEMU的快速成长主要依靠三种模式：全托管模式，囤货到TEMU国内仓；全托管中的JIT模式，定制产品配合一件代发；半托管模式，囤货到海外仓自主完成发货尾程物流配送。

全托管模式：商家只需要将货品发到拼多多仓库，广告投放、商品运营、物流等全流程由TEMU承担。跟随着TEMU出海，可以降低商家出海的门槛，大大提升了他们的积极性。因此，不少亟待去库存、寻找新增量的外贸厂商，选择尝试流量大、主打全托管的TEMU。

凭借全托管模式，TEMU可以从商家处拿到足够低的商品价格。但全托管小包直邮方式的劣势也比较明显——仅适用于轻小件，商品品类受限，而且出单后从国内发出的物流速度也不够快。

第三节　国际市场营销的三大发展趋势

一、国际市场营销的三大变化

随着经济全球化和新经济的兴起，营销环境随之改变，影响着市场营销的方方面面，以营销创新为主题的新营销革命风暴在国内外掀起。营销网络、管理策略等都发生了较大变化。

（一）销售网络的国际化

在全球化的大背景下，企业产品销售网络遍布许多国家和地区，已成为当今国际市场的一大潮流。有能力的跨国公司在全球范围内开拓自主渠道，销售网络不断向各国市场延伸。中小微企业也可以通过国际性的互联网平台在全球范围内开展销售。线上线下融合发展的全渠道模式已经成为众多企业采用的模式之一。

（二）运营管理的数字化

在大数据、人工智能等新技术快速发展的今天，企业的运营管理也变得越来越数字化、智能化。随着网络营销的发展，互联网广告在国际市场营销中的地位日益突出。企业可以通过搜索引擎、社交网络平台和电商平台等渠道购买流量，开展营销活动。另外，从采购、销售到库存管理，以及这些环节的衔接，高科技手段都得到了广泛的应用。

（三）市场营销的本土化

在经济全球化趋势日益明显的今天，市场营销的本土化已成为企业关注的焦点之一。其关键在于理顺市场营销国际化战略与国际市场营销的本土化之间的关系，并采取相应的对策与措施。以广告本土化为例，由于不同国家和地区的市场环境存在差异，企业在开展广告活动时需要做出相应的调整。在国外市场进行广告宣传时，企业应特别关注以下因素的影响。

（1）法律限制。国际广告必须遵守目标国家的广告法及其他法律规定，包括禁止做广告的商品种类、广告语言文字、广告时间、广告画面、广告手段、广告媒体等。

（2）语言文字障碍。要特别注意适应使用多种语言文字的目标市场的需求，以及使用词汇的准确性和限制。

（3）审美观念差异。对同一事物的不同理解是广告活动中必须考虑的影响因素。

（4）宗教信仰禁忌。广告应以尊重目标国家宗教信仰为原则。

上述因素常常对广告活动构成挑战。为了让广告更好地适应目标国家的环境，最有效的方法是选择对当地市场环境和政策有深入了解的广告代理商来执行具体的广告业务。

二、中国外贸营销获客经历的三个阶段

自中国外贸业务起步至今，其发展历程可划分为三个主要阶段。首先是互联网兴起前的线下推广阶段，以展会、地推等线下获客为主。其次是互联网初期的流量红利阶段，该阶段营销的发展与互联网技术的进步紧密相连。目前，我们已迈入第三阶段——智能营销时代。

（一）线下推广阶段

在互联网尚未普及的年代，中国企业与国际合作伙伴的交流主要依赖于参加展会，在收集客户信息后，通过电话联系或亲自拜访对方公司。这种方法与国内销售的电话销售和陌生拜访类似，但对外贸而言，其人力和时间成本较高，且对业务员的面对面沟通技巧要求较高。即便参加展会，其参展成本也相当高昂，对于中小微企业来说，外贸的门槛相对较高。

（二）流量红利阶段

大约在2010年，随着中国互联网的迅猛发展，一批企业（如阿里巴巴旗下的淘宝）迅速崛起，成为行业领导者。阿里巴巴的外贸平台“阿里巴巴国际站”也成为外贸人士新的获客渠道。相较于传统线下获客方式，在线开设店铺所需人力和成本都大幅降低。为了吸引更多具有出口资质的中国企业入驻，平台推出了多项优惠策略，使得众多小微企业得以开展外贸业务。然而，随着时间的推移，B2B平台的商业模式已走过十余年，大量商家的涌入导致平台内同质化竞争加剧、流量分散。大部分流量集中在资金雄厚的头部企业，而小微企业的流量获取成本不断上升。若无法建立品牌影响力，一旦停止投入，小微企业将难以获得询盘。商家对平台的依赖性增强，而买家在平台内的选择增多，这是该模式面临的主要挑战。

（三）智能营销时代

2020年后，随着流量红利的逐渐消退，从宏观角度来看，外贸出口的在线交易规模增速放缓，传统外贸出口行业的增长率下降；从企业角度来看，平台的边际效益递

减，流量获取效率降低，优质客户减少，订单趋向碎片化。

面对这些挑战，企业如何拓展新市场、发现新行业机会、建立差异化竞争优势、保障现有市场和客户不流失，成为不同规模的外贸企业必须思考的问题。2023年4月，《国务院办公厅关于推动外贸稳规模优结构的意见》中明确指出，外贸企业要实现业务增长，数字化转型是必由之路。

不过，企业要想实现数字化转型，正式步入智能营销时代，需要不断创新和适应，同时利用数字化工具和策略，提升自身的竞争力和市场影响力。通过智能化的营销手段，企业能更有效地触达目标客户，实现业务的持续增长和优化。构建一套完整的数字化营销和管理系统，可以支持企业业务的有效运作。

跨境电商已经成为整个国际贸易的新动能。在中国，跨境电商发展了十余年，并在近年成为国家重要发展的业态之一。从全球来看，跨境电商正在走向精细化管理的时代，整个行业正在发生巨大的变化。

（1）产品、品牌之变。跨境电商企业正从最初的在亚马逊上开店、采购后销售的简单铺货模式，转型为自主开发品牌。例如，安克（ANKER）最初是采购商品进行销售，后来从贸易转向了技术研发，现在则专注于加强研发能力；希音（SHEIN）则展现了其强大的供应链整合能力，整合了许多数字化程度高的工厂资源，并结合自有仓库和设计师团队，实现了从“中国制造”到“中国创造”的转变。

（2）渠道之变。以前很多企业做跨境电商，都是在第三方平台开店，现在则是第三方平台、独立站、线上线下融合的多渠道布局。

（3）流量之变。以前做跨境电商靠的是公域流量，也就是平台流量，现在靠的是网红建立的私域流量，相当于通过朋友圈去销售产品。但是只靠私域流量的不确定性很大，还是要将公域流量和私域流量结合起来。以希音为例，其流量分为网站流量和社交流量。在网站流量方面，希音拥有超过30%的自有流量，这是一个相当了不起的成就。众所周知，当前获取流量的成本非常高，但自有流量是品牌自身所携带的，不需要通过广告或其他宣传手段就能自然获得。在社交流量方面，希音推出了社交媒体策略“红人联盟计划”，与大网红建立了非常稳健的伙伴关系，同时与庞大的小网红群体保持密切合作。

（4）新技术应用。高科技的应用领域非常广泛，包括产品溯源、精准营销和产需匹配等。想象一下，如果在玩具中植入芯片、利用区块链技术，或者印制二维码，不仅可以提升产品价值，还能有效防止假冒伪劣产品的流通。这同样是保护品牌的一个关键策略。在互联网时代，产品开发与营销紧密相连，企业的生产越来越以消费者喜好为导向。以希音为例，其72%的流量来自自有App，这得益于其强大的数据分析和算法能力，使其在潮流预测和需求分析上拥有明显优势。

（5）本土化和服务化。我国的跨境电商正在经历多样化的内容变革，包括海外仓储、退换货服务、用户体验优化和人才培养等方面，都展现出了本土化的趋势。在服务领域，中国企业的售后服务尚有较大的提升空间。相比之下，海外企业在售后服务方面优势显著，中国企业需要逐步学习其经验，正如华为、小米等手机制造商都在逐步借鉴苹果公司的售后服务模式。在这个快速发展的时代，企业间的竞争日趋白热化，而卓越的用户体验管理能够为企业带来竞争优势。在互联网时代，商业不仅销售产品，还提供“产品+服务”的组合，客户体验的重要性日益被企业所重视。

案例分析

为何外资超市接连败走中国？

近年来，国内零售业格局正加速演变，外资零售巨头纷纷告别中国市场。2017年11月，阿里巴巴入股高鑫零售，直接和间接持有该公司36.16%股份。2019年6月，苏宁以48亿收购家乐福中国80%股份。2019年10月，作为世界第三的零售商，德国连锁超市巨头麦德龙出售给物美科技集团70%的股份。

麦德龙1964年成立于德国，是德国最大、欧洲第二、世界第三的现购自运制商业集团。现购自运是指专业顾客在仓储式商场内自选商品，以现金支付并取走商品。与传统的送货批发相比，现购自运的优势在于较好的性价比、食品和非食品分类范围广、即时获得商品、更长的营业时间。

1995年，麦德龙进入中国，与锦江集团合作建立了锦江麦德龙现购自运有限公司，并于1996年在上海开设了第一家麦德龙门店，正式进军中国市场。20年多年来，麦德龙在中国共开设了96家门店，覆盖了59座城市。

麦德龙采用的是“会员制”，只有申请加入并拥有“会员卡”的顾客才能进场消费（在广州，一般消费者可在柜台领取“当日会员卡”进行消费）。麦德龙在B端长期占据优势地位。

麦德龙定位于有限的客户，重点针对单位、企业法人或者小零售商等工商领域的经营者和群体消费层。因为商品种类多、服务专业、价格优惠，以及现购自运极大降低了超市的营运成本，所以麦德龙在B端长期占据优势地位。

与一般超市不同，麦德龙不仅需要顾客留下姓名和电话，还要求提供单位组织的相关证件（如营业执照副本或组织机构代码证），才能办理会员。虽然后来麦德龙对个人开放了会员办理，但仍然需要单位或社区出具相应的申请证明。

显然，麦德龙采取的独特会员制，限制了其在中国市场C端的发展。即使后期放开会员制，无条件对C端开放，但也已经错失中国C端市场快速发展阶段，未能获取C端客户心智。不但如此，近年受到电商的冲击，传统商超的业绩开始下滑，麦德龙也不例外。麦德龙失败的原因是对中国市场的需求和变化理解不充分。

当然，外资零售企业在中国市场的水土不服，为国内零售企业提供了发展机会。此外，国外优质零售企业对中国市场发挥了消费者教育启蒙作用，将大卖场、会员制等定义植入消费者心中。

【案例思考】

为什么外资超市纷纷败走中国市场？请从市场需求、环境变化、本土化等角度进行分析。

本章小结

首先，本章介绍了国际市场营销的概念、特征，以及国际市场营销面临的各种风险。

其次，本章介绍了国际市场营销的4 种进入模式，分别是出口进入模式、契约进入模式、投资进入模式以及互联网进入模式。企业应该根据自身条件和外部环境综合考虑采用何种国际市场营销的进入模式。

最后，本章介绍了国际市场营销的三大发展趋势，并在此基础上介绍了中国外贸营销获客经历的三个阶段。

|第十一章|

市场营销伦理的演进

本章详细阐述了市场营销伦理的发展及其对现代企业的启示。第一节介绍了企业社会责任的发展，以及当前企业社会责任的实践与理论应用。第二节延伸出营销伦理的概念、发展历史和意义，描述了营销伦理在实践各环节中的应用。第三节介绍了社会责任营销，这是对营销伦理的具体应用，如善因营销。通过本章学习，应该掌握以下内容:

- 企业社会责任与ESG的含义
- 社会利润导向循环模型
- 营销伦理的应用

导入案例

李宁公司成立于1990年，最初凭借其创始人李宁的体操冠军形象和产品的高性价比，迅速成为中国本土运动品牌的领导者。进入21世纪后，国际运动品牌（如耐克、阿迪达斯等）涌入中国市场，对国产品牌产生了较大冲击。2011—2013年，李宁出现了营业收入下降的情况。面对严峻形势，李宁开展了战略转型，通过将品牌进行重塑以及重新定位，大幅优化渠道结构，建立起快速反应的业务体系，使得李宁逐步跟上市场的脚步。2015年起，李宁逐渐恢复经营状况，并在2021年营收破两百亿元。

2018年，李宁公司决定改变以往传统的运动品牌形象，喊出“中国李宁”的响亮口号。同时，李宁通过社交媒体与年轻消费者展开互动，邀请了多位在年轻人中有影响力的明星和网红代言，并在抖音、小红书等平台上进行新品推广，引发了大量关注和讨论。但随着时间的推移，国潮营销也被其他国内企业竞相模仿，“国潮”这一文化符号似乎被滥用，同时李宁也被质疑有卖“国货情怀”之嫌。如何在坚守原有品牌形象的基础上挖掘新的市场？李宁选择专注于中国年轻人的文化元素，并开展文化元素的解构和再创作，以全新的文化面貌吸引了更多人的认可。2024年7月，李宁举办了“御气有道，任我逍遥”户外运动新品发布会，推出了多款以中国古代哲学中的“气”为灵感设计的服饰。李宁设计团队将中国传统的书法、山水画和古典建筑元素融入运动服饰的设计，使每一款新品都蕴含着浓郁的中华文化气息。

第一节　企业社会责任

一、企业社会责任概述

（一）企业社会责任的发展

企业社会责任（Corporate Social Responsibility，CSR）是指企业在追求经济利益的同时，主动承担对社会、环境和利益相关者的责任。随着全球化的发展和社会期望的提升，CSR已成为现代企业管理的重要组成部分。

1. 企业社会责任的提出

企业社会责任的概念在20世纪逐渐成形，其提出背景与全球经济、社会、环境等多方面的发展密切相关。20世纪30年代，随着经济大萧条的发生，企业在社会中扮演的角色开始重新受到公众的审视。美国经济学家霍华德·鲍恩（Howard R. Bowen）在1953年发表了《商人的社会责任》（*Social Responsibilities of the Businessman*）一书，首次系统性地提出了企业应承担社会责任的概念。

进入20世纪60年代，随着民权运动、消费者运动和环境运动的兴起，公众对企业的期望发生了变化。尤其是在美国，随着《清洁空气法》等环境保护法律的出台，企业开始认识到必须遵守更加严格的法律法规，承担相应的社会责任。20世纪70年代，企业社会责任的概念在全球范围内逐渐传播。企业开始意识到，忽视社会责任不仅会带来法律风险，还会损害企业的声誉，进而影响其长期的商业利益。因此，越来越多的企业开始将社会责任融入其战略规划（如开展公益活动、环保项目等），并致力于改善员工福利。

2. 企业社会责任的发展与深化

到了20世纪90年代，随着全球化的加速发展，企业社会责任的内容和形式更加多样化。跨国公司在全球各地运营，其行为直接影响全球供应链和各地社区。企业不仅要遵守所在国的法律法规，还要应对全球化带来的道德挑战。21世纪以来，企业社会责任已成为全球商业环境中的重要组成部分。企业不仅将其视为维护声誉和品牌价值的工具，更将其视为实现可持续发展的途径。企业社会责任的概念也在不断演进，涵盖了环境、社会和治理等更广泛的内容，为企业在全球范围内的可持续发展提供了新思路。

（二）企业社会责任在当下的深化：环境、社会与公司治理

1. 环境、社会与公司治理的含义

环境、社会与公司治理（Environmental，Social and Governance，ESG）是近年来企业管理和投资领域中的一个重要概念，常被视为企业社会责任的延伸和深化。ESG标准不仅被用于评估企业的财务表现，还可以通过分析企业在环境、社会和公司治理方面的表现，衡量其可持续性发展和责任感。

2. 环境、社会与公司治理的三个方面

（1）环境因素。环境因素关注企业在自然资源使用、污染排放、气候变化应对等方面的表现。这包括企业如何管理其碳足迹、废物处理和水资源利用等问题。随着全球气候变化问题的加剧，企业在环境管理上的表现成为投资者和利益相关者评估其可持续发展的关键指标。

（2）社会因素。社会因素评估企业在员工管理、社区参与、消费者权益保护等方面的表现。这包括企业如何保障员工的健康与安全、促进多样性与包容性，以及对所在社区的贡献。良好的社会实践不仅有助于提升企业的社会形象，还能提高员工的忠诚度和消费者的信任感。

（3）公司治理因素。公司治理因素关注企业的管理架构、透明度、董事会结构和股东权益等方面。这包括企业如何通过良好的治理机制来确保其运营的合法性、公正性和透明性。有效的公司治理不仅能提高企业的运营效率，还能增强投资者的信心，降低企业的运营风险。

南京钢铁股份有限公司（以下简称“南钢”）作为行业领先的高效率、全流程的钢铁联合企业，构建了相互赋能、符合成长的产业链生态圈。南钢致力于做“全球绿色钢铁先行者”，通过设置绿色技术与绿色产品两大体系，构建了“双碳”工作的顶层发展战略。2021年南钢成立绿色低碳发展工作领导小组，2022年南钢产业发展研究院进一步聚焦低碳新技术、“双碳”产业投资、碳交易等领域，开展规划及布局。南钢从2008年首次披露《社会责任报告书》以来，已经连续披露多年。在2021年，南钢主动参照ESG理念和可持续发展GRI标准，披露了首份《可持续发展报告》。南钢在2022年获得年度ESG A股最佳实践奖，其在ESG的表现得到了多家专业评级机构的认可。

---

3. 新发展理念与ESG的对应关系

新发展理念是习近平在党的十八届五中全会上提出的，即创新、协调、绿色、开放、共享的新发展理念。这是针对我国经济发展进入新常态、世界经济复苏低迷开出的“药方”，也为全面建成小康社会、向着第一个百年奋斗目标迈进提供了理论指导

和行动指南。高质量发展所依靠的新发展理念的五大支柱与ESG的目标之间存在明显的对应关系（见图11-1）。

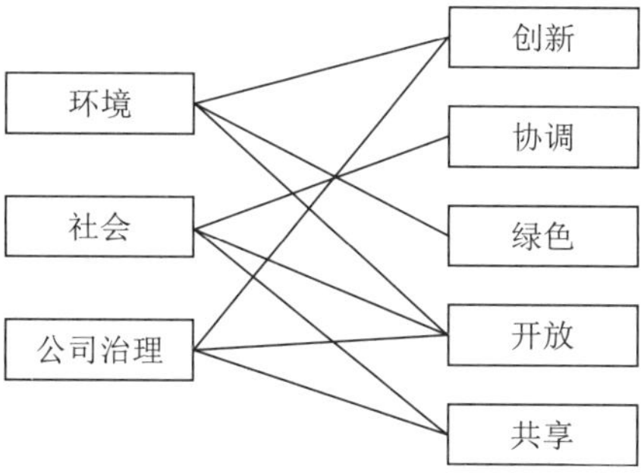

图11-1　新发展理念与ESG的对应关系图①

第一，ESG强调企业需要注重环境保护，包括关注企业的碳排放、污染治理、可再生资源的回收利用以及绿色科技和专利的研发。这不仅是企业满足国家“双碳”重大战略和“绿水青山就是金山银山”论述的一种体现，也符合“绿色”和“创新”发展的要求。

第二，ESG要求企业承担社会责任，关注员工工作环境、福利和慈善活动等方面。这意味着企业除追求财务回报外，还应肩负起共同富裕、乡村振兴等符合社会主义核心价值观的责任，同时符合“协调”和“共享”发展的需要。

第三，ESG强调企业需要完善内部治理，关注治理规范化、商业道德、反竞争行为、股东权益等方面。这与国内加强党的领导和禁止滥用市场支配地位等政策要求一致，也同“共享”和“创新”发展的理念相统一。

第四，ESG相关理念的接受本身也是“开放”发展精神的体现，而开放发展带来的技术进步和市场拓展反过来促进企业在ESG关注的各个领域取得发展。

二、企业社会责任的未来：社会利润导向

（一）社会利润导向的含义

社会利润导向（social profit orientation）指的是企业不仅要追求财务利润，还要积极投资资源（如知识、基础设施、劳动力、声誉、资金和时间），以明确提升公共利益，特别是改善人类福祉和地球健康。这一导向强调通过社会举措来为个体、社区和

① 卓子涵：《高质量发展视角下的企业社会责任：ESG理论中国化的一种尝试》，https://cifu.fudan.edu.cn/83/1d/c12233a688925/page.htm。

整个社会创造价值。社会利润导向与传统的企业社会责任之间的区别在于，企业社会责任更多是战略性慈善，通常以提高企业形象和短期成果为目标；而社会利润导向则将社会影响融入公司核心使命，重点是产生持久的、系统性的社会改变。

（二）社会利润导向循环模型

相关学者构建了社会利润导向循环模型（见图11–2），以帮助人们更好地理解如何实施企业社会责任，并完成这一良性循环的过程。该循环模型主要由社会利润驱动因素、社会利润导向、企业和社会获得社会利润、反馈环四个主要部分组成。

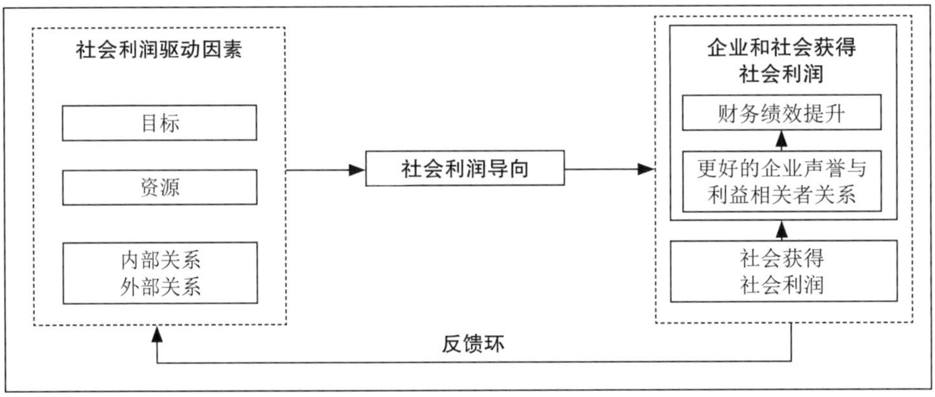

图11–2　社会利润导向循环模型

社会利润驱动因素是组织实现社会利润导向的核心前提。具体可以分为以下三点：

（1）目标。指组织的社会目标设定，即组织将社会利益纳入其战略目标。这些目标通常涉及如何改善人类福祉或环境健康。

（2）资源。组织在追求社会利润时，会动用资源启动有效的社会项目。这些资源既可以是财务的，也可以是知识、时间、技术、劳动力等无形的资源。

（3）内部关系和外部关系。强调组织与内部和外部利益相关者之间的合作关系。其中，内部关系指的是组织如何激励、动员员工并使其认同组织的社会使命；而外部关系涉及与供应商、客户、社区等其他外部利益相关者的合作，通过共同的目标建立长期的信任关系。

社会利润导向的结果分为企业层面的结果和社会层面的结果。

1. 企业层面的结果

（1）合法性和声誉。组织通过其社会举措获得更高的合法性和社会认可，进而提升声誉。

（2）利益相关者关系。与利益相关者的紧密合作关系能够增强其对组织的信任和投入，推动社会项目的成功。

（3）吸引和留住人才。社会利润导向的企业能够吸引并留住与其社会使命契合的人才，同时员工对组织的忠诚度和工作满意度也会提升。

（4）能力创新。在实施社会利润项目的过程中，组织会发展出新的能力，提升应对社会挑战的创新能力。

2. 社会层面的结果

（1）社会福利的改善，如减少贫困、提高教育质量、改善医疗健康等。

（2）环境保护，如组织通过减少环境破坏、推动可持续发展，为保护地球健康做出贡献。

（三）企业社会责任的落实："实质性议题"矩阵

随着2006—2021年GRI、ESG披露标准的纳入与推广，"实质性议题"矩阵已经成为当前ESG行业实践中被广泛应用的一种识别企业自身ESG的重要性工具。据统计，在2008—2020年，有超过大约45%的企业ESG报告采用了该分析模型。"实质性议题"矩阵的诞生是基于这样的考量——各行业的异质性会导致相应企业理当关注并予以较高权重的ESG指标存在显著差异的客观事实。

经典矩阵设计采用双维度评估体系（见图11-3），横轴衡量议题对企业战略的影响大小，纵轴反映其对利益相关方的影响大小。通过利益相关方访谈、行业对标等途径收集的ESG议题，以散点形式标注于矩阵中。优先议题区位于图中的右上象限，包括①、③、④，对企业战略与利益相关方诉求均具有核心影响，属于资源投入重点。典型议题包括产品安全和供应链劳工权益。而战略维持区位于左上象限，体现为图中的⑥、⑧，此区域议题对企业运营风险或长期竞争力至关重要，但外部关注度相对有限。代表性议题如资源利用效率或知识产权保护。企业需侧重内部责任落实。位于右下象限的是利益相关方关切区，包括⑤、⑦，该区域议题受外部高度关注但对企业经营直接影响较弱，典型如社区公益或消费者隐私保护。企业应建立针对性响应机制而非战略投入。基础监控区位于左下象限，包含②、⑨，此区域议题重要性程度较低，可能涉及员工文体活动或慈善品牌联动。企业仅需通过常态化管理维持基础水平，例如人力资源部定期组织员工活动，或在消费者使用阶段植入低成本的品牌公益宣传。

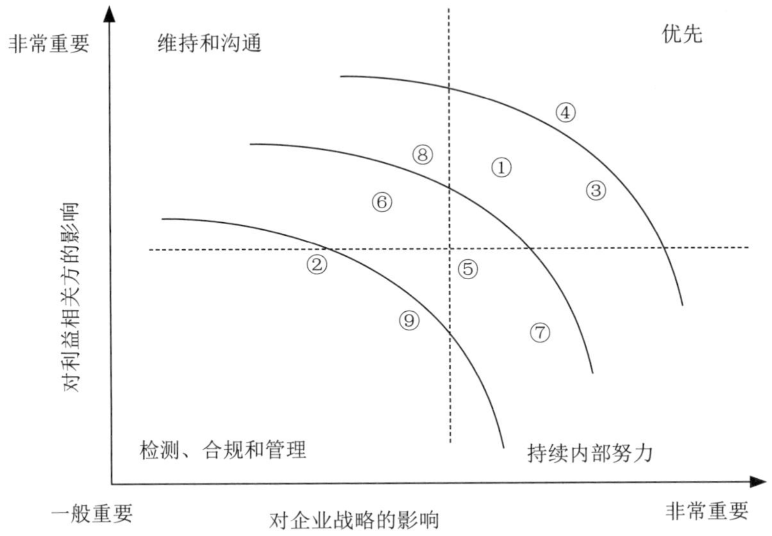

图11-3 “实质性议题”矩阵

第二节　营销伦理

一、营销伦理是什么

（一）营销伦理的含义

要想理解营销伦理（marketing ethics），首先需要理解伦理的含义。“伦理”在词典中的释义为“人与人相处的各种道德准则”。“伦”意为人与人之间的关系，而“理”则意为事物的次序与条例。伦理代表着社会中人和人维护关系的道德准则，这个关系既可以是一对一，也可以是一对多、多对多。它是维护人际关系的基本要求，如果违反了伦理，社会关系也会受到损害，甚至最终走向破裂。同样地，既然伦理指的是社会关系中的道德准则，那么营销伦理则是指企业在进行营销活动时涉及所有主体关系的道德准则。

（二）理解营销伦理

1. 营销伦理涉及的主体关系

营销伦理定义中的“主体关系”指的是利益相关者。从SCOPE模型（见图11–4）的角度理解，主体包括供应商（supplier）、客户（consumer）、股东（owner）、合作伙伴（partner）和员工（employee）。这些利益主体是营销活动主要服务与涉及的对象，企业在进行营销活动时必须遵守各个利益相关者的道德准则，从而保证营销活动的顺利落实以及实现预期的市场目标。如果企业违背了某个主体的道德准则，那么企业可能会遭受损失。例如，销售人员为了维护或者回报所在的企业，长期向经销商隐瞒商品的某些真实信息（亲组织的非伦理行为），从而导致企业经济效益的损失以及渠道关系的破裂。

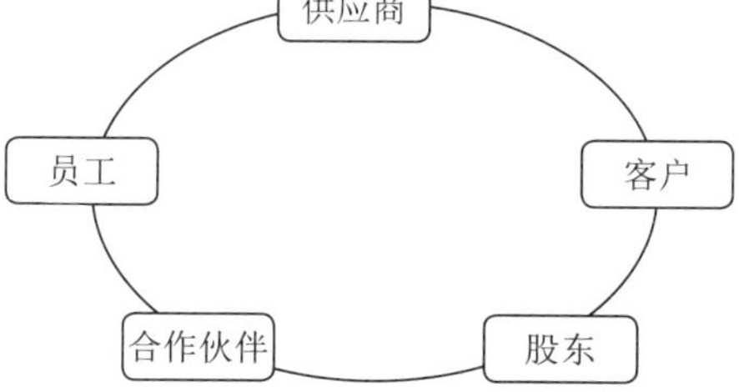

图11–4　SCOPE模型

2. 营销伦理贯穿整个营销过程

营销伦理存在于市场营销活动的各个方面与整个流程，而不仅仅存在于某个方面。在市场营销活动中，不仅有违背营销伦理的事件发生，也有许多弘扬商业道德、承担社会责任的正面现象，需要从辩证的观点理解营销伦理。例如，广告传播会出现夸大欺骗的行为，也可能出现引发社会共鸣、传播正能量的广告内容。

二、营销伦理的发展史

长期以来，企业与消费者的关系被视为对立的，即双方的关系是交易关系而非合作关系，双方将交易视为零和博弈的过程，一方的利益获取意味着另一方的利益受损。为了利润最大化而牺牲其他利益相关者的合法权益似乎被少数人视为“正常现象”。但随着对企业外部性的关注以及利益主体的觉醒，人们对企业的营销伦理逐渐重视起来。

（一）我国古代的商业伦理理念

从古至今，社会大众对于营销伦理的关注一直都存在。我国古人在做生意时也讲究经商之道。早在春秋时期，我国古代著名的经济学家、商业理论家范蠡就因其艰苦创业、广散钱财救济平民百姓的高尚行为，被后人尊为“商祖”和“财神”，他提出的道德经商理念也为后世所用。

“君子爱财，取之有道”出自古书《增广贤文》，作为大家耳熟能详的成语，一直流传至今。其中暗含的经商理念从来都是强调营销道德与伦理的重要性——商人在自身发达以后，也应该要回馈社会，不能以损害他人利益为代价赚取钱财。然而，虽然我国很早就对企业的营销伦理问题进行关注，但是有关领域的学术研究较晚才兴起。

（二）营销伦理在近代的发展

营销伦理研究的起点是20世纪初美国的消费者主义运动。当时，美国的资本主义扩张速度非常快，但与之相伴的是对消费者合法权益的忽视和践踏，因此美国社会各界通过结盟联合在一起，控诉企业对消费者的不当行为。在社会对营销伦理诉求的大背景下，最早的营销伦理研究论文发表于20世纪60年代，正值美国市场营销学会（American Marketing Association，AMA）标准委员会为商业从业者制定道德规范之际。至此，营销伦理的研究正式开始，之后不断发展，并在20世纪90年代和21世纪初达到高峰。近年来，有关营销伦理的研究主要集中在新技术商业应用的伦理问题当中，如大数据技术对于消费者隐私的侵犯，神经营销对消费者意识的操纵等。

三、营销过程中的伦理问题

在市场营销实践中，伦理问题贯穿了市场调研、定价策略、产品策略、分销渠道、广告传播和促销等多个市场营销活动环节。如图11-5所示，伦理问题在营销的各个环节中以不同的形式存在。值得注意的是，分销渠道、广告传播、促销三个环节不一定是严格的顺序关系，有可能同时发生。

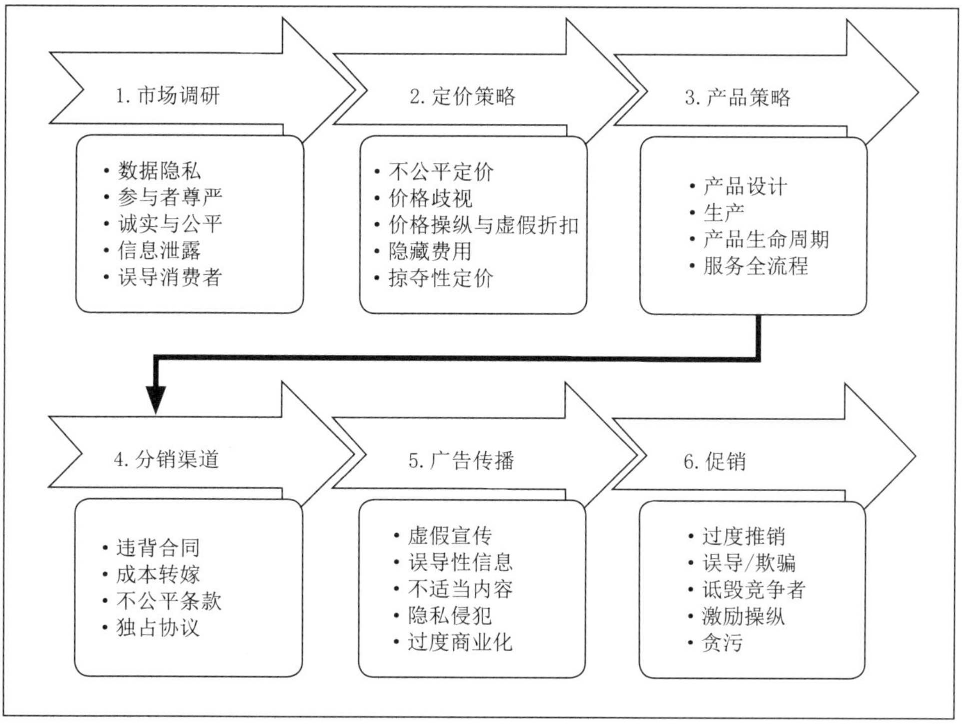

图11-5　营销过程中的伦理问题

（一）市场调研

市场调研中的伦理问题可根据调研的相关者分成四类：调研机构与参与者的伦理问题、调研机构与委托人之间的伦理问题，调研机构与竞争者之间的伦理问题、调研机构与公众相关的伦理问题。市场调研中的伦理问题涉及的主体关系如图11-6所示。伦理问题主要表现为：

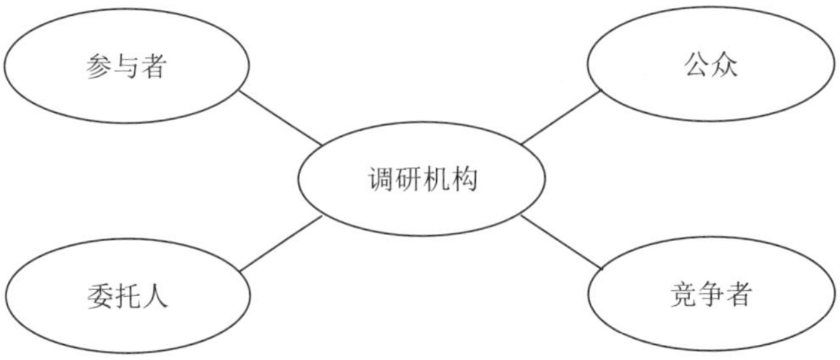

图11-6　市场调研中的伦理问题涉及的主体关系

1. 参与者的数据隐私与尊严

企业在收集消费者数据时，可能侵犯消费者隐私或未经消费者同意使用数据，也可能将消费者的信息通过不正当手段贩卖到外部。调研人员应当尊重受访者的权利，在调研之前应当获得参与者的许可，且受访者有权利拒绝调研人员的访问。

2. 调研机构对委托人的诚实与公平

调研机构与委托人之间存在一定程度的信息不对称，因此调研机构可能存在隐瞒信息、篡改结果、随意更改调研流程、为了迎合委托人而歪曲信息等行为。调研机构需要对自己所有的委托企业一视同仁，杜绝发布不公正的调研结果来误导消费者的行为。

3. 调研过程中商业信息的泄露

存在离职的员工将商业机密非法卖到调研机构，或者调研机构将委托人的商业机密泄露给其竞争者等风险。

4. 操控调查结果进而误导公众

调研机构在发布调研结果时，应尽可能告知公众调研过程中存在的非客观因素，避免使用诱导性词语误导公众。

（二）定价策略

定价策略中的伦理问题主要体现在不公平定价、价格歧视、价格操纵与虚假折扣、隐藏费用、掠夺性定价等方面。这些行为会损害消费者的权益、破坏市场竞争秩序，并影响企业的声誉和长期发展。

1. 不公平定价

企业通过垄断或凭借其市场主导地位，设置远高于成本的价格。高价策略在短期内可能带来利润，但容易被消费者视为“不道德”的剥削，进而损害品牌形象和顾客忠诚度。

2. 价格歧视

企业根据消费者的年龄、收入、地区或消费历史等因素，实施不同的价格策略，导致不同消费者为同一产品支付的价格不同。虽然价格歧视可能在法律允许范围内，但过度的不透明定价或根据非客观因素定价，容易引发消费者的不满，严重的也会带来法律风险。

3. 价格操纵与虚假折扣

在打折促销活动中，部分企业会通过虚构原价或短期提升原价的方式制造虚假折扣，误导消费者以为自己享受到了优惠。这类定价策略不仅违反消费者权益，还可能影响品牌在市场中的诚信形象，降低消费者的信任度。

4. 隐藏费用

一些企业在定价时只标出基础价格，而未说明附加费用，如服务费、手续费、运费等。这些隐藏费用在购买过程后期才会显现，导致消费者在付款时感到被“强制加价”，进而引发对企业的不满。

5. 掠夺性定价

企业通过设定低于成本的价格排挤市场竞争者，甚至采取“倾销”策略。这种行为在短期内可能降低消费者的消费成本，但从长期来看会减少市场竞争，导致市场集中，最终可能引发价格上涨，损害消费者的利益。

（三）产品策略

1. 产品设计

首先要在产品设计中考虑产品的安全、健康、环保与可持续问题。由于顾客未必能掌握产品安全使用的所有知识，所以企业需要在产品的设计中尽到告知、保护的义务，防止消费者在使用产品时造成身体危害和环境破坏。

麦当劳的“咖啡烫伤”事件发生于1992年，是美国历史上最著名的消费者诉讼案件之一。原告里贝克是一位79岁的老人，她在新墨西哥州的一家麦当劳购买了一杯咖啡。在她尝试将咖啡杯打开时不小心将咖啡溅洒到了自己的腿部，导致严重的三度烫伤，医疗费用高达数万美元。她最初向麦当劳提出仅要求支付医药费的要求，但麦当劳拒绝了她。最后里贝克委托律师调查，发现麦当劳的咖啡温度被设置为82至88摄氏度，远高于一般的温度标准，足以快速引起严重烫伤。

进一步调查显示，麦当劳曾接到过700多起因咖啡烫伤顾客的投诉，但仍未降低咖啡温度。在随后的诉讼中，陪审团认定麦当劳在明知咖啡温度过高的情况下却未采取措施，构成了“恶意和严重的疏忽”，并裁定里贝克获290万美元的总赔偿。此案引发了广泛关注，推动了消费者权益和企业责任的讨论。虽然该事件被许多人误解为“荒谬的诉讼”，但实际上它凸显了企业在产品安全设计上的义务。

---

2. 生产与销售

生产和销售不符合安全标准的产品也会对消费者健康构成威胁。当企业发现已经上市销售的产品存在质量安全缺陷时，应当迅速采取产品召回策略，以减少可能发生的安全事件，保护消费者的正当权益。此外，某些产品会有泄露消费者隐私的风险。例如，近年来逐渐兴起的智能家居产品，让部分消费者担心这些智能电器会“监控”自己的生活；基因溯源产品（基因家族分析）也可能被非法企业利用，用于侵犯消费者隐私或者操纵消费者偏好，从而带来潜在的基因歧视问题。

（四）分销渠道

1. 违背合同

企业和中间商为优化自身收益，可能在售后服务责任上互相推诿，或分销商为追求短期利润最大化，绕过渠道直接向终端消费者销售。这种行为削弱了渠道的协调性和一致性，损害品牌信誉，并导致了消费者体验的不稳定性。

2. 成本转嫁

传统渠道模式依靠价差赚取利润，但部分渠道成员通过向上游生产商索取返利、奖励，或虚报广告费用、市场推广费用等方式牟利，实质上将渠道成本转嫁至生产商。此行为增加了供应链的不透明性，削弱了生产商的利润空间，也使得品牌在终端的促销效果难以评估，影响渠道的长期稳定性。

3. 不公平条款和独占协议

为了实现市场主导地位，一些企业利用不公平条款或独占协议限制竞争者进入关键渠道，排除或削弱其他品牌的市场机会。这类行为违背了公平竞争原则，容易造成市场垄断，加大消费者获得多样化产品选择的难度，并最终可能损害品牌在消费者心中的形象和忠诚度。

（五）广告传播

这是营销伦理问题最常发生的领域。广告传播中的伦理问题主要集中在虚假宣传、误导性信息、不适当内容、隐私侵犯以及过度商业化等方面。

1. 虚假宣传

企业在广告中夸大产品效果、未明确说明使用限制或以不实信息吸引消费者，属于虚假宣传。这种行为容易导致消费者实际体验与广告宣传之间产生落差，不仅会引发消费者不满，还可能给企业带来法律诉讼和监管处罚，严重损害品牌形象。

2. 误导性信息

通过模糊或复杂的广告用词，误导消费者对产品特性、价格、功效等方面的理解。常见的误导性广告包括在产品成分上使用模棱两可的术语、隐瞒副作用或潜在风险、夸大产品的独特性或收益。这类广告使消费者在购买时做出错误决策，损害了消费者的知情权和选择权。

3. 不适当内容

一些广告含有暴力、性暗示、歧视等不适当内容，可能会在社会和文化层面引发不良影响，尤其会对青少年和儿童的价值观产生负面影响。不适当的内容可能带来短期流量，但会导致企业形象受损，甚至引发社会舆论和抵制。

4. 隐私侵犯

数字广告利用数据追踪和消费者个人信息精准推送广告，提升了广告的有效性，但也涉及隐私侵犯。未经消费者明确同意的定向投放广告可能引发隐私担忧，甚至引发法律争议。此类问题在社交媒体、搜索引擎和电商平台上尤为常见。

5. 过度商业化

广告渗透在新闻、教育、娱乐等各个领域中，可能会使公众感到不满，认为企业过于重视利益而忽视社会责任。此外，过度的广告曝光可能让消费者产生厌烦情绪，削弱广告效果，并对品牌形象产生负面影响。

（六）促销

促销中的伦理问题主要涉及过度推销、误导性销售、不公平竞争和激励操纵等。这些行为短期内可能带来业绩增长，但从长远来看会损害企业声誉，降低消费者信任。

1. 过度推销

在人员促销中，销售人员为了达成销售目标，可能采用过度推销甚至施压的方式，迫使消费者购买不需要的产品或服务。这种方式常见于电话推销、上门销售和高额合同的签订过程，可能导致消费者有不愉快的购物体验，从而损害品牌形象，甚至引发投诉。

2. 误导性销售

销售人员通过夸大产品优点、隐瞒缺点，或模糊合同条款来误导消费者，导致消费者误以为购买了理想的产品。误导性销售在保险、金融服务等复杂产品中尤为常见。这种行为不仅会损害消费者权益，还可能引发法律责任和信任危机。

3. 不公平竞争

在促销活动中，企业通过价格战、赠品或大量折扣吸引消费者，可能对小型或新进入市场的竞争者造成不公平竞争，尤其是当这些手段以排他性协议为基础时，会阻碍竞争者的正常发展。此外，不公平竞争还包括通过诋毁竞争对手、抄袭推广活动等手段获取市场份额。这会破坏市场秩序，危及行业的健康发展。

4. 激励操纵

销售人员的激励机制（如奖金、佣金）可能导致一些人为了自身利益而采取不道德的销售行为。例如，为获得更高的销售提成，销售人员可能向消费者推销高利润但不适合的产品，甚至隐瞒退换货条件。激励机制设计不当会导致不道德行为的蔓延，拉低销售团队的整体道德水平。

四、伦理决策矩阵

（一）伦理决策矩阵是什么

1. 含义

伦理决策矩阵（ethical decision matrix）是一种系统化的工具，用于帮助个人或组织在复杂的道德困境中做出符合伦理的决策。它通常包含一系列的步骤和标准，决策者可以借此框架逐步分析每个决策选项的伦理性、合法性、公正性、对利益相关者的影响以及长期的可持续性。

2. 多种伦理决策矩阵

伦理决策矩阵存在多种伦理决策模型的对比，如EAPA伦理决策模型、职场伦理决策模型等。这些模型能帮助组织和个人在复杂的道德困境中做出伦理决策。每种模型包含多个决策步骤，如“事实/问题”“利益相关者”“环境/背景”“选项”“最符合伦理的可行性选择”“决策”“行动/审查”等。决策者可以从以上步骤中识别伦理问题、评估利益相关者的需求、审视决策环境、分析可能的决策选项，最终选择最符合伦理的行动方案。

（二）伦理决策矩阵的作用

1. 系统化伦理决策过程

伦理决策矩阵通过一系列结构化步骤（如识别问题、评估利益相关者、分析环境、列出选项等），帮助决策者在纷繁复杂的情境中厘清思路。伦理决策矩阵可以鼓励决策者逐步分析每个伦理因素，使决策过程更具逻辑性。

2. 科学平衡多方利益

在现实的商业或个人伦理困境中，不同的决策往往会影响多个利益相关者。伦理决策矩阵可以让决策者明确各方的需求和利益，在满足各方利益的基础上选择最佳方案，尤其是在面对利益冲突时更能体现其价值。

3. 有效减少伦理风险

通过在决策过程中纳入合法性、公正性和透明度等伦理标准，伦理决策矩阵帮助组织识别并规避可能的伦理风险。例如，它可以帮助决策者识别潜在的法律问题、不公平竞争或信息不透明等方面的风险，从而降低未来因不道德行为导致的法律或声誉损失。

4. 提升道德敏感性

伦理决策矩阵通过系统性的分析过程，帮助决策者培养和提高对伦理问题的敏感性，使他们在日常决策中更加关注道德因素。特别是在企业环境中，伦理决策矩阵可以作为一种伦理培训工具，提高员工和管理层的道德敏感性。

（三）EAPA伦理决策模型与职场伦理决策模型

EAPA伦理决策模型关注员工援助计划中的伦理困境，尤其是在员工支持和心理健康管理方面的伦理决策。该模型注重对道德问题的识别和利益相关者的分析，帮助决策者从多方面考量问题。EAPA模型多用于工作场所中员工和管理层的道德冲突管理，强调对员工和组织利益的平衡。

职场伦理决策模型由 Diana C. Dale 提出，专注于工作场所中的伦理决策，旨在帮助组织在职场管理中系统性地融入道德判断。它强调决策过程的实用性和可操作性，尤其关注工作场所中的日常伦理困境。该模型适合快速决策，特别适用于常见的职场道德问题，如员工关系、绩效管理等。

以上两种伦理决策模型的区别如下（见表11-1）。

表11-1　两种伦理决策模型的区别

	EAPA伦理决策模型	职场伦理决策模型
事实/问题	该情境下存在哪些潜在的伦理问题？ ・竞争价值观or竞争利益 ・你的个人价值观 ・相关的道德指引	这些案件的事实是什么？
利益相关者	谁是影响伦理决策的利益相关者？	・谁是选民/利益相关者/有关团体？ ・你对利益相关者的义务是什么？
环境/背景	描述一下事件发生时的环境？ （如压迫的、支持的……）	・在这种情况下，什么原则起作用？主要问题是什么？ ・你感觉到了什么平衡？什么是最重要的？费用是多少？
选项	列出所有可能的行为选择。 ・使客户受益？ ・使组织受益？ ・使你自己受益？ ・使社会受益？	・有什么选择或替代方案？ ・有什么创造性解决方案？
最符合伦理的可行性选择	哪一个选择是最符合伦理的？	・考虑到你的信仰体系（伦理）和你最尊重的信仰（价值观），你认为在这种情况下你应该怎么做？ ・你的同伴会怎么做？
决策	做出你的选择	・你最有可能采取哪些具体行动？ ・为什么？

第三节　社会责任营销

如果说营销伦理是在告诉人们企业营销实践中存在哪些伦理问题与现象，那么社会责任营销则是告诉企业应当如何按照伦理要求开展营销活动。营销伦理是名词，属于“是什么”与“为什么”的范畴，研究的主要内容是营销伦理的含义和营销伦理的驱动因素；而社会责任营销是动词，属于“怎么做”的范畴，主要研究伦理在营销活动中的作用以及发挥作用的路径。

一、社会责任营销是什么

（一）社会责任营销的定义

社会责任营销是指企业在营销活动中融入社会责任，通过产品、品牌传播、营销活动等途径展示企业对环境、社会和道德的关怀，以增强企业的品牌形象和消费者的好感度。社会责任营销超越了单纯的盈利目标，关注的是如何在满足消费者需求的同时，推动社会进步、环境保护和道德提升。具体来说，社会责任营销要求企业：

1. 关注社会问题

社会责任营销将社会问题和需求融入企业战略。例如环保问题、贫困问题、健康安全、教育公平等。企业通过与这些议题结合，展示其对社会问题的关注。

2. 促进可持续发展

社会责任营销倡导可持续发展理念，力求在产品设计、生产、供应链、销售过程中尽量减少对环境的负面影响。这包括使用环保材料、减少碳排放、推广绿色消费等。

3. 体现道德和透明性

企业通过社会责任营销展示其道德标准（如公平对待员工、维护客户权益、保障供应链合规），向公众传递企业的价值观和道德责任。

4. 消费者互动与参与

社会责任营销通常会鼓励消费者参与，通过产品购买或参与活动，让消费者成为社会责任的一部分。例如，某产品将销售的部分收益捐献给公益项目，或号召消费者共同参与环保、健康等公益行动。

（二）社会责任营销的四个方面

1. 法律行为

首先是企业的法律行为，即企业的每个机构和员工都必须遵守所在国家的法律。以我国为例，企业需要注意的法律包括但不限于公司法、消费者权益保护法、广告法、证券法、劳动法、矿产资源法、反不正当竞争法等。

如果企业的管理人员通过贿赂等不正当手段获得竞争者的商业秘密，或者推动某项不符合环境要求的项目落地，都会违反我国的相关法律，不仅员工个人会受到法律的惩罚，企业也可能蒙受损失。一般来说，企业内部会设置法务部门来监督业务展开的合法合规性。

2. 伦理道德行为

企业的商业行为常常面临着伦理难题，或是企业自身执行了不道德的行为。例如，外卖平台为了减少顾客的等待时间，利用算法设计出的最短时间并要求外卖骑手必须在时限内送达，然而随着时间的推移，算法对时间的估计越来越短，导致骑手们可能会为了减少系统的惩罚和顾客的差评，冒着生命危险闯红灯。这种算法剥削成为企业需要权衡的重要问题——如何在保证外卖服务质量的情况下减少对骑手的剥削？

3. 社会责任行为

企业还需承担一部分的社会责任。企业每个业务的成功，都离不开利益相关者的支持与配合，因此企业也需在自己获取利润之后对社会予以回馈。企业可从员工关爱与福利保障、碳中和与环保、数据保护与隐私安全、响应国家重大战略、传统文化保护、公益慈善等方面入手。

华润万家积极践行绿色发展。从2022年开始，华润万家积极试点建设低碳零碳门店，打造万家低碳零碳品牌。华润万家以OLé超深活店为试点，建设低碳零碳标杆门店，通过采用冷链空间合理化布局、应用变频水泵和闭式冷却水塔、减少照明灯组、改用高效节能灯具等方式，预计可减排21%。华润万家还积极建设低碳零碳园区，以物流运营中心——凤岗配送中心为试点，通过屋顶光伏、水蓄冷、充电桩和能效管理平台，有效降低园区能耗。

---

4. 可持续性

可持续性指的是企业的生产行为在满足当代人需要的同时不影响后人的生存。这一概念首次在1980年提出，随后迅速普及，成为世界各国认同的环保理念之一。在社会责任营销中，可持续性意味着企业在追求经济利益的同时，还需要关注环境保护、资源节约和社会的长期发展，力图实现经济、社会和环境效益的平衡。具体来说，可持续性要求企业在经营过程中尽可能减少对自然资源和环境的负面影响，采取绿色生产方式，减少碳排放和废弃物生成，以体现对环境的责任。此外，企业需重视资源的高效利用，避免浪费，推动循环经济，通过优化产品生命周期管理，在产品的设计、生产、使用和废弃的各个环节融入环保理念。这不仅降低了企业的运营成本，也展现了企业对资源有限性的理解和承诺。

以上4个方面的社会责任营销行为水平逐层递进，体现的是企业对执行道德行为的自愿程度。企业的自愿程度较低，则代表该类行为主要受到强制性的约束，如所在地区的法律、道德；企业的自愿程度较高，则说明企业在法律和道德水平之上，积极主动地服务社会、承担责任，实现企业自身与全社会的长期利益最大化（见图11–7）。

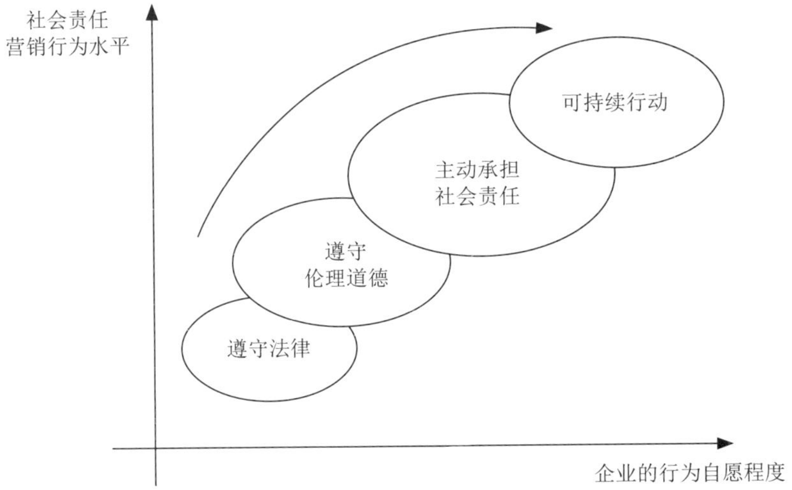

图11–7　企业的行为自愿程度与四种社会责任营销行为

二、善因营销

（一）善因营销是什么

1. 善因营销的含义

善因营销（Cause–related Marketing，CM），又称“事件关联营销”，是一种战略性营销方式。它将企业的社会责任与营销活动相结合，以达成商业和公益的双重目标。具体来说，企业通过支持社会责任项目（如在自然灾害区捐款、设立助学奖学金、保护濒危物种等）来体现对社会的承诺，同时借助媒体报道、广告宣传、社交平台等多种传播渠道，提升企业在公众中的形象和知名度。随着公众对企业社会责任意识的不断增强，善因营销不仅能够增强消费者对品牌的忠诚度和信任度，还能带动产品销售，提升企业的经济效益。

2. 善因营销的类型

善因营销活动通常被视为社会责任营销的一部分，其核心在于通过将公司资源投入社会公益，满足消费者对企业承担社会责任的期望。善因营销活动可根据实施方式和目标进行分类，通常包括捐赠驱动型营销、公益合作伙伴关系、产品销售促销型公益、社交媒体捐赠推广、公益营销活动冠名和会员参与型公益项目。每一类型的营销形式都有其特定的应用场景及目标受众。例如，捐赠驱动型营销通常适用于短期公益活动，旨在迅速调动消费者的积极性；而公益合作伙伴关系则适用于企业与公益组织建立持续性关系，通过资源共享实现更广泛的影响力。

表11–2中所列出的六种善因营销活动类型，展示了企业如何在不同情境中运用这些方式来提升品牌影响力和市场份额。善因营销的成功在于通过双赢策略（既回应社会需求，又实现企业的商业目标），使消费者在购买产品的过程中感受到参与公益的价值，从而增强品牌的正面联想。

表11–2　善因营销活动类型

类型	含义	例子
销量决定	企业承担社会责任的多少与产品销量有关	京东文具在2024年开学季推出“一笔一画公益周”活动，消费者每购买一件相关产品，京东就会捐赠一笔善款给儿童心理健康守护行动
公益事业冠名	资助某个公益项目并冠以企业或产品的名称	可口可乐公司在中国捐建“可口可乐希望小学”
义卖捐赠	将售卖产品所得的善款进行捐赠	阿里巴巴集团定期通过旗下淘宝公益平台开展义卖活动
抽奖捐赠	把消费者的抽奖结果作为捐赠物	中国移动公司在公益平台上开展爱心抽奖活动，用户捐赠金额后进行抽奖。活用所筹捐赠资金用于教育与扶贫活动
主题活动	通过举办一些主题活动进行公益活动	华为公司和中国绿化基金会从2021年开始举办“我有一片胡杨林”植树活动，社会各类人群均可通过捐款提供支持
基金会	设立基金会对公益受众进行奖助	2018年，比亚迪在南方科技大学捐赠200万元设立奖教基金

（二）善因营销的意义

善因营销通过承担社会责任，有助于提升企业的形象和声誉，并为企业带来多方面的正向效应。

1. 提升企业形象与声誉

通过善因营销，企业在销售产品的同时承担了社会责任、帮助解决了实际的社会问题。这种做法不仅向社会展示了企业的公益心和责任感，也使得消费者更加尊重和信赖企业。例如，企业通过支持教育、环保或救灾等项目，可以树立负责任的企业品牌形象，从而改善公众对企业的态度。

2. 增强客户参与和客户融入

消费者在购买相关产品时，也会感受到自己为社会贡献了一份力量，因而更容易获得正面的情绪体验。这种情感共鸣能够增强客户对品牌的认同感和忠诚度，促进客户积极参与和融入企业的公益活动。通过这种方式，企业不仅培养了更深层次的客户关系，还有效提升了客户的购买意愿。

3. 促进企业文化建设

积极开展善因营销活动不仅影响企业外部形象，对企业内部文化建设也有深远的影响。企业通过组织员工参与公益活动，可以强化员工对公司社会责任理念的认同，从而增强员工的集体感和荣誉感。员工在这样积极、关怀社会的企业氛围中，往往会对企业产生更高的认同感和归属感，愿意投入更多的精力和创造力为公司做出贡献。

4. 改善企业的公共关系

善因营销活动往往伴随着媒体报道，得以迅速传达给社会公众。通过这种方式，企业的社会公益形象得到传播和强化，不仅有助于改善企业的舆论环境，也让社会各界更好地理解企业的社会价值。此外，积极的公共关系可以帮助企业更顺利地推进其他业务活动，营造良好的外部环境。

5. 直接促进产品销售

善因营销的一个直接影响是增加产品的销售量。公益营销活动带来的品牌形象提升能够吸引更多消费者，而善因营销的正向情绪联结会进一步激发消费者的购买意愿，从而促进产品销售量的增长。企业通过善用营销既可以在市场上展示其独特的社会价值，还可以提升品牌在消费者心中的地位，形成持久的竞争优势。

（三）实施善因营销

1. 善因营销的运行机制

善因营销是一种战略性的营销手段，企业通过营销与社会事业的结合，将商业目标与社会责任融为一体。其核心在于通过支持非营利组织或社会事业，提升品牌形象并促进产品销售。善因营销的运行机制如图11-8所示。

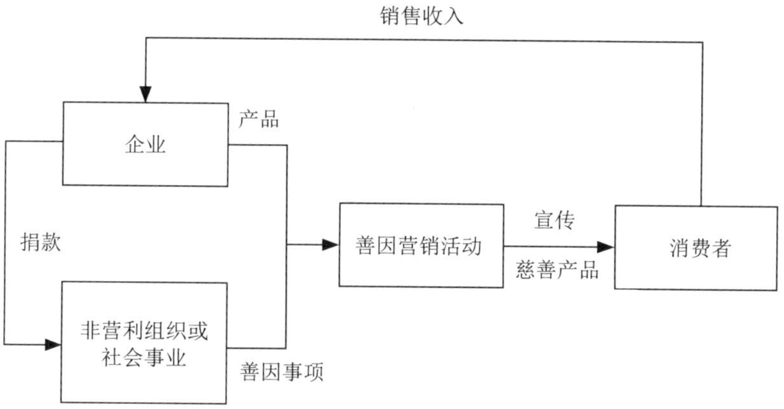

图11-8　善因营销的运行机制

（1）企业的捐赠与销售收入。企业是善因营销的发起者和主要参与者。通过销售产品，企业获得销售收入，这是其主要的经济来源。企业将部分销售收入用于支持善因营销活动，同时向非营利组织捐款，以推动社会事业的发展。

（2）非营利组织或社会事业的理念设计。非营利组织或社会事业是善因营销的重要合作伙伴。它们专注于特定的社会或环境问题，通过与企业的合作，获得资金支持和更广泛的公众关注。这种合作不仅帮助非营利组织实现其社会目标，也增强了企业的社会责任感。

（3）善因营销活动的实施。善因营销活动是连接企业与社会事业的桥梁。这些活动包括宣传和推广与社会事业相关的慈善产品。通过这些活动，不仅提升了企业自身的品牌形象，还促进了社会事业的公众认知和参与。

（4）消费者的参与与反馈。消费者在善因营销中扮演着关键角色。他们通过购买企业的产品，特别是那些与社会事业相关的慈善产品，直接支持企业的善因营销活动。消费者的购买行为不仅满足了个人需求，也对社会产生了积极影响。这种参与感和成就感进一步增强了消费者对企业的忠诚度。

（5）资金与信息的循环流动。在善因营销的运行机制中，资金和信息的循环流动至关重要。企业的销售收入用于支持善因营销活动和非营利组织，而这些活动通过宣传和慈善产品吸引消费者，形成一个良性的循环。这种循环不仅确保了资金的持续流动，也促进了信息的广泛传播。

2. 善因营销的注意事项

企业在进行善因营销时，如何实现公益效果与销售业绩的双赢是一个值得注意的问题。

（1）考虑市场上的竞争者。企业在设计善因营销时，必须考虑其在市场中的竞争地位和定价策略。对于价格较低或市场领导地位较强的品牌，可以在没有较大促销幅度的情况下有效提升销量；而对于价格较高或竞争激烈的品牌，价格促销可以大大提高善因营销的效果。

（2）考虑产品自身的特性。首先，企业可以简化产品种类以提高善因营销的效果。在商品种类较少的市场中，促销效果更为显著。因此，管理者应考虑在商品中选择品类较少的产品进行善因营销，以提高消费者对该活动的注意力和参与度。其次，即使在不太有利的市场条件下，品牌方仍然可以通过将善因营销与价格促销相结合来获得高于平均水平的销售绩效表现。

（3）考虑产品的定价策略。首先，企业定价不能过低，需要将为实现社会目标所增加的成本（如慈善捐赠、公益活动等）纳入定价中，以确保企业能够承担这些额外支出。其次，企业需要让产品的价格保持竞争力的同时，确保消费者能够感知到产品所蕴含的社会价值。这可以通过透明的价格策略和有效的信息传递来实现。再次，善因营销产品定价还面临着一些困境，如果消费者对价格敏感度较高，那么他们可能会对价格较高的善因营销产品产生抵触情绪。最后，市场上善因营销产品同质化现象严重，消费者难以区分不同品牌产品的社会价值差异，这使得企业难以通过价格策略来凸显自身优势。

三、社会营销

（一）社会营销是什么

社会营销（social marketing）是一种由政府、非营利组织以及其他公共服务机构主导的营销活动。其核心目标是通过改变人们的行为习惯来解决社会问题，进而提升公共利益。社会营销不同于商业营销，它并不追求经济利益，而是旨在推广有利于社会和环境的行为。

深圳市卫生健康委员会（以下简称“深圳卫健委”）在社交媒体进行的医学知识科普被网友誉为全国政务宣传的“一股清流”，其温暖、幽默但不乏严谨的表达风格，使得多条视频和推文获得数十万+的浏览量。深圳卫健委在进行医学科普时借鉴了大众传播的新玩法，大胆探索民众喜闻乐见的宣传手段，通过演绎情景喜剧、手绘插画等方式将乏味的医学知识转化为对民众有用的趣味性知识。此外，2023年，深圳卫健委还联合深圳广播电影电视集团、深圳市儿童医院等机构录制了《闪闪的儿科医生》第一季。该节目聚焦儿科医生的工作生活，讲述了新生儿护理、单亲带娃、儿童心理健康等育儿热点，带领观众感悟人生百态，树立鲜活的儿科医生形象，构建和谐互信的医患关系。该医学纪录片在哔哩哔哩视频平台上获得超过1000万的播放量，评分达9.9分（满分10分）。深圳卫健委的医学科普活动是社会营销在公共卫生与医疗领域的成功案例。

（二）社会营销的目标

1. 首要目标

社会营销的首要目标是解决社会问题，通过改变人们的行为模式来改善整体社会福祉。相比于商业营销以利润为导向，社会营销的目标是通过行为转变来促进社会正向发展。例如，政府部门可能会发起健康饮食的推广活动，鼓励公众减少摄入高糖、高脂肪的食品，进而降低肥胖率和相关疾病的发生风险。同样，非营利组织可能会推动环保项目，鼓励人们减少使用一次性塑料制品，提升公众的环保意识，进而保护自然环境。

2. 其他目标

社会营销的目标通常围绕公共健康、环境保护、社会公平等议题展开，其根本目标是通过行为干预创造可持续的社会变革。例如，交通安全类的社会营销活动旨在通过倡导遵守交通规则、拒绝酒后驾驶等方式来降低交通事故发生率，保护人们的生命安全。这些活动的成功并不体现在市场占有率或盈利能力上，而在于公众行为的改善和社会问题的解决。

（三）社会营销传播策略

1. 精准定位

社会营销活动的核心策略与商业营销类似，都是基于对目标群体的深入理解和精准定位。首先，社会营销必须对受众进行详细细分，以确保活动针对特定人群的需求和行为模式。例如，在推广戒烟活动时，针对不同年龄层次、文化背景和吸烟习惯的人群，活动需要设计不同的传播内容和形式。对年轻群体，可能需要通过社交媒体和视觉冲击力较强的广告来传达信息；而对中老年的群体，更有效的方式可能是通过传统媒体（如电视或报纸）进行传播。

2. 多渠道传播

社会营销的传播手段多种多样，涵盖了从大众媒体到社交媒体、社区宣传等多种渠道。传播内容不仅需要具有说服力，还要激发公众的情感共鸣，促使受众采取行动。例如，环保主题的宣传片往往会展示破坏环境的后果，并通过强烈的视觉效果唤起公众的责任感。此外，社会营销通常还会采用“社交证明”（social proof）的策略，即通过展示他人成功改变行为的案例，鼓励更多人效仿。这种方式能够有效降低目标群体的行为阻力，增加行为改变的可能性。

3. 巧妙激励

政府和非营利组织在设计社会营销活动时，通常会根据受众的动机和行为障碍来制定“奖励”机制，激励受众采取目标行为。例如，在推广垃圾分类的活动中，政府可以提供奖励措施，激励公众积极参与垃圾分类，从而提升活动效果。这种策略可以降低行为的成本或增加行为的收益，使得受众更有可能自发参与。

（四）效果评估

1. 改变公众行为

社会营销活动的最终成功取决于它是否真正改变了公众的行为，并带来了预期的社会效益。因此，效果评估在社会营销中占有重要地位。政府和非营利组织需要制定科学的评估指标，量化行为改变的程度以及社会问题的改善情况。例如，在一个促进健康饮食的社会营销活动中，评估的关键指标可能包括公众饮食习惯的变化、体重指数的下降率、慢性疾病发病率的减少等。这些数据可以通过问卷调查、行为监测或医疗记录等多种方式收集。

2. 公众对社会营销的反应

社会营销效果评估的另一重要组成部分是公众对活动的反应。通过定性研究方法（如焦点小组访谈和深度访谈），政府和非营利组织可以了解公众对营销活动的感受、接受程度以及行为改变的动机。这些反馈不仅能够帮助政府和非营利组织评估当前活动的有效性，还能为未来的社会营销活动提供有价值的改进建议。

3. 长期公众行为的改变

在效果评估中，长期公众行为改变的衡量也极为重要。很多社会营销活动可能会在短期内取得显著的效果，但长期公众行为的改变才是衡量活动成功的关键。为了确保活动的持续影响，政府和非营利组织需要不断跟进和更新策略，适时推出强化行为的后续行动。例如，在推广健康生活方式的社会营销活动中，短期的行为改变（如参加健身房的频率增加）并不代表活动的成功，只有当公众持续保持健康的生活方式时，活动的目标才能真正达成。

案例分析

华润集团：可持续发展的企业社会责任之路

华润集团的故事始于1938年的香港，为了支援抗日战争，一家名为“联和行”的小型贸易公司悄然成立。如今，历经八十多年的发展，华润已经成为中国最大的国有控股企业之一，业务涵盖消费品、能源、地产、医疗健康等多个领域。然而，无论时代如何变迁，华润始终保持着强烈的社会责任感，并通过多元化的企业社会责任实践，为社会和民生不断作出贡献。

1.走向清洁能源的道路

面对中国经济快速发展带来的环境问题，华润集团早在几年前就意识到清洁能源是未来发展的必由之路。2019年，华润电力在内蒙古自治区的一个小村庄启动了一项大型风电项目。这个村庄曾经主要依赖燃煤发电，空气质量极差，雾霾问题严重，该风电项目的建设不仅显著减少了当地的污染物排放，还为村民创造了就业机会，改善了村民们的生活条件。村民张大爷曾感慨道：“过去冬天一到，我们都不敢开窗，家里都是灰，现在空气好多了，我们也有了新的工作机会。”华润集团不仅在农村地区，还在全国范围内推动绿色建筑的应用。2021年，位于上海的华润置地的一栋办公大楼获得了国际绿色建筑认证。该建筑采用了太阳能发电、雨水收集等多种节能技术，不仅降低了能源消耗，还为员工创造了一个舒适的办公环境。这些项目充分体现了华润在可持续发展领域的承诺，以及为中国的绿色转型作出的重要贡献。

2.抗击疫情，肩负社会责任

2020年年初，新冠疫情暴发，医疗资源迅速告急。华润集团作为国企，展现了强烈的社会责任感，旗下的华润医药和华润医疗迅速行动，紧急调配全国各地的医疗物资和设备，保障防疫物资的供应。华润医药在湖北武汉的一家工厂于大年初一紧急复工，24小时不间断地生产口罩、消毒液等防疫物资，并通过华润的物流网络迅速分发到全国各地的医院和社区。在抗疫期间，华润还积极参与火神山、雷神山医院的建设，提供了大量建筑材料和设备，确保这些医院能够在短时间内投入使用。与此同时，华润启动了“关爱医护人员”专项计划，为抗疫一线的医护人员及其家属提供物资援助和心理支持。华润物业则在社区内推出“无接触配送”服务，确保居民在隔离期间能够获得生活必需品，并组织志愿者为孤寡老人和有需要的家庭提供帮助。通过这些举措，华润成为中国抗击疫情的重要力量，展示了企业在社会危机中的责任与担当。

3.从公益到教育：持续回馈社会

华润集团不仅在环境保护和应急救援中有所贡献，还持续关注教育和扶贫领域。自2008年起，华润陆续在革命老区和贫困地区选址建设希望小镇，截至2021年，已陆续建成广西百色、河北西柏坡、湖南韶山、福建古田、贵州遵义、安徽金寨、江西井冈山、宁夏海原、贵州剑河、湖北红安、陕西延安11座希望小镇。2023年5月，华润在甘肃省临夏回族自治州康乐县捐建现代化的希望小镇正式开工，这也是华润在全国范围内捐建的第13座希望小镇。该希望小镇在当地基础上就地改造、重建民居，彻底改善了居民的生存环境，同时开展产业帮扶，引导带动当地的旅游业，帮助农民发展经济，增加农民收入。除此之外，华润还推动教育公益，捐建多所华润希望小学，并重建乡村的基础设施，改变了农村学生因交通不便无法接受完整教育的困境。在希望小镇建成后，华润还定期派遣志愿者教师前往授课。此外，华润还设立了多项"一对一"贫困大学生助学项目，帮助全国多个省市的贫困学生完成学业，特别是经济欠发达地区的学生。这种持续的公益投入，不仅体现了华润对社会的回馈，更是在为国家和社会的未来培养人才。

4. ESG实践：从责任到治理的全面践行

随着全球对可持续发展的关注度不断提升，华润集团在2024年进一步将环境、社会与公司治理理念融入企业战略，推动全方位的可持续发展。2023年全年，华润电力实施完成16项"三改联动"项目，其中贺州电厂、广州热电等6台机组完成节能降碳改造；华润置地也联合华润数科推广实施智慧节能楼宇升级改造项目，通过在现有控制系统中加装AI节能服务器，对主要耗能设备进行实时监控，动态优化调整风系统、水系统设备运行频率，使各耗能设备处于高效运行模式，平均节能率超过15%。在施工项目中，华润采用生态友好型施工技术，最大限度地减少了对当地自然生态的干扰，并通过种植本土植物来恢复和保护生态系统。在公司治理方面，华润集团在2023年强化了内部控制和风险管理体系，确保透明、规范的治理理念，全年实现了40%的制度数量压缩，有力推进了集团制度体系科学化，加强了风险防控与监督管理机制。此外，华润还制定了严格的供应链管理政策，确保供应商在环保、劳工权益和商业道德等方面符合标准，形成了一个负责任的企业生态圈。华润的治理体系不仅保障了企业的稳健发展，也为其他国有企业树立了良好的榜样。

【案例思考】

1. 华润集团在可持续发展和企业社会责任方面的多元化实践，体现了社会责任营销的哪些方面？

2. 华润集团作为一家历史悠久的企业，其观念的转变对企业的长期可持续发展有哪些方面的重要影响？

本章小结

本章从企业社会责任的发展历程入手，详细探讨了企业社会责任在不同历史时期的演变和转型。通过对ESG、社会导向利润的分析，强调了企业应不断适应时代变化，及时更新自身的管理与营销观念，积极承担社会责任。此外，本章深入探讨了营销伦理的重要性，指出企业在追求经济利益的同时，必须关注环境保护、社会责任和消费者权益，企业的营销行为必须符合伦理与道德。企业应在营销活动中践行道德准则，通过社会责任营销、善因营销等方式，积极承担社会责任，实现企业的可持续发展。履行高水平社会责任的企业能实现自身效益与外部效益的双赢。本章强调，企业在制定营销策略时，应恪守社会伦理，塑造良好的企业形象，从而在激烈的市场竞争中保持优势，在长期的发展中赢得人心，走出基业长青的可持续发展之路。

参考文献

[1] 科特勒．共同利益：企业、政府和非营利组织的战略选择[M]．邓伟升，译．上海：格致出版社，上海人民出版社，2024.

[2] 科特勒，凯勒，切尔内夫．营销管理[M]．16版．陆雄文，等译．北京：中信出版社，2022.

[3] 郭国庆．中国市场营销学科发展史[M]．北京：中国人民大学出版社，2023.

[4] 王永贵．市场营销：理论与中国实践：数字教材版[M]．3版．北京：中国人民大学出版社，2024.

[5] 杨柏欢，丁阳，李亚子．市场营销理论与应用[M]．南京：南京大学出版社，2020.

[6] 科特勒，阿姆斯特朗．市场营销原理[M]．17版．北京：清华大学出版社，2021.

[7] 科特勒，阿姆斯特朗．市场营销：原理与实践[M]．16版．楼尊，译．北京：中国人民大学出版社，2015.

[8] 萧浩辉．决策科学辞典[M]．北京：人民出版社，1995.

[9] 科特勒，阿姆斯特朗．市场营销导论[M]．俞利军，译．北京：华夏出版社，2001.

[10] 郭国庆，钱明辉．市场营销学通论[M]．7版．北京：中国人民大学出版社，2017.

[11] 骆紫薇．天下归仁：专论企业社会责任[M]．北京：中国经济出版社，2023.

[12] 赵占波，苏萌，姚凯．智慧营销：4D营销理论及实践[M]．北京：电子工业出版社，2020.

[13] 艾媒咨询研究院，张毅．数据为王·颠覆营销：移动时代的大数据精准营销[M]．北京：人民邮电出版社，2017.

[14] 吴健安，钟育赣．市场营销学[M]．7版．北京：清华大学出版社，2022.

[15] 安贺新．服务营销[M]．2版．上海：上海财经大学出版社，2020.

[16] 王永贵．服务营销："ABCDE"时代的理论与实践[M]．北京：清华大学出版社，2023.

[17] 狄蓉．突破式服务创新 价值共创与实现[M]．北京：清华大学出版社，2022.

[18] 罗森布洛姆．营销渠道：管理的视野[M]．8版．宋华，等译．北京：中国人民大学出版社，2014.

[19] 王永贵. 市场营销[M]. 2版. 北京：中国人民大学出版社，2022.

[20] 张闯. 营销渠道管理：全渠道视角[M]. 3版. 北京：清华大学出版社，2024.

[21] 庄贵军. 营销渠道管理[M]. 4版. 北京：北京大学出版社，2023.

[22] 舒尔茨D，舒尔茨H. 整合营销传播：创造企业价值的五大关键步骤[M]. 王茁，顾洁，译. 北京：清华大学出版社，2013.

[23] 克洛，巴克. 整合营销传播：广告、媒介与促销：全球版[M]. 5版. 谭咏风，胡静，译. 上海：格致出版社，上海人民出版社，2014.

[24] 卫海英. 市场营销学[M]. 北京：经济科学出版社，2009.

[25] 张敏，许焕，张国军. 新媒体整合营销传播[M]. 南京：南京大学出版社，2024.

[26] 程宇宁. 整合营销传播：品牌传播的策划、创意与管理[M]. 2版. 北京：中国人民大学出版社，2019.

[27] 廖俊云. 元宇宙营销：数字营销新浪潮[M]. 北京：北京大学出版社，2024.

[28] 翁克维斯特，萧. 国际营销学[M]. 5版. 邵建红，王凯，译. 北京：清华大学出版社，2013.

[29] 安静. 国际营销学[M]. 3版. 北京：中国人民大学出版社，2022.

[30] 陈海权. 零售管理[M]. 北京：人民邮电出版社，2024.

[31] 钦科陶，龙凯宁. 国际市场营销学[M]. 曾伏娥，池韵佳，译. 北京：中国人民大学出版社，2015.

[32] 霍伦森. 国际市场营销学[M]. 8版. 孙国辉，杨一翁，梁渊，译. 北京：清华大学出版社，2024.

[33] 庄贵军. 营销管理：营销机会的识别、界定与利用[M]. 3版. 北京：中国人民大学出版社，2021.

[34] 贾明. 企业社会责任[M]. 北京：机械工业出版社，2022.

[35] 王建明. 绿色营销：价值视角[M]. 北京：清华大学出版社，2023.

[36] CORBIN J, STRAUSS A. Basics of qualitative research:techniques and procedures for developing grounded theory[M]. Thousand Oaks : SAGE Publications, Inc，2015.

[37] LEUNG F F, GU F F, PALMATIER R W. Online influencer marketing[J]. Journal of the academy of marketing science,2022，50：226-251.

[38] NII LARYEAFIO M, OGBEWE O C. Ethical consideration dilemma： systematic review of ethics in qualitative data collection through interviews[J]. Journal of ethics in entrepreneurship and technology, 2023，3(2)：94-110.

[39] OLIVIER B, GUÉRIN-DUGUÉ A, DURAND J B. Hidden semi-Markov models to segment reading phases from eye movements[J]. Journal of eye movement research, 2022，15(4)：1-19.

[40] DION D, BORRAZ S. Managing status：how luxury brands shape class subjectivities in the service encounter[J]. Journal of marketing，2017，81(5): 67-85.

[41] Wongkitrungrueng A, Assarut N. The role of live streaming in building consumer trust and engagement with social commerce sellers[J]. Journal of business research，2020，117：543-556.

[42] LI Y, PENG Y. What drives gift-giving intention in live streaming? ：the perspectives of emotional attachment and flow experience[J]. International journal of human - Computer interaction,2021, 37(14)：1317-1329.

[43] CANNON J P, PERREAULT W D, MCCARTHY E J. Essentials of marketing：a marketing strategy planning approach[M]. New York: McGraw-Hill Education, 2014.

[44] PALMATIER R W, SRIDHAR S. Marketing strategy：based on first principles and data analytics[M]. London: Bloomsbury Publishing 2021.

[45] KOHLI C S, LEUTHESSER L. Product positioning：a comparison of perceptual mapping techniques[J]. Journal of product & brand management, 1993, 2(4): 10-19.

[46] AAKER D. Innovation：brand it or lose it[J]. California management review, 2007, 50(1): 8-24.

[47] BHAT S, REDDY S K. The impact of parent brand attribute associations and affect on brand extension evaluation[J]. Journal of business research, 2001, 53(3): 111-122.

[48] DILLON W R, MADDEN T J, KIRMANI A, et al. Understanding what's in a brand rating：a model for assessing brand and attribute effects and their relationship to brand equity[J]. Journal of marketing research, 2001, 38(4): 415-429.

[49] ERDEM T, SWAIT J. Brand equity as a signaling phenomenon[J]. Journal of consumer psychology, 1998, 7(2): 131-157.

[50] GHOSH T, SREEJESH S, DWIVEDI Y K. Brand logos versus brand names：a comparison of the memory effects of textual and pictorial brand elements placed in computer games[J]. Journal of business research, 2022, 147: 222-235.

[51] GUEST L P. The genesis of brand awareness[J]. Journal of applied psychology, 1942, 26(6): 800-808.

[52] KELLER K L. Brand synthesis：the multidimensionality of brand knowledge[J]. Journal of

consumer research, 2003, 29(4): 595−600.

[53] KELLER K L. Conceptualizing, measuring, and managing customer−based brand equity[J]. Journal of marketing, 1993, 57(1): 1−22.

[54] KLADOU S, KAVARATZIS M, RIGOPOULOU I, et al. The role of brand elements in destination branding[J]. Journal of destination marketing & management, 2017, 6(4): 426−435.

[55] LEVITT T. Marketing myopia[J]. Journal of library administration, 1984. 4(4): 59 - 80.

[56] MART Í NEZ E, DE CHERNATONY L. The effect of brand extension strategies upon brand image[J]. Journal of consumer marketing, 2004,21(1): 39−50.

[57] MANDEL N, RUCKER D D, LEVAV J, et al. The compensatory consumer behavior model：how self−discrepancies drive consumer behavior[J]. Journal of consumer psychology, 2017, 27(1): 133−146.

[58] NAKANO K. Associatron − a model of associative memory[J]. IEEE Transactions on systems. man and cybernetics, 1972, SMC−2(3): 380−380.

[59] PRENSKY M. Digital natives, digital immigrants part 2：do they really think differently? [J]. On the horizon, 2001, 9(6): 1−6.

[60] TARMAN H A, SOLEH S M, ARI A, et al. Leveraging brand equity by applying brand communication and forming city branding based on unique selling proposition (a case of crafts city)[J]. International journal of business and administrative studies, 2019, 5(2): 74−83.

[61] SIMON H. Confessions of the pricing man：how price affects everything[M]. Göttingen: Copernicus, 2015.

[62] CLULEY R, GREEN W. Market research ethics：new practices but no new ideas[J]. Academy of marketing science review, 2024, 14:68−82.

[63] GONG S, WANG L, PEVERELLI P, et al. When is sustainability an asset? : the interaction effects between the green attributes and product category[J/OL]. Journal of product & brand management, 2022, 31(6): 971−983. https://doi.org/10.1108/JPBM−06−2021−3534.

[64] SALNIKOVA E, STRIZHAKOVA Y, COULTER R A. Engaging consumers with environmental sustainability initiatives：consumer global - local identity and global brand messaging[J/OL]. Journal of marketing research, 2022, 59(5): 983−1001. https://doi.org/10.1177/00222437221078522.